Lean / Agile
Business Analyse
leicht gemacht

Einfache Methoden für
Product Owner, Business Analysten
und Business-Experten zur Ermittlung
von Anforderungen, User Stories,
Features und Szenarien

Thomas Hathaway
Angela Hathaway

The content of this book is available as an online course in English at
https://businessanalysisexperts.com/agile-lean-requirements-business-analysis/

ISBN: 9798679961432

INHALTSVERZEICHNIS

DEDIKATION

Diese Arbeit ist zukünftigen Generationen von Business-Analysten, Product Owners, Subject Matter Experts, Domänen-Experten, COOs, CEOs, Linienmanagern und allen, die für die Vertretung der Interessen der Business-Community in einem Informationstechnologie-Projekt verantwortlich sind, gewidmet.

VORWORT

Anforderungen sind oft ein überwältigendes Thema speziell für die Business Community. Jeder weiß, was sie bedeuten, aber niemand versteht sie wirklich. Ich vermute, dass der Pharao, als er dem Architekten der Pyramiden seine Anforderungen mitteilte, vielleicht nur an ein kühles Sommerhaus gedacht hat, aber was hat er bekommen?

Jede IT-Initiative profitiert von klaren, eindeutigen und verifizierbaren Anforderungen, die von den Entwicklern mit einem hohen Maß an Vertrauen umgesetzt werden können.

Angesichts des enormen Wissensstands, den IT-Entwickler benötigen und der steigenden Nachfrage nach digitalen Lösungen fällt die Herausforderung, qualitativ hochwertige Business- und Stakeholder-Anforderungen zu erstellen, immer mehr an die Business-Community.

Es ist mehr und mehr die Aufgabe von Product Owners, Produktmanagers, Projekt Managers, Business Analysten (Geschäftsanalytiker), Requirements Engineers und Fachexperten, agile oder traditionelle Vorgehensweisen zu unterstützen. Daher ist es von entscheidender Bedeutung, ihre Anforderungskompetenzen zu verbessern.

Wir haben das vorliegende Buch für dieses Publikum geschrieben. Es ist unser Beitrag, der auf fast 60 Jahren kombinierter Erfahrung beruht, in denen wir Organisationen auf der ganzen Welt dabei geholfen haben, die Kommunikation zwischen Fachexperten und IT-Experten zu verbessern.

Wir hoffen, dass es Unternehmen dabei hilft, eine digitale Transformation zu vollenden, die optimal in die schlanke und agile Welt passt.

Thomas und Angela Hathaway
BusinessAnalysisExperts.com (USA), BusinessAnalysisExperts.de (Deutschland)

Einführung

Die größte Herausforderung für Unternehmen auf der ganzen Welt ist die Frage, wie sie Informationstechnologie nutzen können, um sich Wettbewerbsvorteile zu verschaffen. Dabei geht es nicht darum, wie man die PCs, Laptops, Tablets und Handys programmiert; es geht darum herauszufinden, was diese Geräte tun sollen.

Die Fähigkeiten, die benötigt werden, um die besten IT-Lösungen zu identifizieren und zu definieren, sind für fast jede Arbeitsstelle in der Organisation von unschätzbarem Wert. Business Analyst Skills, wie diese Fähigkeiten auch genannt werden, können das Sprungbrett von der Poststelle bis hin zur führenden Position sein, weil sie damit Ihr Unternehmen effektiver und profitabler machen können.

Viele Organisationen sind bei der Entwicklung und Implementierung von Informationstechnologie zu einem schlanken oder agilen Ansatz übergegangen. Dies ist eine äußerst effektive und effiziente Vorgehensweise bei der Entwicklung von Software.

Wir haben jedoch nach wie vor mit dem uralten Problem zu kämpfen, das IT-Projekte schon immer geplagt hat, nämlich die **richtigen** Anforderungen (Requirements) zu definieren.

Was Sie lernen werden

Agile, Schlanke (Lean), DevOps und kontinuierliche Software-Entwicklungsmethoden ändern nichts an der Notwendigkeit einer soliden Business Analyse (Geschäftsanalyse) zur Erstellung von hochwertigen Anforderungen.

In diesem Buch erfahren Sie, wie die neuen Grundsätze der Softwareentwicklung die Entdeckung, das Erstellen und die Analyse von Anforderungen beeinflussen.

Sie werden lernen, wie man User Stories (Benutzergeschichten), Features und Qualitätsanforderungen (auch bekannt als nicht-funktionale Anforderungen - NFR) entdeckt, analysiert und definiert sowie grundlegende Akzeptanztests entwickelt (Szenarien, Szenario-Gliederungen und Beispiele). Letztere sind zu einem kritischen Teil vieler Lean-Entwicklungsansätze geworden.

Um das neue Testparadigma zu unterstützen, werden Sie auch lernen, wie man Szenarien, Szenario-Gliederungen und Beispiele im GEGEBEN-WENN-DANN-Format (Gherkin) identifiziert und optimiert. Diese bilden die Grundlage für Acceptance Test Driven Development (ATDD) und Behavior Driven Development (BDD).

Nachdem Sie dieses Buch gelesen haben, können Sie:

⇨ die Fähigkeiten und Herausforderungen von schlanken und agilen Software-Entwicklungsphilosophien definieren

⇨ Anforderungen im User Story-Format zur optimalen Unterstützung schlanker und agiler Software-Entwicklungsphilosophien ausdrücken

⇨ die Zeit, die auf Fehlkommunikation zwischen Stakeholdern von IT-Initiativen verschwendet wird, reduzieren

⇨ Features (Funktionen) und User Stories zerlegen (drill-down), um Testszenarien im GEGEBEN-WENN-DANN Schema zu definieren, um damit das Testen zu erleichtern

⇨ 10 klassische Techniken der Anforderungsanalyse einem schlanken und agilen Software Entwicklung Prozess anpassen

⇨ 17 Qualitätsanforderungstypen identifizieren und GEGEBEN-WENN-DANN Szenarien für diese entwickeln

Die gute Nachricht ist, dass Sie dieses Buch nicht von vorne bis hinten lesen müssen. Wir versuchen, jede Technik für sich zu beschreiben, ohne auf andere Techniken zurückzugreifen. Sie können zu jedem beliebigen Thema im Inhaltsverzeichnis springen, um eine neue Technik in Ihrem Werkzeugset aufzunehmen.

Wer sollte dieses Buch lesen?

Die Art und Weise, wie Organisationen Software entwickeln und bereitstellen, hat sich in den letzten Jahren erheblich verändert. Da die Veränderung in der Entwicklung und Programmierung der Software am größten war, richten sich viele Bücher und Kurse zu Recht an eine technische Zielgruppe. Es gibt jedoch eine übersehene Leserschaft, die für die Entwicklung von Software-als-Asset unerlässlich sind und vernachlässigt wurden.

Viele verschiedene Berufsbezeichnungen in unserer Geschäftswelt erstellen Software Anforderungen für digitale Lösungen. Dazu gehören Business-Analysten, Produkt Owners, Produktmanagers, Testentwickler, Projektmanagers, Requirements Engineers, Fachexperten, agile Teams und Endbenutzer auf Unternehmens- oder Kundenseite.

„Schlanke Geschäftsanalyse – Der Agile Business Analyst" wird diesen geschäftsorientierten Gruppen helfen, die Art von IT-Anforderungen zu entdecken, zu erfassen, zu klären und zu bestätigen, die Software Entwickler benötigen, um die richtigen digitalen Lösungen für das Unternehmen zu liefern.

Zusätzliche Ressourcen

Wenn Sie mit Englisch vertraut sind, können Sie mehr über Business Analysis Techniken lernen, indem Sie unseren Business Analysis Learning Store besuchen.

(http://businessanalysisexperts.com/business-analysis-training-store)

Wir bieten eine große Auswahl an englischsprachigen Büchern zur Business Analyse, Kurse zum Selbststudium, virtuelle und persönliche Schulungen (in Englisch und Deutsch) sowie eine Auswahl an KOSTENLOSEN Videos zur Business Analyse.

Wir freuen uns über alle Kommentare, Vorschläge, Verbesserungs-vorschläge oder Beschwerden, die Sie uns mitteilen möchten. Sie können uns per E-Mail unter books@businessanalysisexperts.com erreichen.

Thomas and Angela Hathaway

I. ANFORDERUNGEN IN EINER SCHLANKEN UND AGILEN WELT

Der Schlank/Agile-Ansatz in der Softwareentwicklung ist ein Produkt des 21. Jahrhunderts. Im Grunde genommen sind alle schlanke und agile Methoden eine Vorgehensweise um Software so schnell und effizient wie möglich an die Endbenutzer zu liefern. Zusammen ändern sie das Paradigma für das, was wir in der Software Branche seit langem „Anforderungen" nennen.

Diese neuen Entwicklungsansätze haben die Anforderungserhebung stark verändert. Eine der größten Veränderungen ist WANN Anforderungen erfasst werden sollten. Wenn Sie bereits bewährte Verfahren zur Definition von Anforderungen befolgt haben sind die Veränderungen vielleicht nicht ganz so gravierend.

In jedem Fall benötigen Sie ein neues Vokabular (und möglicherweise eine andere Denkweise), wenn Sie geschäftliche Anforderungen in einer schlanken oder agilen Umgebung definieren müssen. Schlanke und agile Anforderungen sind erforderlich auf jeder Detailstufe bis hinunter zur untersten Ebene, die Entwickler benötigen, um sie in Softwarecode zu übersetzen. Dieser Prozess wird oft als „Business Analyse" (Geschäftsanalyse) oder „Requirements Engineering" bezeichnet.

In der Vergangenheit war es die Aufgabe des Requirements Engineers, die Anforderungen für eine Anwendung zu definieren. In der heutigen Welt ist der finanzielle Erfolg eines Unternehmens jedoch eng mit dem Erfolg seiner digitalen Lösungen verbunden. Deshalb entstand in den vergangenen zwei Jahrzehnten eine neue Disziplin - die Business Analyse, um den Business Value digitaler Lösungen zu verbessern und dem Business mehr Agilität zu gewährleisten. Aber was ist der Unterschied zwischen Business Analyse und Requirements Engineering?

Business Analyse vs. Requirements Engineering

Business Analyse als Disziplin ist sehr breit und umfangreich. Der Schwerpunkt der Business Analyse liegt auf der Bereitstellung von Lösungen zur Verbesserung des Business Outcomes. Software ist normalerweise ein Teil der Lösung. Die Business Analyse befasst sich neben der Technologie auch mit Menschen und Prozessproblemen.

Bei der Business Analyse geht es darum, das Geschäftsproblem zu verstehen, zu analysieren, Geschäftsbedürfnisse/Anforderungen abzuleiten und dann die Lösungen für diese Bedürfnisse bereitzustellen. Aktivitäten im Zusammenhang mit der Business-Analyse beziehen sich auf die Verbesserung von Geschäftsprozessen, die Erstellung eines Business Case, das Erheben und Analysieren von Anforderungen oder die Erzielung von Geschäftsvorteilen.

Im Gegensatz dazu konzentriert sich das Requirements Engineering in erster Linie auf Produkte und Anwendungen und umfasst nicht viele der anderen Aktivitäten, die mit der Geschäftsanalyse verbunden sind. Bei Requirements Engineering geht es darum, die detaillierten System-anforderungen für eine ausgewählte Lösung zu definieren, zu dokumentieren, zu validieren, zu verhandeln und zu verwalten.

Daher liegt der Schwerpunkt der Business Analyse auf der Lösung von Problemen und der Erzielung von Geschäftsvorteilen und der Schwerpunkt des Requirements Engineering auf der Herstellung von Produkten mit einer Reihe von Features/Funktionen. Aus diesem Grund unterstehen Requirements Engineers häufig dem Business Analyst. In der Vergangenheit haben wir allerdings bei vielen Projekten auch erlebt, dass eine einzige Person oder ein Team, sowohl die Rolle des Requirements Engineers als auch des Business Analyst innehatte.

Zwei unterschiedliche Institutionen bildeten sich, um sich dieser Anforderungsproblematik zu stellen. Das International Institute of Business Analysis (IIBA, gegründet 2003 in Toronto, Kanada) und das International Requirements Engineering Board (IREB, gegründet

2006 in Fürth, Deutschland) nahmen die Herausforderung an, wenn auch aus unterschiedlichen Perspektiven.

International Institute of Business Analysis (IIBA)

Der Schwerpunkt des IIBA lag auf der Definition von Anforderungen aus der Geschäftsperspektive und involvierte in der Regel einen Business Analyst (Geschäftsanalytiker). Das IIBA unterteilte die Anforderungen in Geschäftsanforderungen (Business Requirements), Stakeholder-Anforderungen (Stakeholder Requirements), Lösungs-anforderungen (Solution Requirements) und Übergangsanforderungen (Transition Requirements).

Während die ersten 2 Typen (Business und Stakeholder Requirements) die Business-Seite betreffen, sind die letzteren 2 (Solution und Transition Requirements) entscheidend für die Entwicklung von Software und werden sehr oft von Requirements Engineers durchgeführt.

International Requirements Engineering Board (IREB)

Der Schwerpunkt des IREB lag eher auf der IT-Produktseite der korrekten Strukturierung und Kommunikation technischer Anforderungen, die die Entwicklung von Software vorantreiben.

Angesichts des tiefgreifenden Einflusses der Digitalisierung in einer Organisation umfasst das Requirements Engineering grob das, was vom IIBA als „Stakeholder and Solution"-Anforderungen bezeichnet wird. Als die agile Software-Entwicklung enorm an Popularität gewann, war das IREB schnell bereit, neue Formen des Ausdrucks von Anforderungen einzubeziehen.

Für diejenigen, die für die Business- oder Anforderungsanalyse von IT-Produkten/Projekten verantwortlich sind, gibt es offensichtliche Überschneidungen zwischen den beiden Organisationen. Ab 2020 haben das IREB und das IIBA ein „Memorandum of Understanding" zur gegenseitigen Förderung und Weiterentwicklung der Disziplinen

Requirements Engineering und Business Analysis als komplementäre Ansätze geschlossen. Das ist von großem Vorteil für alle, die mit Anforderungen zu tun haben.

In diesem Kapitel behandelte Themen

In diesem Buch ist die Unterscheidung zwischen Business Analyse und Requirements Engineering nicht wichtig. Das Ziel unseres Buches ist es, einer Organisation dabei zu helfen, herauszufinden, was die Geschäftswelt von der Entwicklungsabteilung benötigt (Business Analyse), und dies dann so darzustellen, dass ihr Entwicklungsteam es verstehen und programmieren kann (Requirements Engineering). Wir werden uns mit beiden befassen.

Um eines klarzustellen: Wir glauben nicht, dass Business-Analysten oder Requirements Engineers die Einzigen sind, die in einer Organisation Business- oder Geschäftsanalysen durchführen bzw. Anforderungen erstellen. Es gibt eine große Anzahl von Leuten, die Geschäftsanforderungen für IT definieren. Dazu gehören Product Owners, Projektmanagers, Fachexperten, Tester, Teams auf der Geschäftsseite und Teams auf der Kundenseite, um nur einige zu nennen.

In diesem Kapitel werden wir die Frage beantworten, wie Agile, Lean und DevOps-Ansätze die Entdeckung und die Analyse von Geschäftsanforderungen beeinflussen. Da der Fokus dieses Buches auf Anforderungen liegt, d.h. darauf, wie man diese in einer schlanken/agilen Umgebung entdeckt, erfasst und kommuniziert, werden wir zunächst eine Basislinie der neuen Terminologie erstellen.

Wir beschreiben auch Anforderungs-Konstrukte in schlanken und agilen Umgebungen und vergleichen sie mit herkömmlichen Anforderungsformen. Wir werden Features, Business Rules, Szenarien und User Stories diskutieren. Die gute Nachricht ist, dass diese Begriffe konsistent verwendet werden, egal ob es sich um „Schlank (Lean)", „Agile" oder irgendwo dazwischen handelt.

Aufgrund der weiten Verbreitung von User Stories, bieten wir eine ausführliche Anleitung, was sie sind, wie man sie ausdrücken kann und einige Richtlinien, wie man sicherstellt, dass sie zum Erfolg führen.

Agile und schlanke Philosophien

Ein wesentlicher Unterschied zwischen den traditionellen Anforderungen und den Anforderungen in Lean und Agile betrifft das Timing. Wann erhält die IT-Abteilung den erforderlichen Detaillierungsgrad, um ihre Arbeit zu erledigen? Um dies zu beantworten, müssen wir Agile oder Schlanke Softwareentwicklung ein bisschen besser verstehen.

Es gibt eine Unmenge von Philosophien, Konzepten, Methoden, Techniken oder wie auch immer Sie sie nennen wollen, die sich im Lean/Agile-Universum herumtreiben. Lassen Sie uns einige von ihnen erforschen.

Sie können die Erklärungen dieser verschiedenen Software-entwicklungsansätze überspringen, wenn Sie nicht interessiert sind. Ein wenig Verständnis würde Ihnen allerdings helfen besser und effektiver mit Ihren Software-Entwicklern und technischen Teams zu kommunizieren. Glücklicherweise gelten die Techniken, die wir in diesem Buch vermitteln, für alle schlanken und agilen Methoden.

Agile Methoden entlarvt

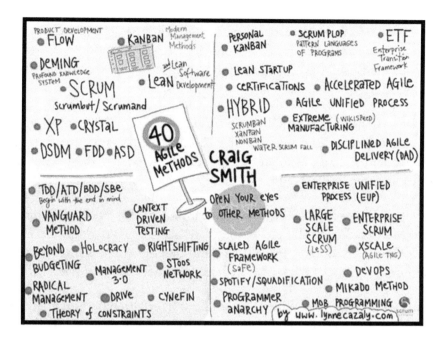

Auch wenn dieses Diagramm für Sie wie der biblische Turm zu Babel aussieht, stellt es die Realität dar. Deshalb müssen wir uns darüber verständigen, was „agil und schlank" wirklich ist, um Verwirrung zu vermeiden. Das Diagramm zeigt 40 Beispiele für Dinge, die als „Agile Methoden" bezeichnet werden. Jede von ihnen ist ein Begriff, der verwendet wird, wenn man von „agil oder schlank" spricht.

Agile mit Scrum

Einer der ersten Begriffe, den Sie im oberen linken Quadranten sehen, ist das Wort „Scrum". Scrum ist eine Methodologie oder Vorgehensweise, die bei der Entstehung von Agil als Software-Entwicklungsphilosophie eine große Rolle spielte.

Viele „Agilisten" bezeichnen Scrum als eine Philosophie oder Framework im Gegensatz zu einer Methodologie, aber für unseren Zweck sind sie austauschbar. Was ist der Unterschied zwischen einer Methodologie und einer Philosophie?

Bei einer Philosophie geht es in erster Linie um Abstraktion, während eine Methodologie oder ein Framework handlungsorientiert ist. Eine Philosophie definiert Prinzipien und Kernwerte, während eine Methodologie die Umsetzung, Regeln, Vorlagen und Abfolge vorgibt.

Um mehr über die Agile Philosophie zu erfahren, empfehlen wir Ihnen, das Agile Manifest zu lesen, in dem die Kernprinzipien und Kernwerte definiert sind.

Schlank mit Kanban

In der Grafik sehen Sie den Begriff „Lean Software Development" (Schlanke Software-Entwicklung). Lean/Schlank ist wie Agile eine Philosophie, aber sie hat eine viel größere Reichweite. Die Schlanke Philosophie in der Softwareentwicklung knüpft eng an eine ältere Philosophie dem „Lean Manufacturing" (Schlanke Produktions-prozesssteuerung) an.

Das Kernkonzept von Lean besteht einfach darin, jede Form von Verschwendung in jedem Prozess zu eliminieren, indem man nur an den Dingen arbeitet, die man sofort braucht, um die Arbeit zu erledigen. Wir werden später noch viel mehr über die schlanke Philosophie sprechen.

Ein anderer Begriff, den Sie in der Grafik sehen, ist „Kanban", eine schlanke Software-Entwicklungsmethodik, die auch in vielen anderen Bereichen verwendet wird. Kanban ist ein Konzept, das mit der schlanken und Just-in-Time-Produktion (JIT) verwandt ist, wo es als Planungssystem verwendet wird, das Ihnen sagt, was, wann und wie viel davon zu produzieren ist.

Ein Hauptmerkmal von Kanban ist der Fokus auf Sichtbarkeit. Typischerweise werden Aufgaben als eine Reihe wesentlicher Schritte auf der Kanban-Tafel prominent dargestellt. Probleme und Engpässe werden schnell sichtbar und können Schritt für Schritt angegangen werden

Das Kanban-Board visualisiert einen Workflow. Wenn eine Aufgabe oder Work-item in Ihren Workflow gelangt, wird sie auf einer Kanban-Karte platziert, die jede Spalte des Boards durchläuft. Auf diese Weise kann jeder den aktuellen Stand der einzelnen Arbeitsschritte sehen. Weitere Informationen über die Ursprünge und den Hintergrund von Lean und Kanban finden Sie im Internet.

DevOps und kontinuierliche Lieferung

„DevOps" ist ein Begriff im unteren rechten Quadranten des Diagramms. Dorthin steuert im Grunde die Software-Entwicklung. Viele Organisationen sind bereits dabei es einzuführen. Wenn Ihre Organisation Software-getrieben ist (was die meisten großen Organisationen heutzutage sind), haben Sie entweder DevOps oder es kommt bald.

DevOps ist in erster Linie eine Organisationsphilosophie, da sie die historisch getrennten Gruppen Software-Entwicklung (Dev) und Betrieb/Wartung oder Systemadministration (Ops) vereint. Durch die Kombination der beiden Gruppen sollen die Qualität der Software, die Geschwindigkeit der Entwicklung und der Auslieferung sowie das Miteinander der beteiligten Teams verbessert werden. Natürlich gibt es viele Faktoren, die für eine erfolgreiche Implementierung von DevOps berücksichtigt werden müssen.

Kontinuierliche Lieferung (Continuous Delivery - CD) ist der ultimative Schlanke / Agile Ansatz. Die Prämisse von Continuous Delivery ist es, kontinuierlich Änderungen, Optimierungen oder Modifikationen an Ihrem Software Produkt zu erstellen und diese dann durch automatisierte Tests laufen zu lassen (ein absolutes Muss in der Continuous Delivery-Welt) um sicherzustellen, dass die Software jederzeit zuverlässig freigegeben werden kann.

Das erlaubt einer Organisation neue Funktionen so oft wie möglich zu veröffentlichen. Auf diese Weise kann sich das Produkt ständig weiterentwickeln und verbessern.

Angesichts des schnellen Wandels der geschäftlichen Anforderungen in der globalen Wirtschaft muss Software ebenso schnell reagieren können. Das ist die treibende Kraft hinter DevOps und Continuous Delivery. Alle Anforderungstechniken und -methoden in diesem Buch unterstützen Agile, Lean, DevOps und Continuous Delivery.

Testen in einer schlanken und agilen Welt

Einer der wichtigsten Erfolgsfaktoren für eine schlanke Software-Entwicklung sind automatisierte Akzeptanztests oder auch Abnahmetests genannt. Wesentliche Bestandteile sind:

⇨ **Test-Driven Development (TDD)**
(Testgetriebene Entwicklung)

⇨ **Acceptance Test Driven Development (ATDD)**
(Akzeptanztest-getriebene Entwicklung)

⇨ **Behavior Driven Development (BDD)**
(verhaltensgetriebene Softwareentwicklung)

Das ursprüngliche Konzept war die TDD Methode, das sich dann in ATDD und BDD verwandelte. Alle sind moderne Software-Entwicklungsmethoden. Das Requirements Engineering (Anforderungserhebung und -Analyse) für schlanke und agile Methoden unterscheidet sich von den traditionellen Wasserfall- und iterativen Methoden.

Aus diesem Grund benötigt der heutige Business Analyst oder Requirements Engineer neue Anforderungstechniken und Tools zur Analyse der technologischen Geschäftsbedürfnisse. Wir werden diese neuen Testkonzepte und die damit verbundenen Tools und Techniken in den Kapiteln VI und VII behandeln, die sich mit Agilen Akzeptanztests befassen.

WagiLeanFall or WaterKanScrumBanFall?

Keine der Organisationen, mit denen wir in der Vergangenheit zusammengearbeitet haben, hat die Schlanke/Agile Philosophie in vollem Umfang umgesetzt. Die meisten Organisationen versuchen, das Beste aus allen Welten zu nehmen und so etwas wie einen „WagiLeanFall" oder ein „WaterKanScrum" zu schaffen. Viele Unternehmen kombinieren gängige Methoden wie Wasserfall, Scrum und Kanban, um den besten Weg für die Entwicklung und Bereitstellung funktionierender Software für die Geschäftswelt zu finden.

Die Autoren haben immer die Auffassung vertreten, dass Unternehmen bei der Entwicklung von Software niemals mit einer einzigen Methode vorgehen sollten. Die Gründe dafür?

- ⇨ Jedes Projekt oder jede Initiative ist anders.
- ⇨ Jede Organisation ist anders.
- ⇨ Jede Gruppe von Menschen ist anders.

Wir müssen uns der verschiedenen Kombinationen und ihrer Vor- und Nachteile bewusst sein. Wählen Sie dann für jede Initiative oder jedes Projekt die Methode aus, die den geringsten Aufwand hat und am effektivsten ist.

Traditionelle und Lean Anforderungen

Bei modernen Software-Entwicklungsansätzen geht es darum, keinen Aufwand zu vergeuden. Bevor wir Anforderungs-Konstrukte in einer agilen oder schlanken Welt definieren, müssen wir Anforderungs-Konstrukte in einer traditionellen Welt definieren. Das bildet die Grundlage für einen Vergleich.

Traditionelle Anforderungen

Wir in der IT-Welt haben uns ewig über den Begriff „Anforderungen" (Requirements) gestritten und versuchen ständig neu zu definieren, was das Wort bedeutet. Über eine „Anforderung" mit einem Geschäftsinhaber oder einer hochrangigen Führungskraft zu sprechen, ist etwas ganz anderes als über eine „Anforderung" mit jemandem zu sprechen, der die Arbeit macht. Wir brauchen eine klare Definition dessen, was wir meinen, wenn wir das Wort „Anforderung" oder „Requirements" verwenden.

Das International Institute of Business Analysis (IIBA) veröffentlichte 2015 den Business Analysis Body of Knowledge (BABOK Version 3.0). Der BABOK gibt uns eine gemeinsame Definition von Begriffen, die wir verwenden sollten, um über Anforderungen zu kommunizieren. Das IIBA unterteilt Software-Anforderungen in drei verschiedene Kategorien:

Business-, Stakeholder-, and Solution- Requirements

Business Requirements

Historisch gesehen war bei einem Wasserfall-Ansatz die **Strategische Business Analyse** die Vorarbeit zu Beginn eines Projekts oder einer Initiative. Das Ergebnis der Strategischen Geschäftsanalyse bestand manchmal darin, das Projekt zu stornieren, zu anderen Zeiten darin, es in mehrere Projekte aufzuteilen. Zumindest lieferte die strategische Business Analyse high-level Business Requirements.

Selbst wenn Sie glauben, dass die Business- oder Geschäftsanalyse nicht mehr benötigt wird, brauchen Sie immer noch jemand der Business Requirements erstellt und entscheidet, ob Ressourcen genehmigt werden sollten, um ein bestimmtes Problem zu lösen oder eine Opportunität zu nutzen.

Dazu benötigen Sie mindestens Business und/oder Stakeholder-Anforderungen, die in Form von User Stories, High-Level-Features oder einfach nur als Textanforderungen formuliert werden können. Die Ergebnisse der strategischen Geschäftsanalyse werden Ihr Product Backlog füllen. Was ist ein Business Requirement?

> Ein **Business Requirement** ist definiert als ein objektives Ziel, das der gesamten Organisation und nicht nur einzelnen Personen innerhalb der Organisation zugutekommt.

Business Requirements sind auf einer so hohen Ebene angesiedelt, dass es nur wenige von ihnen bei einer bestimmten Initiative, einem bestimmten Projekt oder sogar einem bestimmten Produkt geben wird. Hier sind ein paar Beispiele:

Die Steuerbehörde wird die Steuereinnahmen durch Online-Spionage bis zum 31. Dezember dieses Jahres um 15 Prozent erhöhen.

Sie können darüber debattieren, ob das eine gute oder schlechte Idee ist, aber als Geschäftsanforderung erfüllt sie unsere Kriterien. Die Anforderung nennt, wer davon profitieren wird (die Steuerbehörde), was sie tun wird (Erhöhung der Steuereinnahmen um 15 Prozent), wie sie dies erreichen will (durch Online-Spionage) und den Zeitrahmen (bis zum 31. Dezember dieses Jahres). Dies ist ein hochgestecktes Ziel und gibt uns wertvolle Informationen, um mit der Analyse der Geschäftsanforderungen zu beginnen.

Ein weiteres Beispiel für ein Business Requirement:

Die Bearbeitung von Schadenersatzanträgen muss von 10 Tagen auf vier Tage verkürzt werden.

Dieses Business Requirement gibt den Wert oder Nutzen für eine Gruppe innerhalb der Organisation an, und liefert messbare Zahlen.

Wenn Sie Business Requirements auf diesem Level of detail schreiben, empfehlen wir dringend, dem Akronym „SMART" zu folgen, was bedeutet, dass diese Ziele so geschrieben werden sollten, wie sie sind:

⇨ **S**pecific (Spezifisch)

⇨ **M**easurable (Messbar)

⇨ **A**chievable (Erreichbar)

⇨ **R**elevant (Relevant)

⇨ **T**ime bound (Zeitgebunden)

Wir gehen davon aus, dass unsere Leser mit dem SMART-Konzept vertraut sind und werden Ihre Zeit nicht damit verschwenden, hier ins Detail zu gehen. Sollten Sie weitere Informationen benötigen, gibt es viele kostenlose Online-Ressourcen, die die SMART-Technik erklären.

Spezifisch, messbar, erreichbar, relevant und zeitgebunden sind die fünf Kriterien, mit denen man klare Ziele formulieren kann. Definieren Sie Ihre Business Requirements unter Anwendung dieser 5 Kriterien um eine Zielsetzung des Produkts zum zu Ausdruck bringen.

Stakeholder Requirements

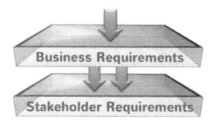

Die nächste Stufe von Anforderungen gemäß IIBA heißt Stakeholder Requirements.

> **"Stakeholder Requirements"**
> (Stakeholder Anforderungen) drücken aus,
> was ein Stakeholder braucht oder will.

Ein Stakeholder ist entweder eine Einzelperson, eine Gruppe oder eine Abteilung, die von dem neuen Software-Produkt betroffen ist. Sie können innerhalb oder außerhalb der Organisation liegen, die die Initiative oder das Projekt sponsert. Eine gute Stakeholder-Anforderung drückt einen spezifischen Bedarf aus. Zum Beispiel,

Als Fluggast,
kann ich die verfügbaren Plätze einsehen,
um meine Präferenz auszuwählen.

Dieses Stakeholder Requirement ist im User Story-Format geschrieben, kann aber auch in jedem anderen Textformat geschrieben werden. Es gibt an, wer der Anspruchsberechtigte ist (Fluggast), was der Anspruchsberechtigte tun möchte (verfügbare Plätze anzeigen) und den Zweck des Anspruchsberechtigten (Präferenz auswählen). Es sagt mir, wer, was und warum - drei Schlüsselkriterien für jede gute User Story.

Um HIPPAA-konform zu sein,
dürfen Apothekenkunden nicht die Rezepte
anderer Kunden zu sehen.

Der Health Insurance Portability and Accountability Act (HIPAA) ist ein US-Gesetz, das Anfang des Jahres 2000 verabschiedet wurde, um die Privatsphäre und Sicherheit der Patienten zu schützen. Dieses Stakeholder Requirement beginnt mit dem „Warum" (um HIPAA-konform zu sein), gefolgt vom „Wer" (Apothekenkunden) und dem „Was" (dürfen die Rezepte anderer Kunden nicht sehen).

Dies sind zwei gute Beispiele für User Stories, die die Anforderungen der Stakeholder ausdrücken. Sie müssen nicht dem User Story-Paradigma folgen, aber in schlanken und agilen Umgebungen ist dieses Format recht üblich, um Stakeholder Requirements auszudrücken.

Obwohl Business Requirements (Ziele und Vorgaben auf hoher Ebene) und dann Stakeholder Requirements (spezifische Bedürfnisse von Gruppen oder Einzelpersonen innerhalb oder außerhalb der Organisation) eine wichtige Rolle spielen, Entwickler und andere

Mitglieder der technischen Teams benötigen mehr Details, um ein Programm zu schreiben oder eine App zu erstellen. Sie benötigen Solution Requirements (Lösungsanforderungen).

Solution Requirements

Der dritte und unterste Detaillierungsgrad sind Solution Requirements (Lösungsanforderung). Entwickler benötigen diesen Detaillierungsgrad, um mit der Codierung zu beginnen. Es gibt zwei Kategorien - funktionale und nicht-funktionale Anforderungen.

> Eine **Funktionale Anforderung (FR)** beschreibt, was das Produkt, die App oder ein Benutzer tun oder wissen muss.

während

> Eine **Nicht-funktionale Anforderung (NFR)** beschreibt Eigenschaften des Produktes oder der Anwendung aus, wie z.B. „wie gut", „wie schnell" oder „wie viele".

Hier sind ein paar Beispiele:

Funktionale Anforderung:

Berechne die Gesamtkosten einschließlich Zustellgebühren und Steuern.

Diese Funktionale Anforderung besagt, dass das Produkt oder die Anwendung eine Funktion haben muss, die die Gesamtgebühren und -steuern berechnet.

Nicht-funktionale Anforderung:

Die durchschnittliche Reaktionszeit muss unter 3 Sekunden sein.

Diese nicht-funktionale Anforderung drückt die maximale Response-Time für einen Benutzer aus, der mit der Anwendung interagiert. In diesem Fall sollte der Benutzer nie länger als drei Sekunden auf die Antwort der Anwendung warten müssen.

Lösungsanforderungen sind der Detaillierungsgrad, den die meisten Entwickler benötigen, um mit der Codierung zu beginnen. In traditionellen (z.B. Waterfall) Entwicklungsumgebungen werden alle drei Detaillierungsgrade (Business-, Stakeholder- und Solution-Requirements) für das gesamte Projekt erstellt, bevor eine Zeile Code geschrieben wird. Viele der Funktionen wurden nie implementiert. Das ist ein offensichtlicher Fall von unnötiger Verschwendung. Dies ändert sich in schlanken und agilen Entwicklungsumgebungen drastisch (mehr dazu in späteren Kapiteln).

Agile oder schlanke Anforderungskonzepte

Wie wir bereits erwähnt haben ist das Ziel der Anforderungserhebung und -analyse, einer Organisation dabei zu helfen, herauszufinden, was die Geschäftswelt von der Entwicklungsabteilung benötigt (Business Analyse), und dies dann so darzustellen, dass ihr Entwicklungsteam es verstehen und programmieren kann (Requirements Engineering).

Das klingt einfach, aber wie jeder, der in diesem Bereich gearbeitet hat, weiß, ist die Anforderungsanalyse von Misskommunikation geplagt. Bei der Business Analyse legen wir den Schwerpunkt darauf, die Geschäftsbedürfnisse und -wünsche zu ermitteln, bevor wir mit der Entwicklung einer Lösung beginnen.

Agile Methoden haben in dieser Hinsicht einige große Fortschritte gemacht. Zur Veranschaulichung der agilen und schlanken Analyse werden wir „Scrum", eine weit verbreitete Methode für agile Initiativen, verwenden.

Zu Beginn eines Projekts oder einer Initiative brauchen Sie eine Vorstellung davon, was Sie erreichen wollen. Eigentlich wird das Wort „Projekt" in Agile nur sehr selten verwendet. Agile Teams neigen dazu, über das Produkt und nicht über das Projekt zu sprechen.

Das große Umdenken: vom Projekt zum Produkt

Eine der wichtigsten Unterscheidungsmerkmale Agiler Methoden ist der Wechsel von der Projekt- zur Produktperspektive. Auch wenn diese Veränderung scheinbar geringfügig ist, handelt es sich in Wirklichkeit um einen Paradigmenwechsel. Um diese Unterscheidung zu verstehen, brauchen wir eine klare Definition:

Ein **Projekt** ist zeitlich begrenzt mit einer geplanten Sequenz von

Aktivitäten mit dem Ziel, ein bestimmtes Outcome zu erreichen. Es ist in der Regel durch Ressourcen (Zeit und Geld, wie in einem Budget und Zeitplan festgelegt) und der Qualität des Outcomes limitiert.

Ein **Produkt** ist etwas, was ein Problem lösen oder einen Bedarf befriedigen kann. In der Welt der agilen Softwareentwicklung ist das Produkt in erster Linie eine digitale Lösung, die durch Funktionen/Features, Daten und eine Vielzahl von „nicht-funktionalen" Eigenschaften eingeschränkt ist. Ein Produkt entwickelt sich im Laufe der Zeit weiter, um den sich ständig ändernden Bedürfnissen gerecht zu werden. Die Produktentwicklung ist ein kontinuierlicher Prozess, der laufende Anpassungen erfordert, um mit Änderungen in der Umgebung Schritt zu halten.

Durch die Verlagerung des Schwerpunkts von „Projekt" auf „Produkt" verwandelt sich die Aufgabe des Entwicklungsteams von, definierte Aufgaben innerhalb festgelegter Fristen abzuschließen, auf, funktionierende Komponenten des Produkts an den Kunden zu liefern. Diese Verlagerung ist eine signifikante Veränderung.

Wie sieht die Entwicklung eines typischen agilen Produkts aus? Wir werden diese Entwicklung anhand üblicher Artefakte und Deliverables (produktspezifische Ergebnisse) der gesamten Initiative aufzeigen.

Der Wandel in der Terminologie

Wenn wir uns in der schlanken und agilen Welt bewegen, ändert sich die Terminologie, und das aus gutem Grund. Das Wort „Requirement" (Anforderungen) ist verpönt bei vielen Agile Teams in den USA. Es beschwört bei vielen Analytikern, Designern, Entwicklern und Systemarchitekten das Bild herauf, „dass es so sein muss". Es bleibt kein Spielraum für eine bessere Lösung. „Anforderung" kommt von „fordern", daher ist die Schlussfolgerung schwer zu ignorieren.

In der Vergangenheit bedeutete eine Anforderung, dass sie sehr stabil war und nur mit einem formellen Change Request geändert werden konnte. Diese Rigidität hat Unternehmen in der Vergangenheit Millionen von Dollar gekostet. Viele IT-Projekte dauerten Jahre, und da die Anforderungen nur schwer zu ändern waren, war es recht schwierig und oft unmöglich, neue unternehmerische Opportunitäten zu nutzen.

Alle Lean- und Agile-Entwicklungsmethoden gewährleisten, dass Anforderungen zu jedem Zeitpunkt des Entwicklungszyklus geändert werden können. Das ist ein großes Differenzierungsmerkmal und einer der wichtigsten Erfolgsfaktoren von Lean und Agile.

Die Terminologie, die wir verwenden, um Anforderungen in einer schlanken/agilen Welt zu formulieren, kommt den vielfältigen Bedürfnissen viel besser entgegen. Außerdem werden flexiblere Begriffe verwendet, die nicht mehr so sehr auf das Outcome fixiert sind.

Es ist Sache des Entwicklungsteams zu entscheiden, welche Terminologie bei der Bezugnahme auf Lean-Anforderungen zu verwenden ist. Beispielsweise verwendet Extreme Programming (XP) die Begriffe User Stories oder Stories, um Features darzustellen; SCRUM verwendet Features, Epics und User Stories, um Anforderungen zu beschreiben; Feature-Driven Development (FDD) verwendet ausschließlich den Begriff Features; und DSDM verwendet Requirement. Ganz gleich, wie man sie nennt, letztendlich sind sie alle Anforderungen.

Die Vision oder „das nächste große Ding"

Um eine Initiative zu starten oder ein neues Produkt zu entwickeln, müssen wir die Zielsetzungen der Organisation verstehen, damit wir die Geschäftsanforderungen definieren können, mit denen diese Ziele erreicht werden sollen.

Ein Vision Statement ist ein weit verbreitetes Dokument, das zum Ausdruck bringt, was Ihre Lean- oder Agile-Initiative zu erreichen versucht. Ein Vision-Statement beschreibt in einer kurzen Zusammenfassung die Idee, Absicht und Motivation, die hinter dem Produkt steckt. Es ist eine Erklärung, die ein umfassendes Bild von der Zukunft gibt, die ein Unternehmen anstrebt. Entscheidungsträger tragen die Verantwortung für die Formulierung von Produktvisionen. In agilen Methoden fällt diese Rolle häufig dem Product Owner zu (in Lean kann es jede Rolle oder jeder Titel sein).

Wie in unserer Branche (Softwareentwicklung) üblich, ist es uns immer noch nicht gelungen, die Terminologie zu vereinheitlichen. In einigen Organisationen werden „Visionen" als Business Requirements, Zielsetzungen, Projekt-Chartas oder einfach als „die nächste große Sache" ausgedrückt. In anderen Organisationen wird die Vision in einem Produktanforderungsdokument festgehalten, in dem die Merkmale beschrieben werden, durch die sich Ihr Produkt von bestehenden Produkten unterscheidet. Unabhängig davon, wie sie genannt werden, haben alle diese Formen eines gemeinsam, sie sind kurze Antworten auf das:

- ✓ was die Geschäftswelt anders machen kann
- ✓ wie das Produkt die Zukunft gestalten wird
- ✓ was der Wert des Produkts ist
- ✓ wer die Haupt-Stakeholder sind

Am besten gefällt uns die Beschreibung von Roman Pichler:

> *Die Produktvision ist das übergreifende Ziel, das Sie anstreben, der Grund für die Schaffung des Produkts.*
> *Sie bietet einen fortwährenden Zweck in einer sich ständig verändernden Welt, fungiert als der wahre Norden des Produkts, motiviert, wenn es hart auf hart kommt, und erleichtert die effektive Zusammenarbeit.*

By Roman Pichler, 8th October 2014

Dieses Buch wird Ihnen nicht beibringen, wie man ein Vision Statement erstellt. Wir gehen davon aus, dass eine Beschreibung der Ziele des Produkts in irgendeiner Form existiert und dass Sie Zugang zu dieser Beschreibung haben.

Der Produkt-Backlog

Unabhängig davon, wie Ihr Vision Statement genannt wird oder wer es erstellt, die Schlüsselfrage für Sie lautet: „Wo werden die Software Anforderungen des Unternehmens beschrieben?" Jedes Vorgehensmodell der Softwareentwicklung verläuft da anders.

In Scrum werden ein Vision Statement oder „das nächste große Ding" sowie Features, User Stories, Epics, Use Cases, Work Items und andere Arten von Anforderungen im Produkt-Backlog dokumentiert. Beim Kanban sind die Geschäftsanforderungen in einer Feature-Liste aufgeführt, die oft mit Hilfe eines Kanban-Boards verwaltet wird.

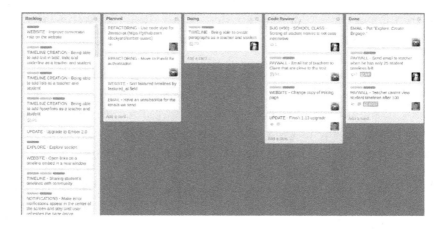

In diesem Buch werden wir den Begriff „Backlog" verwenden, um eine Sammlung von Anforderungen in verschiedenen Formaten (z.B. User Stories, Epics, Features, Requirement Statements, Use Cases, usw.) zu bezeichnen. Jedes Produkt wird höchstwahrscheinlich sein eigenes

Backlog haben, aber wir haben auch Unternehmen gesehen, die mit einem großen Backlog arbeiten, das sich über mehrere Produkte erstreckt.

Ein Product Backlog enthält vorgeschlagene Work-Items (Arbeitsaufgaben), die abgeschlossen werden müssen, um die gewünschten Ergebnisse zu erzielen. In Scrum verwaltet und managt der Product Owner das Product Backlog, indem er das Vision Statement analysiert und mit dem Produktmanager zusammenarbeitet, um eine Reihe von Features, User Stories (Anwendergeschichten) - oder in den Anfangsphasen eher Epics - zu definieren.

Die Anzahl der Items in einem Product Backlog wird in den ersten Wochen der Initiative wachsen, aber im Laufe der Zeit sollte sich die Tendenz in die andere Richtung entwickeln. Ein Backlog ist flexibel und unbeständig. Es ändert sich ständig.

Das ist das große Plus der schlanken und agilen Entwicklung. Wir sind nicht länger an Anforderungen gebunden, die vor langer Zeit definiert wurden, als das Geschäftsumfeld noch anders war. Geschäftsagilität ist nicht länger ein Wunsch, sondern wird Realität, wenn Sie die Methoden von Lean and Agile anwenden.

Es ist wichtig zu beachten, dass das Product Backlog niemals leer sein wird. Basierend auf der Agile-Philosophie sollte die Arbeit eingestellt werden, sobald der Kunde das Produkt für vollständig erklärt, d.h. es wird Dinge geben, die zwar noch im Backlog waren, aber nicht wichtig genug sind, um die notwendigen Arbeiten zu rechtfertigen.

Wenn das Produkt erfolgreich ist, wird es sich im Laufe der Zeit weiterentwickeln und wünschenswerte übrig gebliebene Items können in zukünftigen Versionen implementiert werden.

Typologien von Textanforderungen

Features (Funktionen)

Viele agile und schlanke Entwicklungsansätze sind eher funktions-orientiert. In einer schlanken Arbeitsumgebung, z.B. der Kanban-Methode, ist die Verwendung von Features, Feature-Listen, Feature-Dateien usw. recht üblich.

Die Frage lautet dann: „Was ist eine Feature oder Funktion?" Erfahrungen aus vielen Projekten und umfangreiche Recherchen im WWW geben die Antwort: „Was immer Sie wollen, dass es sein soll".

Das bedeutet, dass ein Feature eine einzelne Funktion, ein umfangreicher Funktionsablauf, ein Verhalten der Anwendung, ein Anwendungsvorgang, eine Schnittstelle oder alles sein kann, was ein Stakeholder erwartet, wenn das Produkt geliefert wird. Da es keinen vorgeschriebenen Detaillierungsgrad gibt der ein Feature beschreibt, können Sie niemals inkonsistent oder falsch liegen.

Da es keine eindeutige Definition des Begriffs gibt, können Features auf jeder Ebene definiert werde. Zu den Features einer Website, die Anträge auf Versicherungsschutz bearbeitet, gehören z.B. Anträge prüfen, Risiken einschätzen, Zahlung bearbeiten, Versicherungs-Vertrag suspendieren usw.

Jedes dieser high-level Features müsste im User Story-Format geklärt werden. Andere Organisationen definieren Features auf der Ebene der Anwendungsfunktionen (z.B. Scheck drucken, Fahrtenbuch holen, Agent zuweisen usw.). Folglich können Features, abhängend von den Standards in Ihrer Firma, über und unter dem Detaillierungsgrad einer User Story sein.

User Stories

Eines der beliebtesten Konzepte im Zusammenhang mit Lean und Agile Philosophien ist die „User Story" (Benutzergeschichte). Da es sich als äußerst effektiv erwiesen hat, können selbst IT-Projekte, die einer Wasserfall- oder iterativen Methodik folgen, die Anforderungen der Stakeholder in Form einer „User Story" ausdrücken.

Ein Schritt bei der Vorbereitung von User Stories für die nächste Iteration oder Release ist die Festlegung von Akzeptanzkriterien auch Annahmekriterien genannt. Sie werden verwendet, um die User Stories zu validieren. Die Akzeptanzkriterien bestimmen, wann die User Story abgeschlossen ist.

Aufgrund der Wichtigkeit und der weitverbreiteten Nutzung werden wir im nächsten Abschnitt eine detaillierte Beschreibung und einige Techniken für die Erstellung von User Stories vorstellen.

Business Rules (Geschäftsregeln)

Business Rules ist ein Konzept, das sowohl traditionelle als auch Agile Methoden umfasst. Der Business-Rules-Ansatz entkoppelt die fachliche Logik von Prozessen und Anwendungen. In diesem Buch wird auf den Ansatz selbst nicht näher eingegangen, aber Sie werden Techniken zum Entdecken und Schreiben von Business Rules lernen, wenn wir herausfinden, wie man effektive Anforderungen schreibt. Vorerst nur ein kurzer Überblick.

Business Rules können ein unternehmerisches Ziel definieren oder auch ganz elementare technische Sachverhalte beschreiben. Sie können mehrere Anwendungen betreffen und sollten unabhängig voneinander gepflegt werden, damit autorisierte Benutzer sie bei Bedarf ändern können. Jede Änderung an einer extern gespeicherten Business Rule sollte sofort alle betroffenen Anwendungen ändern. Eine gute Business Rule könnte zum Beispiel sein:

Wir bieten Kunden, die in einem Umkreis von 100 Meilen wohnen einen Rabatt von 10% an.

Das Management könnte entscheiden, den Rabattbetrag als Anreiz zur Kundengewinnung anzupassen oder den Radius zu verringern, um Verluste zu begrenzen. Wenn sie dies tun, sollte die Änderung keine Anwendungs-Updates verursachen. Unabhängig davon, ob Sie eine Anwendung für die Rechnungsstellung oder eine Anwendung für das Marketing erstellen, müssen Sie sich aller Business Rules bewusst sein und diese berücksichtigen. Mehr dazu später.

Constraints (Einschränkungen)

Constraints sind absolute Beschränkungen, die der Anwendung oder einem Teil der Anwendung auferlegt werden. Sie sind eine universelle Form von Anforderungen, d.h. sie sind für agile und schlanke Projekte ebenso legitim wie für traditionelle oder Wasserfallmethoden.

Constraints sind eine Art nicht-funktionaler Anforderungen. Es gibt verschiedene Arten von Constraints. Zum Beispiel gibt es rechtliche Constraints, es gibt umweltbezogene Constraints, es gibt User Constraints, die auf den Talenten und Fähigkeiten der Endbenutzer basieren, und so weiter.

Das Entscheidende an einem Constraint ist, dass niemand im Lean and Agile Team die Autorität hat, ihn zu ändern. Unabhängig davon, wie sich die Geschäftslösung entwickelt, ist es wichtig, sicherzustellen, dass keine Constraints verletzt werden. Sie werden im Kapitel über nicht-funktionale Anforderungen viel mehr über Constraints erfahren.

Use Cases (Anwendungsfälle)

Use Cases sind ein weiteres Konzept, das in der traditionellen und Agile/Lean Softwareentwicklung verwendet wird.

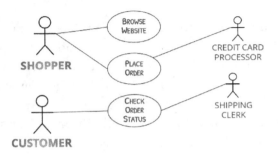

Use Cases, die eine Vogelperspektive zeigen, werden **Business Use Cases** (Geschäftsanwendungsfall) oder konzeptionelle Use Cases genannt. Sie beschreiben einen Anwendungsfall in abstrakter fachlicher Form aus Sicht des Anwenders. Zum Beispiel,

Ferien planen, Filme verleihen, Event organisieren

Use Cases, die Entwickler und Programmierer erstellen, werden oft als **System Use Cases** (Systemanwendungsfälle) bezeichnet. Sie zeigen detaillierte Interaktionen von Endbenutzern mit dem System oder sogar Interaktionen einer Funktion mit einer anderen. Zum Beispiel,

Kunden erfassen, Bestellungen ändern, Kosten berechnen

Das Schlüsselwort im Use Case ist „Interaktion". Use Cases beschreiben Interaktionen zwischen einer Anwendung und einem Benutzer auch Akteur (Actor) genannt. Akteure können Menschen, ein technisches System oder ein Ereignis sein. Ein Akteur kann an verschiedenen Use Cases beteiligt sein, aber agiert immer außerhalb des zu realisierenden Systems.

Ein Use Case-Diagramm und textliche Use Case-Spezifikationen zeigen, wie Personen und/oder andere Anwendungen mit dem zu entwickelnden Produkt interagieren.

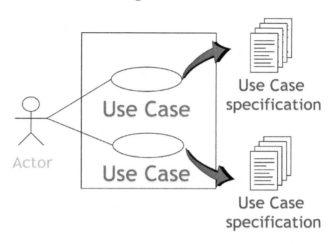

Es besteht ein großer Unterschied bei der Erstellung von Use Cases für traditionelle vs. schlanke/agile Umgebungen. In einer traditionellen, d.h. Wasserfall-Entwicklungsumgebung gibt es viel Verschwendung von Ressourcen, wenn Use Cases für das gesamte System im Voraus entwickelt werden. Lean/Agile Use Cases verfolgen einen anderen Ansatz. Viel mehr dazu später in diesem Buch.

Szenarien und Szenario-Gliederungen

Szenarien und Szenario-Gliederungen mit Beispielen sind spezifizierte Anforderungen in einer schlanken und agilen Entwicklungsumgebung. Sie zeigen dem Entwickler, was das Unternehmen benötigt (Anforderung) und ermöglichen es gleichzeitig dem Entwickler und dem Stakeholder, zu überprüfen, ob die Anwendung den definierten Anforderungen entspricht.

Wie wir bereits erwähnt haben, sind Tests ein kritischer Erfolgsfaktor für jede schlanke oder agile Produktentwicklung. Szenarien, Szenario-Gliederungen und Beispiele sind die Kommunikationswerkzeuge für geschäftliche und technische Teams. Sie sind ein unerlässlicher Erfolgsfaktor von Abnahmetestgetriebener Entwicklung (ATDD) oder Verhaltensgesteuerte Entwicklung (BDD).

Beide Ansätze basieren auf der Idee, dass es besser ist, zuerst Akzeptanztests zu entwickeln, anstatt vage Anforderungen zu erstellen und dann zu versuchen, die richtigen Tests zu extrapolieren. Wenn Sie den Akzeptanztest zuerst haben, müssen Entwickler nur den Code schreiben, der den Test bestehen wird. Dies ist ein sehr effizienter und effektiver Weg, Software zu entwickeln.

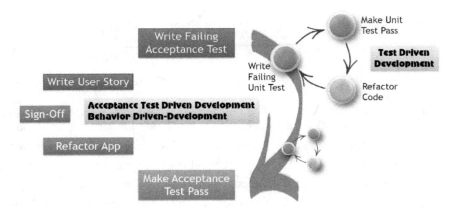

Ein kritischer Erfolgsfaktor für ATDD und BDD ist der Einsatz von automatisierten Testwerkzeugen. Eines der populärsten ist Cucumber das Szenarien, die in der Beschreibungssprache Gherkin erfasst sind, verarbeiten kann. Szenarien werden nach dem Schema:

„Gegeben... Wenn... Dann..."
(„Given... When... Then..."),

---

ausgedrückt.

Durch das Formulieren von Anforderungen im Gegeben-Wenn-Dann Schema erhalten Entwickler detaillierte Spezifikationen, die sie aus einer traditionellen textuellen Anforderung nur schwer herausholen könnten. Die so festgehaltenen Spezifikationen können dann als automatisierte Akzeptanztests dienen.

Dies war eine kurze Zusammenfassung von Begriffen, die Ihnen in einer schlanken und agilen Welt begegnen werden. Features, User Stories, Business Rules (Geschäftsregeln), Constraints (Einschränkungen), Use Cases (Anwendungsfälle), Szenarien, Szenario-Gliederungen und Beispiele sind die neuen Darstellungsweisen von Software- oder IT-Anforderungen.

Wir werden sie alle in diesem Buch ausführlich erklären und Ihnen Schritt für Schritt Anleitungen geben, wie Sie textuelle Lean/Agile-Anforderungen entdecken, analysieren und validieren können. Anforderungen, die in Diagrammen und Modellen definiert werden, sind in diesem Buch nicht behandelt.

User Stories sind
Stakeholder Requirements

Agile Arbeitsmethoden verwenden häufig User Stories, die als Ausgangspunkt für die weitere Verfeinerung von Designs, Risiken und Kosten dienen. Der Begriff „User Story" hat seinen Ursprung in einer Methodik namens XP (Extreme Programming), bei der die Entwickler auf die Idee kamen, dass sie wissen müssten, was die Benutzer von der Anwendung erwarten, BEVOR die Entwickler mit der Programmierung beginnen. Was für ein innovatives Konzept!

User Stories drücken etwas aus, was die Business Community MÖGLICHERWEISE will, vorausgesetzt, die IT kann es in einem angemessenen Zeitrahmen und Budget liefern. Der Schwerpunkt liegt jedoch auf der Simplizität. Die User Stories drücken nur aus, was eine bestimmte „Rolle" (Stakeholder) in der Business-Community von der IT braucht.

Ein Product Owner arbeitet mit den Entwicklern zusammen, um den Geschäftsbedarf zu analysieren und Prioritäten zu setzen, wenn die Zeit reif ist (d.h. in der Regel kurz bevor die Entwickler bereit sind, Code für eine kommende Version zu schreiben).

Der Product Owner, die Entwickler und andere Stakeholder diskutieren ausgewählte User Stories im Detail mit dem Autor jeder User Story, analysieren sie, identifizieren Akzeptanzkriterien und hören erst dann auf, wenn ein Konsens erreicht ist. Dann können die Entwickler mit dem Schreiben von Code beginnen.

Ein verwandtes Konzept im Zusammenhang mit User Stories sind Epics. Der Begriff "Epic" steht einfach für eine große User Story, hinter der sich viele User Stories verbergen. Es gibt keine exakte Grenze, wann User Stories zu Epics werden. Für einen Sprint ist ein Epic zu groß. Sie werden mit Hilfe von Story-Splitting Techniken in mehrere, kleinere User Stories aufgeteilt, bevor das Agile Team sie bearbeiten kann.

Das User Story Paradigma

In erster Linie drückt eine User Story einen Bedarf aus der Perspektive eines einzelnen Users aus, d.h. aus der Sicht von jemandem, der das Produkt oder die Anwendung benutzen wird. Dieser Benutzer beschreibt die User Story aus Sicht ihrer Rolle oder ihrer Zuständigkeitsbereiche. Jede User Story konzentriert sich auf das Ergebnis **einer einzigen** Interaktion zwischen einem „User" und einem in der Entwicklung befindlichen Software-Produkt.

Eine User Story ist durch den Business Value (geschäftlicher Mehrwert), den sie bietet, gerechtfertigt. Der Business Value muss ausdrücken, warum diese spezielle User Story benötigt wird, damit die IT-Abteilung eine gute Chance hat, Prioritäten zu setzen und Zeitpläne festzulegen.

Der Hauptzweck der User Story ist es, Dokumentation durch Gespräche zu ersetzen. User Stories verlagern den Schwerpunkt vom Schreiben der Anforderungen auf die Diskussion der Anforderungen.

Wir dokumentieren Anforderungen nicht mehr bis ins kleinste Detail. Eine User Story dient nur als Erinnerungshilfe zur Unterstützung der Zusammenarbeit zwischen Anwendern und Entwicklern. Die Dokumentation ist zweitrangig gegenüber der Zusammenarbeit. Dies ist ein grundlegender Paradigmenwechsel.

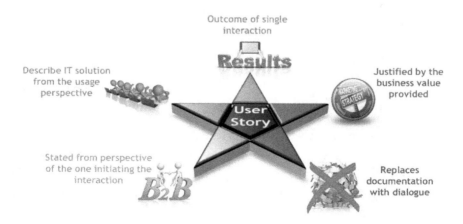

User Stories sind ein phänomenales neues Konzept, weil sie sich auf etwas konzentrieren, das wir seit vielen Jahren in dieser Branche zu erreichen versuchen – dass nämlich geschäftliche und technische Teams zusammenarbeiten, um technologische Lösungen zu schaffen. Dieser Ansatz gibt uns qualitativ hochwertigere digitale Lösungen.

User Stories definieren Business Outcomes

User Stories bieten eine solide Ausgangsbasis für Kommunikation und Zusammenarbeit, die sich auf das fokussiert, was für den USER am wichtigsten ist. Sie helfen, teamübergreifende Klarheit darüber zu schaffen, was, für wen und warum entwickelt werden soll.

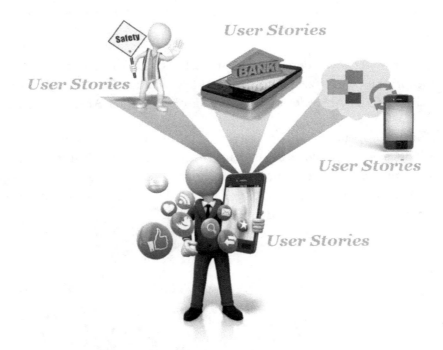

Anforderungen im User Story-Format sind Schlüsselelemente für schlanke, agile und traditionelle Softwareentwicklung. Das Format einer User Story ist unkompliziert und das Schreiben ist einfach. Große User Stories auch Epics genannt können manchmal etwas schwierig sein. Im weiteren Verlauf des Kapitels stellen wir Ihnen verschiedene Techniken vor, die Ihnen diese Arbeit wesentlich erleichtern werden.

Zuerst werden wir Ihnen jedoch einige Richtlinien geben, wie Sie Ihre geschäftlichen Anforderungen im User Story-Format ausdrücken können, und erklären, warum diese Richtlinien wichtig sind.

Eine Vorlage für User Stories

Wenn Sie eine User Story schreiben, sollten Sie sich als erstes darauf konzentrieren, was der Endbenutzer tut (rollenfokussiert) oder welches Ziel er verfolgt (zielorientiert). Das rollenfokussierte Format ist weiterverbreitet, also fangen wir damit an.

User Stories werden oft in einem einfachen Satz ausgedrückt, wie z.B.:

> **EXAMPLE**
>
> As a *{role the author represents}*,
>
> I can *{do or have this}*
>
> *({with these qualifiers})*
>
> to *{goal or value provided}*.

Wer fordert etwas an? (Rolle)

Eine rollenfokussierte User Story beginnt mit dem Wort „**Als** …" (As a…), z.B. „Als Website-Besucher" oder „Als Vertriebsleiter". Wer wird diese User Story ausführen? Wir wollen hier keine Berufsbezeichnung, sondern die Persona, die Rolle, den Akteur, den diese Person in der User Story spielt.

Was wünscht sich der Anforderer? (Funktion)

Es folgt: „**kann ich**…" (I can…). Hier beschreiben Sie als Akteur Ihre Absicht bzw. die Funktion der User Story. Das kann etwas Physisches sein wie „kann ich das Produkt versenden…". Es können auch neue Daten oder Kenntnisse sein, die die Rolle braucht, wie z.B. „… kann ich einen monatlichen Bericht über Kundenbeschwerden erhalten…".

Darüber hinaus können Sie hier zusätzliche **Qualifier** hinzufügen. Alles, was genau einschränkt oder verdeutlicht, wie der Akteur etwas haben oder wissen muss.

Warum ist diese Funktion wichtig? (Business Value)

Die „um…"-Phrase in der rollenorientierten User Story gibt Ihnen den Business Value. Was ist der Gesamtnutzen? Was ist das Problem, das gelöst werden muss? Product Owners und Business Analysten brauchen Antworten auf diese Fragen, um beurteilen zu können, wie sich die Anforderungen des Akteurs in das Gesamtbild einfügen.

Der Business Value wird den Endbenutzern und den technischen Teams zu einem besseren Gespräch verhelfen. Wenn die Entwickler das, „Warum" oder den Business Value einer User Story verstehen, können sie bessere Software-Lösungen erstellen.

Um unser Beispiel zu beenden,

„Als Vertriebsleiter **kann ich** einen monatlichen Bericht über Kundenbeschwerden erhalten, **um** die Leistung meiner Vertriebsmitarbeiter zu überprüfen."

Wenn es mehrere Endbenutzer oder Akteure gibt, sollten Sie mehrere User Stories erstellen. Da diese mit der Rolle beginnen, bezeichnen wir sie als „rollenfokussierte" User Stories.

Der einzige Unterschied in der „zielorientierten" User Story ist, dass diese mit dem Business Value oder Ziel beginnt, das diese Story liefern wird.

Wenn wir das Beispiel, das wir mit der rollenfokussierten User Story verwendet haben, als zielfokussierte User Story ausdrücken, erhalten wir folgende User Story:

„Um die Leistung ihrer Vertriebsmitarbeiter zu
überprüfen, **können** Vertriebsleiter einen monatlichen
Bericht über Kundenbeschwerden erhalten"

Im Umgang mit schwierigen User Stories kann es helfen, User Stories in beiden Formaten auszudrücken, um eine qualitativ gute User Story zu erstellen. Die Story aus einer rollen- und zielorientierten Perspektive zu betrachten, minimiert manchmal fehlende Aspekte.

Jedes Format befasst sich mit dem WER, dem WAS und dem WARUM (Business Value). Sie können das WARUM verwenden, um weitere User Stories zu entdecken. Fragen Sie sich, wer in der Organisation noch einen Nutzen aus dieser User Story ziehen würde. Mit dieser Frage können Sie weitere Rollen oder Akteure finden, und es könnte sein, dass diese etwas anderes brauchen was zu einer neuen User Story führt.

Sie müssen nicht einem strikten Muster folgen wie: „Wie..., kann ich..., um..." oder „Um ..., kann ein Akteur...". Wir haben mit Unternehmen gearbeitet, die einfache Sätze schreiben und sie User Stories nennen. Andere Organisationen verwenden immer noch den Begriff „Anforderungen". Es gibt jedoch einen wesentlichen Unterschied:

**Eine Anforderung in der heutigen Welt
MUSS das WER, WAS und WARUM beinhalten.**

INVESTiere in gute User Stories

Wie Sie im vorigen Abschnitt gesehen haben, ist die Grundstruktur einer User Story unkompliziert. Es scheint recht einfach zu sein, User Stories zu schreiben, wenn man dieses Format kennt. **Effektive** User Stories zu erstellen kann jedoch schwierig sein.

Glücklicherweise liefert Bill Wake, der Schöpfer des INVEST-Modells, eine Anleitung zur Erstellung effektiver User Stories. Sie können diese Eselsbrücke verwenden, um Sie bei der Erstellung Ihrer Stories zu unterstützen.

Mit INVEST werden User Stories nach einem besonderen Schema bewertet. INVEST ist ein Tool zur Erinnerung an sechs Kriterien, die Ihnen helfen eine User Story verständlich und sinnvoll zu definieren.

Independent
Negotiable
Valuable
Estimateable
Small
Testable

Independent (unabhängig)

Das „I" steht für independent oder unabhängig, was bedeutet, dass jede User Story in sich abgeschlossen sein sollte, um Abhängigkeiten von anderen User Stories zu vermeiden. Es sollte für einen Entwickler möglich sein, die Story zu programmieren, zu testen und für die Produktion freizugeben. Eine Story darf nicht davon abhängen, dass zuerst eine andere Story umgesetzt werden muss. Natürlich gibt es Ausnahmen, aber jede User Story sollte so unabhängig wie möglich sein.

Ein guter Lackmustest für dieses Prinzip ist es, sich zu fragen: „Wenn ich diese User Story drastisch verändere, wird dann eine der anderen Stories ungültig?" Wenn Sie feststellen, dass Ihre User Stories voneinander abhängig sind, kombinieren Sie sie zu größeren Stories oder erfassen Sie eine separate User Story für jede abhängige Komponente.

Negotiable (verhandelbar)

Das „N" steht für negotiable oder verhandelbar. Dies ist ein Schlüsselkriterium in schlanken und agilen Entwicklungsumgebungen. Einer der Gründe dafür, dass Agilisten den Begriff „Anforderung" nicht mögen, liegt darin, dass das Wort impliziert oder zumindest suggeriert, dass es „erforderlich" ist, während eine User Story verhandelbar sein muss.

Wie wir bereits in der Einführung in die Welt von Lean and Agile erwähnt haben, ist die Unterstützung der Business-Agilität eine der wichtigsten Triebfedern für die agile Bewegung. Es gibt kein Versprechen, dass eine User Story im Backlog jemals so implementiert wird, wie sie ist. User Stories können bis zum Zeitpunkt der Kodierung jederzeit geändert oder neu geschrieben werden.

Zum Beispiel könnte ein Product Owner den Umfang einer User Story aufgrund dringender geschäftlicher Bedürfnisse aushandeln. Um dies zu unterstützen, sollten Ihre User Stories niemals so detailliert oder restriktiv sein, dass sie Ihr Team daran hindern, die beste Lösung zu finden. Halten Sie die Absichten fest, aber lassen Sie genügend Raum für die Diskussion im Team.

Valuable (wertvoll)

„V" steht für valuable oder wertvoll. User Stories müssen einen erkennbaren Mehrwert liefern. Da wir den Business Value der User Story bereits behandelt haben, werden wir hier nicht weiter darauf eingehen.

Estimable (abschätzbar)

Gute User Stories sind auch estimable oder abschätzbar. Das ist eine große Herausforderung, da eine User Story aus der Geschäftsperspektive geschrieben werden sollte, während der Aufwand für eine Story von den Entwicklern geschätzt werden muss. Sie müssen bewerten, wie viel Zeit es dauern wird, den Code für diese User Story zu entwickeln.

Das bedeutet, dass jede User Story über genügend Informationen verfügen muss, um die Komplexität der Story vernünftig einschätzen zu können. Als wir jedoch von „verhandelbar" sprachen, lernten wir, dass eine Story nicht zu viele Details enthalten sollte, die die Entwickler bei der Lösungsfindung einschränken oder die Geschäftswelt daran hindern, die Story zu ändern.

Hier müssen Sie eine gute Balance finden. Schreiben Sie Ihre User Story gerade so detailliert, dass das Team verstehen kann, was es entwickeln soll und warum. Wenn das agile Team den Aufwand für eine User Story während der Release-Planung nicht abschätzen kann, wird es mit dem Product Owner oder dem Verfasser der Story verhandeln, bis die Entwickler genug Details kennen, um die Story zu schätzen.

Small (klein)

Gute User Stories sind klein. Sie enthalten gerade genug Informationen, um einem Software-Engineer einen Start zu geben.

Klein bedeutet in diesem Zusammenhang, dass ein Entwickler diese innerhalb von wenigen Tagen programmieren kann. Es sollte nie länger als zwei Wochen dauern, um die Programmierung einer User Story abzuschließen.

Wenn eine User Story zu groß ist, muss sie in kleinere Stories zerteilt werden. Dieser Vorgang wird als User Story Splitting bezeichnet, und wir werden in einem späteren Kapitel verschiedene Techniken dafür vorstellen.

Testable (prüfbar)

Und schließlich steht das „T" für testable oder prüfbar. Bei den Lean/Agilen Ansätzen haben wir endlich erkannt, dass Testszenarien oder Akzeptanzkriterien die tatsächlichen Anforderungen sind, die die IT benötigt.

Szenario-Sprachen wie in Gherkin formulieren die Anforderungen so, dass Entwickler sie leichter verstehen können. Die Erstellung von User Story-Akzeptanzkriterien (ob in Form von Szenarien oder einer anderen Form) **VOR** dem Schreiben des Codes ist für den Erfolg schlanker / agiler Vorhaben entscheidend.

Wegen seiner Bedeutung in schlanken und agilen Umgebungen haben wir dem neuen Testparadigma zwei Kapitel gewidmet. Wir führen Sie in die neuen Konzepte der akzeptanztestgetriebenen Entwicklung (Acceptance Test Driven Development, ATDD) oder verhaltensgetriebenen Entwicklung (Behavior Driven Development, BDD) ein und zeigen Ihnen, wie Sie Szenarien, Szenario-Gliederungen und Beispiele erstellen können.

User Stories definieren den Geschäftsbedarf

Gute User Stories konzentrieren sich auf das WAS und nicht auf das WIE, d.h. sie vermeiden vorgefasste Lösungen und Ideen. Indem wir vorgefasste technologische Lösungen vermeiden, geben wir den Entwicklern die Möglichkeit, die beste Technologie für die Geschäftsanforderungen zu finden. Eine effektive User Story ermöglicht immer mehrere Lösungen, um die Story zu realisieren.

Auf den Business Value fokussieren

Zur Veranschaulichung ist hier eine User Story, die sich mit der Buchung von Flugreisen für unsere Schulungsleiter befasst. Sie müssen zu dem Ort gelangen, an dem das Seminar, das sie unterrichten, stattfindet. Wir könnten schreiben,

Als Schulungsleiter kann ich einen Flug buchen, der am Vortag des Kursbeginns abfliegt, damit ich pünktlich in der Klasse sein kann.

Das klingt nach einer guten User Story. Der Schulungsleiter wird jedoch zum Fliegen gezwungen. Es gibt keine andere Möglichkeit.

Was passiert, wenn die Schulung nur wenige Kilometer entfernt ist und Fliegen nicht die beste Wahl ist? Der Kursleiter könnte einen Mietwagen benutzen oder, wenn der Ort in der Nähe ist, einen Uber. Wie wäre es mit jemandem wie den Autoren dieses Buches, die gerne mit einem Wohnmobil zum Kunden fahren? In beiden Fällen würde die User Story scheitern.

Wir möchten die User Story auf eine Weise ausdrücken, die ausschließt, WIE der Ausbilder an den Standort kommt. Fliegen ist eine vorgefasste Lösung.

Hier ist ein Beispiel, wie Sie diese User Story ausdrücken könnten, um die vorgefasste Lösung vom Fliegen zu vermeiden.

Als Schulungsleiter kann ich am Morgen des ersten Tages zur festgelegten Zeit beim Kunden sein, um den Unterricht pünktlich zu beginnen.

Das ist viel besser. Wie Sie sehen können, passt diese User Story zu allen Szenarien, die wir beschrieben haben. Ob das Seminar in der Heimatstadt des Seminarleiters oder auf einem anderen Planeten stattfindet, der Seminarleiter kann es abhalten.

Der entscheidende Punkt ist die Konzentration auf das geschäftliche Outcome, das Sie erreichen wollen, und nicht darauf, wie Entwickler es programmieren sollten. Das bedeutet es, das WAS und nicht das WIE auszudrücken!

Sehen wir uns ein weiteres Beispiel an. Wenn ich sagen würde,

---

Als Erdenbürger kann ich Windmühlen installieren, um den Planeten zu retten.

Das folgt sicherlich allen Regeln für User Story-Strukturen. Es impliziert jedoch, dass der Erdenbürger nur dann zufrieden wäre, wenn der Planet mit Windmühlen bevölkert wäre, um die Energie zu erzeugen, die wir brauchen. Das macht es zu einer vorkonzipierten Lösung. Sie sagt uns, WIE wir unsere Energieprobleme lösen müssen.

Windmühlen sind nicht ohne eine Kehrseite: Sie haben ihre eigenen Probleme. Zum Beispiel werden durch Windmühlen Vögel getötet. Wenn es in der Gegend Zugvögel gibt, die durch diese laufenden Windmühlen fliegen, werden wahrscheinlich mehrere von ihnen sterben. Es könnte bessere Lösungen zur Rettung des Planeten geben. Wie wäre es mit Sonnen- oder Kernenergie? Die Entscheidung sollte den Lösungsentwicklern überlassen werden. Schließlich ist es ihre Aufgabe, die beste Lösung zu finden.

Wie können Sie diese User Story besser ausdrücken? Sie wollen Energie sparen, richtig? Wie wäre es also mit,

---

Als Erdenbürger kann ich Energie sparen, um den Planeten zu retten.

Oder, wenn Sie eine User Story über Heizoptionen schreiben, sollten Sie spezifischer sein, wie,

---

Als Erdenbürger kann ich energieeffiziente Heizgeräte einsetzen, um den Planeten zu retten.

Technologie so weit wie möglich ignorieren

Eine User Story sollte niemals eine bestimmte Technologie vorschreiben, da die Technologie immer das WIE und nicht das WAS angibt. Wenn es Grenzen für Ihre Technologie gibt, wie z.B. „wir müssen Plattform x oder y verwenden", ist das ein Constraint (Non-Functional Requirement - NFR) und keine User Story.

Hier ist noch ein Beispiel,

Als Antragsteller kann ich meinen US-Staat aus einem Dropdown-Menü mit Abkürzungen auswählen, um die Eingabe eines ungültigen US-Staates zu vermeiden.

Das klingt nach einer guten User Story; aber die Idee eines Dropdown-Menüs ist nicht die einzige Möglichkeit, diese User Story zu realisieren. Es ist eine einschränkende Technologie. Selbst wenn es sich um die Technologie des Tages handelt, könnte es bessere Möglichkeiten geben, dies zu tun. Zum Beispiel erlauben viele moderne Websites in den USA den Besuchern, zuerst ihren Zip-code (Postleitzahl) einzugeben, damit die App die Stadt und den US-Staat automatisch vorbelegen kann.

Hier ist eine Neufassung, die keine WIE-Anweisungen enthält.

Als Antragsteller kann ich
eine gültige staatliche Abkürzung eingeben,
um einen genauen Kostenvoranschlag
für den Versicherungsschutz zu erhalten.

Damit bleibt es den Entwicklern überlassen, herauszufinden, wie sie sicherstellen, dass die US-Staat Abkürzung gültig ist.

Die „How-to"-Falle vermeiden

Zusammenfassend lässt sich sagen, dass Sie drei verschiedene Gedankengänge anwenden können, um zu vermeiden, dass sich das „How-to" in Ihre User Stories einschleicht.

1. Vermeiden Sie vorgefasste Lösungen
2. Den Schwerpunkt auf den Business Value legen, nicht darauf, wie man ihn erreicht
3. Geschäftsergebnisse unabhängig von der Technologie ausdrücken

So können Software-Engineers ihre Erfahrungen einbringen und die perfekte Lösung für Ihre Geschäftsanforderungen finden. Unserer Erfahrung nach werden diese drei einfachen Anregungen Ihnen helfen, Ihre User Stories auf das zu fokussieren, was die Business-Community braucht und will, ohne der IT zu sagen, wie sie ihre Arbeit tun soll. Das ist wesentlich effektiver.

User Stories sind nicht nur für Endbenutzer

Sie als „User" Stories zu bezeichnen, ist eigentlich unzutreffend, denn jeder Stakeholder nicht nur der User kann und sollte eine Story aus ihrer oder seiner Perspektive schreiben, auch wenn er das System nicht „anwendet". Hier sind ein paar Beispiele,

Als Administrator für Business Rules
kann ich die Hypothekenbedingungen so ändern,
dass sich das Unternehmen
an veränderte Marktbedingungen anpassen kann.

Diese User Story ist legitim obwohl der Business Rules Administrators kein Endbenutzer des Produkts ist aber trotzdem ein Stakeholder.

Als CashForecaster App
brauche ich Zugang zu den Transaktionen der Bank,
damit ich meine Prognosen
mit den tatsächlichen Werten vergleichen kann.

Diese User Story ist aus der Perspektive eines anderen Systems. Die CashForecaster-App ist eine andere Anwendung. Sie könnte eine Rolle spielen, wenn eine API oder ein Informationsaustausch zwischen diesen Anwendungen erforderlich ist.

Als Webmaster
kann ich die Bandbreite modifizieren, um
Nutzungsschwankungen
während der Hauptsaison auszugleichen.

Hier ist der Stakeholder ein Webmaster, der sicherstellt, dass die Leistung der Website den Anforderungen entspricht. Und schließlich,

Als Datenbank-Administrator
kann ich erkennen, wenn sich ein Thrash
negativ auf die Leistung auswirkt,
so dass ich die Tabellen neu verteilen kann.

Wie Sie sehen können, sind User Stories nicht nur für den Endbenutzer bestimmt. Jeder Stakeholder hat das Recht und die Pflicht, User Stories aus seiner Perspektive zu erfassen. Dadurch wird sichergestellt, dass die Entwickler ein vollständigeres Bild haben, bevor sie mit der Entwicklung jeder einzelnen User Story beginnen.

Jetzt ist es an der Zeit, Ihr neu gewonnenes Wissen in die Praxis umzusetzen.

Übung: First-Cut User Stories

Diese Übung ermöglicht es Ihnen, Ihre eigenen rollen- und zielorientierten User Stories zu schreiben.

Anleitungen:

Identifizieren Sie anhand des Blue Pacific Air Vision Statements 3 rollenfokussierte und 3 zielorientierte User Stories.

Blue Pacific Air Vision Statement

BP Air möchte seinen Kundenservice vom traditionellen telefonischen und persönlichen Service auf eine Kunden-Website ausweiten. Diese Erweiterung würde es Kunden ermöglichen, ihre Reise von der Reservierung eines Fluges bis zur Gepäckausgabe am Zielort zu managen.

Die Serviceangebote sollten Flugbuchungen, Änderungen an bestehenden Flügen, Einchecken und Drucken von Bordkarten umfassen. Als zusätzlichen Service möchten wir unseren Kunden bei der Buchung von Unterkunft und Bodentransport über unsere sichere Internet-Plattform helfen.

Unsere Ziele für die Website sind:

⇨ weniger eingehende Anrufe beim Kundendienst (oder zumindest die Anrufe verkürzen)

⇨ die Effizienz des Kunden-Check-in zu erhöhen

⇨ die allgemeine Kundenzufriedenheit zu verbessern

⇨ die laufenden Kosten für den Verkauf von Reservierungen zu reduzieren

⇨ die Kundenbindung zu erhöhen, indem wir es den Kunden erleichtern, sich für unser Rewardsprogramm online anzumelden

Dieses Projekt wird alle Arbeiten im Zusammenhang mit der Entwicklung und Bereitstellung des Online-Reservierungssystems für BP-Kunden umfassen. Es kann jedoch keine Änderungen oder Aktualisierungen des derzeitigen Fluglinien-Datenbanksystems beinhalten. Außerdem muss es mit dem Projektteam für die Datenbankmodernisierung interagieren, um die Kompatibilität zu gewährleisten.

Die Finanzabteilung wünscht die sofortige vollständige Zahlung (oder mindestens eine Anzahlung von 20 %) für online gebuchte Flüge unter Berücksichtigung aller anwendbaren Steuern und Servicegebühren, die von der Regierung, Regierungsbehörden, Flughäfen usw. erhoben werden.

Aufgabenstellung 1:

Schreiben Sie auf der Grundlage des Vision Statements 3 **rollenfokussierte** User Stories.

Aufgabenstellung 2:

Schreiben Sie auf der Grundlage des Vision Statements 3 **zielorientierte** User Stories.

Beispiele Aufgabenstellung 1: Schreiben Sie auf der Grundlage des Vision Statements 3 rollenfokussierte User Stories.

Drei mögliche rollenorientierte User Stories sind:

- ☑ Als Websitebesucher kann ich alle für mein Reisedatum und mein Reiseziel verfügbaren Flüge einsehen, um die beste Option auszuwählen.

- ☑ Als Reisender kann ich meine Bordkarte vor der Fahrt zum Flughafen ausdrucken, um die Eincheck-Zeit zu verkürzen.

- ☑ Als Reisender kann ich meine Reiseroute ändern, um Änderungen in meinem Zeitplan zu berücksichtigen.

Wenn Sie andere gefunden haben, Hut ab! Es gibt mehrere User Story-Kandidaten, die sich aus dem Vision Statement ableiten lassen. Der Schlüssel zu einer gut geschriebenen, rollenfokussierten User Story ist, dass sie der Struktur:

Als {Rolle} kann ich {etwas tun oder wissen}
{mit entsprechenden Qualifikationen}
um {einen Wert oder ein Ziel erreichen}

---

folgt. Wenn Ihre Antworten diesem Format folgen, sind sie korrekt.

Beispiele Aufgabenstellung 2: Schreiben Sie auf der Grundlage des Vision Statements 3 zielorientierte User Stories.

Drei mögliche zielorientierte User Stories sind:

- ☑ Um unseren Kundenstamm zu erweitern, können Websitebesucher Flüge direkt auf unserer Website buchen.

☑ Um unseren Kunden zu helfen, können Reisende mit BP Air eine Unterkunft für ihr Reiseziel auf unserer Website buchen.

☑ Um die Kundenbindung zu erhöhen, können sich Kunden online für unser Rewards-Programm registrieren.

Wie bei der rollenfokussierten User Story gibt es mehrere User Story-Kandidaten, die sich aus dem Vision Statement ableiten lassen. Der Schlüssel zu einer gut geschriebenen zielorientierten User Story ist, dass sie der Struktur:

Um {einen Wert oder ein Ziel zu erreichen},

kann {ROLES} {etwas tun oder wissen}

{mit entsprechenden Qualifikationen}

---

folgt. Wenn Ihre Antworten diesem Format folgen, sind sie korrekt.

II. ANFORDERUNGSERHEBUNG UND BACKLOG-ERSTELLUNG

Wie im vorigen Kapitel erwähnt, werden Anforderungen in einer traditionellen Entwicklungsumgebung in einem Pflichten- oder Lastenheft dokumentiert, während Anforderungen in einer schlanken und agilen Umgebung den Produkt-Backlog füllen.

In diesem Kapitel werden wir uns verschiedene Methoden zur Erfassung und Sammlung von Anforderungen ansehen. Sie können die vorgestellten Techniken anwenden, um ein Pflichten- oder Lastenheft zu erstellen oder ein Produkt-Backlog zu füllen.

Requirements Elicitation, Anforderungserhebung oder User Story Discovery sind unterschiedliche Begriffe für dieselbe Aktivität. Bei den Ergebnissen handelt es sich jeweils um Geschäftsanforderungen und -wünsche, die so detailliert ausgedrückt werden, dass die IT-Abteilung Änderungsinitiativen planen, vorbereiten und in ihrem Umfang verändern kann.

Leider kann man selten nur die technologischen Bedürfnisse eines Unternehmens irgendwo nachschlagen. Die meisten geschäftlichen oder technischen Anforderungen sind nirgendwo dokumentiert. Sie existieren in den Köpfen der Stakeholder und in Feedback, das von den Endbenutzern erst noch eingeholt werden muss.

Deshalb müssen Anforderungen erhoben oder elizitiert werden um ein Lastenheft zu erstellen oder einen Produkt-Backlog zu füllen. Daher stammt auch der Begriff „Requirements Elicitation". Wir erheben Anforderungen von Fachleuten, von Endbenutzern, vom Product Owner und von anderen Stakeholdergruppen, d.h. von jedem, der ein Recht hat, ein geschäftliches Need oder Want zu äußern. Dies gilt für Agile und Schlanke Ansätze genauso wie für den Wasserfall-Ansatz.

Das Elizitieren kann knifflig sein. Oft kennt die Geschäftswelt ihre detaillierten Business Needs nicht oder kann sie nicht in einer Weise ausdrücken, die Software-Entwicklern das nötige Verständnis für die Erstellung der digitalen Lösung vermittelt.

3 Amigos-Sessions, Spezifikation Workshops, User Story Workshops oder Workshops zur Anforderungsermittlung sind effektive Techniken, um Geschäfts- oder Stakeholder-Anforderungen zu erhalten. Die Outcomes dieser Art von Zusammenkünften können User Stories, Feature-Listen, Use Cases, einfache textuelle Anforderungen oder sogar Prozess- und Datenmodelle sein.

In diesem Kapitel behandelte Themen

Die beste Technik, um den Stand Ihrer Ungewissheit herauszufinden und den Fortschritt zu verfolgen, ist ein „Question File".

Welche Antworten haben Sie bereits? Welche Annahmen müssen Sie treffen, um alles am Laufen zu halten? In unseren Schulungen erhält die Question-File-Technik oft die höchste Bewertung aller neu erlernten Techniken.

Bevor Sie Anforderungen oder User Stories elizitieren können, müssen Sie wissen, wen Sie eigentlich fragen sollen. Sie müssen die Stakeholder Ihrer Initiative kennen. Ein Stakeholder ist jeder, der ein begründetes Interesse an dem in Entwicklung befindlichen Produkt hat. Der Stakeholder ist jemand, der das Recht hat, etwas darüber zu sagen, was das Produkt tut oder wie es funktioniert.

Eine der größten Herausforderungen bei jeder Veränderungsinitiative ist die Identifizierung aller beteiligten Stakeholder. Wenn Sie eine neue Website implementieren, an wen in der Organisation sollten Sie sich wenden? Ein Abschnitt in diesem Kapitel behandelt Techniken zur Stakeholder-Identifikation oder Stakeholder-Analyse.

Darüber hinaus stellen wir Ihnen ein neues Konzept namens Cynefin vor. Es handelt sich dabei um einen Decision-Support Framework, der die Wahrscheinlichkeit erhöhen kann, in jeder Situation die richtige

Entscheidung zu treffen. Cynefin zwingt Sie dazu, die einer Situation innewohnende Ungewissheit zu berücksichtigen, und empfiehlt Ihnen je nach dem Grad Ihrer Ungewissheit bestimmte Aktionsvorschläge.

Als Nächstes werden wir Ihnen eine Technik zur Ermittlung von Anforderungen durch die Problemanalyse vorstellen. Die Problemanalyse ist eine großartige Technik, die Menschen dazu ermutigt, über den Tellerrand hinaus zu schauen. Sie enthüllt Anforderungen, von denen Stakeholder oft nicht einmal wissen, dass sie sie haben. Die Problemanalyse hilft Ihnen herauszufinden, wie sie kritische Anforderungen für Ihren Bereich finden können.

In einer schlanken Umgebung muss die Geschäftskommunikation schnell und flexibel sein. Der Hauptvorteil aller Lean- und Agile-Philosophien ist Geschwindigkeit und Agilität. Die Kommunikation zwischen technischen und fachlichen Teams steht im Mittelpunkt der Lean-Entwicklungsansätze. Wir zeigen Ihnen, wie Sie eine effektive Kommunikation beim Elizitieren Ihrer Anforderungen sicherstellen können.

Jedes Gespräch oder Meeting zwischen verschiedenen Funktionsgruppen oder Bereichen wie IT und der Business-Community hat eine höhere Erfolgschance, wenn das Meeting effizient und effektiv durchgeführt wird. Um dies zu erreichen, müssen Sie sich auf das Meeting vorbereiten, wissen, wie man das Meeting effektiv durchführt, und erkennen, dass es nicht vorbei ist, wenn es vorbei ist. Ein effektives Follow-up ist für ein erfolgreiches Meeting unerlässlich.

Sie lernen Tipps, Techniken und Tricks zur Vorbereitung, Planung, Durchführung und zum Follow-up eines Meetings, von zufälligen Unterhaltungen bis hin zu formellen Workshops zur Ermittlung von Anforderungen (Elicitation) oder User Stories. Wir stellen auch Richtlinien für den Umgang mit unvermeidlichen Problematiken bezüglich Fehlkommunikation vor.

Fragen, Dokumente und Modelle

„Als derjenige, der den Business-Analyse-Hut trägt", d.h. die Person, die Anforderungen erstellen muss (egal was Ihre Stellenbezeichnung ist), suchen Sie immer nach Möglichkeiten, jedem Stakeholder zu helfen. Sie versuchen, ihnen dabei zu helfen, herauszufinden, was sie tatsächlich benötigen oder haben möchten. Wenn Sie Ihren Endnutzern und anderen Stakeholdern helfen, über die Zukunft nachzudenken und darüber, wie alles besser sein könnte, sind Sie auf dem Weg zu effektiven Anforderungen. Die einfachste Methode, um anzufangen, ist: Fragen stellen!

Fragen Sie sie zu Beginn eines Gesprächs,

„Was läuft falsch?"

Ihre Stakeholder mögen persönlich kein Problem haben, aber deren Manager oder Chef möchte vielleicht, dass die Arbeit schneller oder besser erledigt werden. Es spielt keine Rolle, wo das Problem seinen Ursprung hat, jedes Problem ist eine legitime Antwort auf diese Frage.

Eine weitere Frage, die es zu stellen gilt, ist,

„Was läuft richtig?"

Sie wollen auch Anforderungen erfassen, die Ihre Stakeholder gerne behalten würden. Was tun sie heute, was sie in Zukunft ähnlich tun müssen oder wollen?

Die nächste Frage lautet,

„Was fehlt derzeit noch?"

Was sind die Dinge, die Sie derzeit nicht tun können? Mit dieser Frage fischen Sie nach Möglichkeiten, wie Sie ihre Arbeitsweise verbessern könnten. Das sind gute Fragen für Menschen, die die Welt als ein „halb leeres Glas" betrachten. Für die andere Hälfte, die „Glas halb voll"-Leute, sollten Sie die Frage stellen,

„Wie können wir es besser machen?"

Dies sind grundlegende Fragen, und wir stellen sie bei jedem Projekt oder jeder Initiative. Notieren Sie sich die Antworten. Sie bilden die Grundlage für die Anforderungsanalyse.

Dokumente analysieren

Stakeholder haben Jobs, d.h. sie haben nur eine begrenzte Zeit zur Verfügung, um Ihre Fragen zu beantworten. Profitieren Sie von der Zeit, die sie Ihnen einräumen, indem Sie vorbereitet sind.

Sie könnten damit beginnen, Dokumente oder andere Quellen zu analysieren und die Fragen für Ihre Stakeholder auf ein Minimum zu beschränken. Beispielsweise könnten Sie Antworten auf einige Ihrer Fragen in der Dokumentation finden.

Da Dokumentation schnell altert sollten Sie nicht annehmen das alles was sie lesen korrekt oder aktuell ist. Nutzen Sie Ihre Dokumentenanalyse als Quelle für Fragen. Geschäftsprozesse und - praktiken entwickeln sich weiter, und der einzige Weg, herauszufinden, wie sie derzeit durchgeführt werden, besteht darin, die Personen einzubeziehen, die dies jetzt tun.

Sie könnten auch mit dem Helpdesk zusammenarbeiten, um herauszufinden, welche Art von Problemen sie in der Vergangenheit behandelt haben oder welche Verbesserungsmöglichkeiten sie sehen. Fragen Sie sie nach ihrer Wunschliste.

In diesem Stadium drücken fast alle Anforderungen entweder Geschäftsprobleme aus, die die Geschäftswelt lösen muss, oder neue Möglichkeiten, die es gilt zu erforschen. Diese Fragen werden Ihnen den Start erleichtern.

Modelle und Beispiele

Manchmal reichen Worte jedoch nicht aus, um effektiv zu kommunizieren. Dann brauchen Sie visuell beschriebene Anforderungen. Visuelle Modelle, wie z. B. Prozess- oder Datenmodelle, stellen Workflows (Arbeitsabläufe) oder Information Usage (Informationsverbrauch) dar. Sie helfen dem Facharbeiter (Subject Matter Expert - SME), Engpässe und Problembereiche zu erkennen und Anforderungen zur Behebung dieser Probleme zu erstellen.

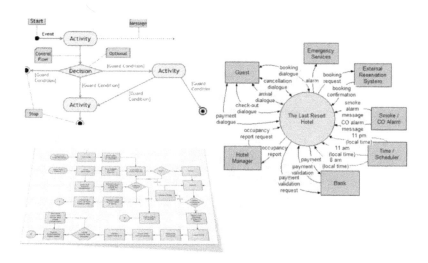

Die visuellen **Modelle** helfen einem guten Business Analyst Arbeitsabläufe besser zu verstehen, und auch wie wichtig es ist, einen bestimmten Arbeitsablauf einzuhalten. Viele Male, wenn wir Facharbeitern geholfen haben, ihren Arbeitsablauf zu visualisieren, fanden sie Bereiche, die sie verbessern könnten, indem sie einfach die Abfolge der Prozessschritte oder ihre Arbeitsweise änderten.

Je mehr Modellierungskonventionen, wie z.B. BPMN Prozess-diagramme, Aktivitätsdiagramme und Datenflussdiagramme Sie kennen, desto besser sind Sie in der Lage, sich schnell ein Bild zu machen, das allen hilft, sich auf bestimmte Aspekte eines Prozesses zu fokussieren. Zur Unterstützung der Lean- und Agile-Prinzipien sollten Sie Ihre Modelle einfach halten. Vergewissern Sie sich, dass das Modell die Essenz dessen ausdrückt, was Sie kommunizieren möchten.

Beispiele sind ein weiteres großartiges Mittel, um eine Anforderung auszudrücken. Jedes Mal, wenn wir ein Gespräch mit einem Facharbeiter (SME) über seine Arbeit führen, ermutigen wir es sehr, Beispiele aus ihrer täglichen Arbeit mitzubringen, die wir durchgehen können. Beispiele bieten einen Kontext, der das Gespräch bereichert und zu einer effektiveren Kommunikation führt.

Verfolgen des Fortschritts mit einem Question File

Hat Ihr Vorgesetzter oder Chef Sie jemals gefragt, wie weit Sie mit der Definition der User Stories oder Geschäftsanforderungen für die neue Initiative sind und wie gut Sie damit vorankommen? Wenn Sie schon einmal eine Anforderungserhebung für eine digitale Lösung vorgenommen haben, wissen Sie, dass diese Frage, insbesondere in der Anfangsphase, schwer zufriedenstellend zu beantworten ist.

Dennoch ist es sowohl für Ihren Vorgesetzten als auch für Sie selbst wichtig, eine Antwort zu haben. Wenn man sich nicht sicher ist, wie viel Arbeit man noch hat, um alle Anforderungen zu erfüllen, kann das sehr verunsichernd sein.

Wir werden Sie mit einer einfachen Technik vertraut machen, die Ihnen helfen wird, diese Frage qualifizierter zu beantworten. Wir nennen diese Technik „The Question File".

Was ist ein Question File?

Ein Question File ist eine Sammelstelle, an der Sie offene Fragen und Fragen, auf die Sie bereits geantwortet haben, nachverfolgen können. Unser Question File hat nur fünf Spalten and jede dieser Spalten hat einen bestimmten Zweck.

Q-Date	Question	Who	Answer	A-Date
12/3	What is the average age of human beings in the wild?	Genome Project Leader	35 Years	1/4
12/5	Will manmade devices exceed the speed of light in our lifetime?	Stephen Hawking		
12/7	Is there intelligent life on other planets?	???		
12/19	What's wrong with my golf swing?	Tiger Woods		
1/1	When will quantum computers be commercially available?	Elon Musk		

In der Spalte „Frage (Question)" erfassen Sie, was Sie wissen und was Sie nicht wissen. Versuchen Sie, die Frage so auszudrücken, dass eine Antwort (von der Person mit der entsprechenden Autorität) leicht eine neue Anforderung, eine neue Tatsache, ein neues Feature, eine neue User Story, ein neues Testszenario usw. sein kann. Erfassen Sie alles, was für den Erfolg Ihres Projekts oder Produkts erforderlich ist.

Notieren Sie in der Spalte „Q-Datum (Q-Date)" das Datum, an dem die Frage gestellt wurde, um einen sofortigen Zeitstempel zu erstellen.

Überlegen Sie als nächstes bei jeder Frage, wer innerhalb der Organisation, also welcher Ihrer Stakeholder, Ihnen die Antwort geben kann, die Sie brauchen. Sie suchen nach der Person, die das Wissen UND die Autorität hat, um die Frage zu beantworten. Dokumentieren Sie diesen Namen in der Spalte „Wer".

Das „Wer (Who)" kann sich ändern, je mehr Wissen Sie gewinnen. Diese Spalte ist sehr volatil.

Sie könnten z.B. Bill aus der Buchhaltung in die Spalte „Wer" setzen, weil Sie glauben, dass er derjenige wäre, den Sie fragen müssten. Wenn Sie mit Bill sprechen, stellen Sie fest, dass er die Antwort nicht weiß, sondern Ihnen sagt, Sie sollen mit Nancy aus dem Marketing sprechen. Wenn Sie das „Wer" in Nancy ändern, schickt sie Sie vielleicht zu ihrer Chefin, Caroline, und so weiter.

Es scheint eine Zeitverschwendung zu sein, aber in Wirklichkeit ist dagegen nichts einzuwenden. Sie sind, wie ein Detektiv auf einer Mission, und das ist ein großer Fortschritt in Ihrer Jagd nach Anforderungen oder User Stories.

Die nächste Spalte ist die Spalte „Antwort (Answer)". Dort erfassen Sie das neue Wissen, und das Datum, an dem Sie die Antwort erhalten haben, wird in die Spalte „A-Datum (A-Date)" eingetragen.

Einsatz der Question File

Wenn Sie diese fünf Spalten in einer einfachen Tabelle haben, können Sie zaubern.

1. Meetings planen

Beispielsweise können Sie Ihre Tabelle nach der WHO-Spalte sortieren. Wenn Sie mehrere Fragen für dieselbe Person oder sogar eine bestimmte Gruppe von Personen erhalten, können Sie die Fragen zur Vorbereitung und Planung eines Gesprächs verwenden.

2. Annahmen dokumentieren

Die andere Spalte, die wir häufig verwenden, ist die Spalte „Antwort". Wenn Sie innerhalb eines bestimmten Zeitrahmens keine Antwort erhalten haben, werden Sie gezwungen sein, eine Annahme anzustellen. Schreiben Sie das Wort „ANNAHME" in diese Spalte und fügen Sie Ihre beste Antwort auf diese Frage hinzu.

Um fair zu sein und unnötige Arbeit zu vermeiden, schlagen wir vor, die Person in der Spalte „Wer" über Ihre Annahme zu informieren. Geben Sie ihr oder ihm einen angemessenen, aber begrenzten Zeitrahmen, um zu antworten, bevor Sie weitere Arbeiten auf Grundlage dieser Annahme durchführen.

3. Fortschritte messen

Sobald Sie eine größere Anzahl von Fragen in der Datei haben, kann Ihnen dieses einfache Tool auch einen Einblick in Ihren Fortschritt geben, den Sie dann mit Ihrem Vorgesetzten teilen können. Außerdem zeigt es Ihnen auch, wie viel Arbeit Sie noch zu erledigen haben.

$$(\#ofQ - \#OpenQ) / \#ofQ = Completion\%$$

☑ Zählen Sie die Gesamtzahl der Fragen (#ofQ) in Ihrer Datei.

☑ Zählen Sie alle leeren Zellen in der Spalte „Antwort". Das sind offene Fragen (#OpenQ).

☑ Ziehen Sie die Anzahl der offenen Fragen (#OpenQ) von der Gesamtzahl (#ofQ) ab.

☑ Teilen Sie das Ergebnis durch die Gesamtzahl der Fragen (#ofQ).

Voila, Sie haben jetzt eine klarere Vorstellung davon, wie viel Arbeit Ihnen noch bleibt, ausgedrückt als Prozentsatz des Gesamtaufwandes.

Wenn Sie zum Beispiel insgesamt 100 Fragen haben und 30 davon keine Antwort oder Annahme haben, dann können Sie zu 70% sicher sein, dass Sie die notwendigen Informationen haben, die Sie benötigen, um fortzufahren.

$$(\#ofQ - \#OpenQ) / \#ofQ = Completion\%$$
$$\text{For example: } (100 - 30) / 100 = 70\%$$

4. Messung von Priorität und Wichtigkeit

Wenn Sie wissen wollen, welche Priorität die beteiligten Stakeholder Ihrem Projekt beimessen,

☑ zählen Sie die „Annahmen" (#Assu) und die Gesamtzahl der Fragen (#ofQ).

☑ Dividieren Sie die Anzahl der „Annahmen" (#Assu) durch die Gesamtzahl der Fragen (#ofQ) und

☑ multiplizieren Sie das Ergebnis mit 100.

Der sich daraus ergebende Prozentsatz sagt Ihnen, wie wichtig dieses Produkt oder Projekt für die beteiligten Stakeholder ist. Es liegt auf der Hand, dass Sie umso weniger Vertrauen haben sollten, je niedriger diese Zahl ist.

$$(\#ofQ - \#Assu) / \#ofQ = Confidence\%$$
$$For\ example,\ (40/120) * 100 = 33\%$$

Wenn Sie zum Beispiel 120 Fragen haben und 40 davon eine ANNAHME sind, zeigt die einfache Mathematik, dass 33% Ihrer „Antworten" ANNAHMEN sind. Jede Arbeit, die Sie auf der Grundlage Ihres derzeitigen Wissens leisten, hat eine 33%ige Chance, umsonst zu sein. Was Sie tun, bleibt Ihnen überlassen und hängt von Ihrer Risikobereitschaft ab.

Für mathematisch Veranlagte gibt es auch andere Formeln, die Ihnen helfen können (z.B. der Vergleich der Anzahl der beantworteten Fragen mit der Anzahl der ANNAHMEN). Diese Art von Informationen ermöglicht bessere Go / No-Go-Entscheidungen. Sie könnten auch eine Spalte hinzufügen, die die Magnitude jeder Frage angibt, und diesen Wert zur Anpassung der oben genannten Formeln verwenden.

5. Die firmenpolitische Wichtigkeit erkennen

Es gibt noch einen weiteren Zaubertrick. Schauen Sie sich das Datum an, an dem Ihnen jemand eine Antwort gegeben hat, und vergleichen Sie es mit dem Datum, an dem Sie an die Frage gedacht haben. Berechnen Sie die Zeitspanne. Eine lange Dauer ist ein rotes Fähnchen, das besagt, dass diese Initiative für die Person in der Spalte „Wer" eine niedrige Priorität hat.

Wenn die Antwort sehr schnell zu Ihnen zurückkommt, zeigt dies natürlich, dass diese Initiative, dieses Produkt oder Projekt für die

Person in der Spalte „Wer" von hohem Interesse ist. Dies gibt Ihnen einen Eindruck vom politischen Umfeld rund um diese Initiative.

Das Question File ist ein großartiges Werkzeug zur Vorbereitung von Gesprächen und gibt Ihnen wertvolle Indikatoren dafür, wie wahrscheinlich der Erfolg des Produkts oder Projekts ist. Es ist erstaunlich, wie viel Sie extrapolieren können, wenn Sie den Fortschritt Ihrer Analysebemühungen verfolgen. Wenn Sie ein laufendes Produkt haben oder ein neues Projekt beginnen, probieren Sie diese einfache Technik mal aus.

Stakeholder-Identifikation

Bei jedem Projekt (insbesondere aber bei einer agilen oder schlanken Initiative) ist es ein entscheidender Erfolgsfaktor, die **richtigen** Stakeholder zu finden, um schnelle und korrekte Ergebnisse zu erzielen. Das Fehlen einer Stakeholdergruppe ist einer der Hauptgründe für das Scheitern von IT-Initiativen. Alle Stakeholder müssen Ihre Anforderungen vorbringen, BEVOR Sie mit der Entwicklung des Produkts oder des Feature beginnen.

Also, wer sind sie und wie kann man sie finden - wo verstecken sie sich?

Elementare Stakeholder Ermittlung

Wenn Sie auf der Suche nach Stakeholdern sind, beginnen Sie mit dem Endgame, nämlich der Lösung. Fragen Sie sich,

⇨ Wer sind meine Stakeholder?

⇨ Wer genau sind meine Interessengruppen?

⇨ Wer hat ein Interesse, dass das Projekt ein Erfolg wird?

⇨ Wer ist von der digitalen Lösung oder Anwendung positiv oder negativ betroffen?

⇨ Wer kann darüber bestimmen ob das Projekt ein Erfolg wird?

⇨ Wer ist von manuellen Komponenten der Lösung betroffen?

Sobald Sie die Betroffenen und die Stakeholder, die direkt mit der Anwendung interagieren, identifiziert haben, schauen Sie sich das Firmen-Organigramm an. Versuchen Sie herauszufinden, ob es um diese Stakeholder herum noch andere Personen gibt, die zwar die Anwendung nicht benutzen, aber vielleicht Daten von der Anwendung erhalten oder Ihre Arbeitsweise ändern müssen. Es ist wichtig, dass Sie auch ihren Input erfassen.

Versuchen Sie außerdem, über andere Stakeholder nachzudenken, die die Lösung beeinflussen könnten. Ein Stakeholder ist jeder, der das Produkt oder die Anwendung beeinträchtigen kann oder davon in irgendeiner Weise betroffen ist. Das kann sowohl den manuellen Teil als auch das automatisierte System betreffen.

Identifizieren Sie schließlich alle Stakeholder, die nicht zu Ihrem Unternehmen gehören (Affected External Stakeholders), die aber möglicherweise an der Initiative oder dem Produkt interessiert sind oder etwas dazu zu sagen haben.

Aufsichtsbehörden sind ein gutes Beispiel für einen externen Stakeholder. Sie haben Vorschriften, die Sie betreffen könnten. Wenn es sich beispielsweise um ein Produkt aus der Krankenversicherungs-branche handelt, muss jemand das EU-DSGVO vertreten, das Gesetz, das den Datenschutz der Patienten regelt.

Und vergessen Sie nicht die wichtigsten externen Stakeholder: **Ihre Kunden**. Die Menschen, die Ihre Produkte oder Dienstleistungen kaufen werden. Wenn sich Änderungen an diesem Produkt auf sie auswirken, müssen Sie sich auf deren Bedürfnisse und Wünsche konzentrieren, sonst könnte Ihre ganze Initiative ein Flop werden.

Verwendung eines Organigramms zur Identifizierung interner Stakeholder

Um Stakeholder innerhalb Ihrer Firma oder Ihrer Abteilung zu finden, ist ein Organigramm ein leistungsfähiges und einfach zu verwendendes Werkzeug. Wenn Ihre Firma nicht über ein aktuelles Organigramm verfügt, erstellen Sie eines. Dies dauert nur ein paar Minuten, kann aber äußerst aufschlussreich sein.

Das Organigramm zeigt, wer die einzelnen Abteilungen, Bereiche, Gruppen usw. verwaltet. Um Ihre Stakeholder zu identifizieren, fangen Sie ganz unten im Organigramm an und fragen Sie sich, ob es irgendeine Möglichkeit gibt, dass die Leute in dieser Gruppe von Ihrem Projekt oder Produkt betroffen sein könnten oder etwas dazu zu sagen haben könnten. Wenn ja, kreuzen Sie sie an. Das ist eine Gruppe, die Sie zumindest als potenzielle Stakeholder in Betracht ziehen müssen.

Wenn Sie die untere Ebene abgeschlossen haben, folgen Sie den Links nach oben. Falls jemand für mehrere untere Ebenen zuständig ist, die betroffen sind, markieren Sie ihn fett, da er die ideale Person sein könnte, mit der Sie das Gespräch beginnen können.

Um es zusammenzufassen, verwenden Sie ein Organigramm, um herauszufinden, wer die Personen sind, die etwas über Ihre Initiative zu sagen haben könnten, sei es in Form von Anforderungen, Constraints oder etwas anderem, wozu sie befugt sind. Es ist, wie wir bereits sagten, ein sehr schneller und unkomplizierter Ansatz, Ihre Stakeholder zu identifizieren.

Stakeholder-Gruppen

Zusammenfassend lässt sich sagen, dass ein Stakeholder jeder ist, der das Produkt oder das Projekt beeinflussen kann, jeder, der die Autorität hat, etwas darüber zu sagen. Dazu gehören organisatorische Gruppen wie das Projektmanagementbüro (PMO), falls Sie eines haben. Sogar in einer Agilen Initiative haben einige Organisationen immer noch einen Projektmanager.

Der Product Owner ist natürlich ein Stakeholder, aber es gibt recht häufig auch einen Produktmanager, der der Geschäftsvertreter für das Produkt ist und der Product Owner sein kann oder auch nicht.

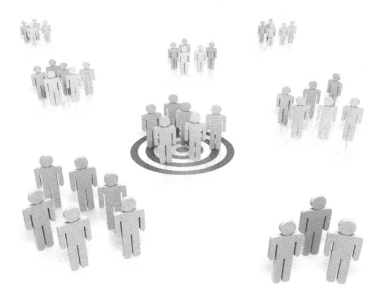

Ersteller (Creators)

Darüber hinaus ist jeder, der mit Ihnen an dem Projekt arbeitet, auch ein Stakeholder. Sie gehören zu einer Stakeholder-Gruppe, die wir Ersteller nennen. Dazu gehören Entwickler, Business Analysten, Lösungsarchitekten, Softwarearchitekt, IT-Datenarchitekten, Tester, das gesamte lean oder agile Team sowie alle anderen Personen, die an der Erstellung oder Wartung des Softwareprodukts beteiligt sind.

End-User

Wenn wir über Stakeholder sprechen, denken viele Menschen an die Endbenutzer. Ja, sie sind eine besonders wichtige Gruppe - keine Frage. Sie werden diejenigen sein, deren Leben am meisten von der Anwendung betroffen ist. Natürlich müssen wir uns ihrer Bedürfnisse und Wünsche sehr bewusst sein, aber wir sollten auch alle anderen Perspektiven nicht vernachlässigen.

Externe Stakeholder

Wie bereits erwähnt, gibt es innerhalb Ihrer Organisation auch Stakeholder wie Aufsichtsbehörden, Compliance, Auditoren, Rechtsabteilung, Personalabteilung und viele andere. Möglicherweise gibt es auch externe Stakeholder, wie z.B. Behörden des Bundes, der Länder oder der Kommunen, die etwas darüber zu sagen haben, was Ihr Produkt tut oder nicht tut.

Ehemalige Endnutzer

Eine weitere interessante Gruppe potenzieller Stakeholder besteht aus ehemaligen Endnutzern. Personen, die Ihre Anwendung früher benutzt haben, aber jetzt nicht mehr. Wenn Sie Software verkaufen, kann es äußerst aufschlussreich sein, ehemalige Benutzer anzusprechen und herauszufinden, warum sie aufgehört haben.

Dies kann zu einer Flut von Anforderungen oder geschäftlichen Bedürfnissen und Wünschen führen, an die Ihre Gruppe oder Ihre Organisation noch nicht einmal gedacht hat. Einige dieser Leute sind gegangen, weil sie unzufrieden waren, also wen sollte man besser nach den Anforderungen fragen? Wenn Sie an sie herankommen können (was nicht trivial ist), würden wir dringend empfehlen, sie zu Stakeholdern zu machen.

Übung: Identifizierung von Stakeholdern

Diese Übung gibt Ihnen die Gelegenheit, Ihre Fähigkeit zu testen, erste Stakeholder auf der Grundlage eines Vision Statements zu identifizieren.

Anleitungen:

Analysieren Sie das folgende Vision Statement, um so viele potenzielle Stakeholder des Projekts zu identifizieren, wie Sie können.

Blue Pacific Air Vision Statement

BP Air möchte seinen Kundenservice vom traditionellen telefonischen und persönlichen Service auf eine Kunden-Website ausweiten. Diese Erweiterung würde es Kunden ermöglichen, ihre Reise von der Reservierung eines Fluges bis zur Gepäckausgabe am Zielort zu managen.

Die Serviceangebote sollten Flugbuchungen, Änderungen an bestehenden Flügen, Einchecken und Drucken von Bordkarten umfassen. Als zusätzlichen Service möchten wir unseren Kunden bei der Buchung von Unterkunft und Bodentransport über unsere sichere Internet-Plattform helfen.

Unsere Ziele für die Website sind:

⇨ weniger eingehende Anrufe beim Kundendienst (oder zumindest die Anrufe verkürzen)

⇨ die Effizienz des Kunden-Check-in zu erhöhen

⇨ die allgemeine Kundenzufriedenheit zu verbessern

⇨ die laufenden Kosten für den Verkauf von Reservierungen zu reduzieren

⇨ die Kundenbindung zu erhöhen, indem wir es den Kunden erleichtern, sich für unser Rewardsprogramm online anzumelden

Dieses Projekt wird alle Arbeiten im Zusammenhang mit der Entwicklung und Bereitstellung des Online-Reservierungssystems für BP-Kunden umfassen. Es kann jedoch keine Änderungen oder Aktualisierungen des derzeitigen Fluglinien-Datenbanksystems beinhalten. Außerdem muss es mit dem Projektteam für die Datenbankmodernisierung interagieren, um die Kompatibilität zu gewährleisten.

Die Finanzabteilung wünscht die sofortige vollständige Zahlung (oder mindestens eine Anzahlung von 20 %) für online gebuchte Flüge unter Berücksichtigung aller anwendbaren Steuern und Servicegebühren, die von der Regierung, Regierungsbehörden, Flughäfen usw. erhoben werden.

Aufgabenstellung:

Identifizieren Sie potenzielle Stakeholder des Projekts anhand des Vision Statements.

Potenzielle Antworten:
(Hut ab, wenn Sie mehr gefunden haben!)

- ✓ Kundenservice-Vertreter

- ✓ Blue Pacific (BP) Kunden

- ✓ Gepäckabfertiger

- ✓ Hotels

- ✓ Autovermieter

- ✓ Dienstbegleiter

- ✓ Reservisten???

- ✓ Vertreter des DB-Modernisierungsteams

- ✓ Finanzabteilung

- ✓ IT

- ✓ Vertreter des Rewards-Programms

Das Cynefin Framework zum Umgang mit Ungewissheit und Komplexität

Eines der größten Probleme bei jedem neuen Vorhaben ist die Ungewissheit. Zu Beginn einer neuen Initiative hat man bestenfalls eine schwache Vorstellung davon, was sie bewirken soll.

Wenn Sie für das Projekt oder Produkt verantwortlich sind, sollten Sie ein Vision Statement oder ein hochrangiges Ziel haben, das mit der Initiative erreicht werden soll. Wenn Sie das nicht bekommen, müssen Sie dort beginnen.

Alles andere ist zu diesem Zeitpunkt noch in der Schwebe. Mit anderen Worten: Das Einzige, was man wirklich im Überfluss hat, ist die Ungewissheit. Der italienische Renaissance-Politiker Niccolo Machiavelli drückte es sehr prägnant aus:

„Nichts ist schwieriger in die Hand zu nehmen, gefährlicher in der Durchführung oder unsicherer im Erfolg, als die Führung bei der Einführung einer neuen Ordnung zu übernehmen"

Ich denke, jeder erfahrene IT-Projektmanager in der heutigen Geschäftswelt kann sich damit identifizieren!

Wenn es um den Umgang mit Ungewissheit geht, gibt es einen neuen Sheriff in der Stadt. Es ist ein Framework namens Cynefin. Der Name selbst ist ein walisisches Wort, das so etwas, wie „Herkunft" oder „Lebensraum" bedeutet.

Cynefin ist eines der bedeutendsten neuen Konzepte oder Tools. Es leitet uns in den frühen Phasen einer Initiative oder eines Projekts, in denen wir es mit viel Ungewissheit zu tun haben. Cynefin ist ein Decision-Support-Framework, das die Wahrscheinlichkeit erhöhen kann, in jeder Situation die richtige Entscheidung zu treffen. Es ist ein hervorragendes Werkzeug zur Priorisierung und Analyse von Features, User Stories und anderen Anforderungstypen.

Ein Framework zur
Quantifizierung der Ungewissheit

Ungewissheit herrscht überall. Angenommen, Sie sind Product Owner und einer Ihrer Stakeholder hat Ihnen gerade eine neue User Story übergeben. Während Sie die Geschichte lesen, erkennen Sie, dass es vieles gibt, was Sie über die User Story nicht wissen, was bedeutet, dass Sie ein hohes Maß an Ungewissheit haben.

Cynefin soll Ihnen helfen, eine neue Situation schnell einzuschätzen und zu entscheiden, wie Sie am besten damit umgehen. Die empfohlenen Maßnahmen basieren auf dem **von Ihnen wahrgenommenen Grad der Ungewissheit**. Dies ist eine sehr subjektive Beurteilung, da sie auf Ihrer persönlichen Erfahrung beruht (oder, wenn Sie Mitglied eines Teams sind, auf der Erfahrung des Teams).

Um Cynefin anzuwenden, müssen Sie zunächst die Charakteristik der enthaltenen Ungewissheit anhand von 5 spezifischen Kontexten oder Domänen der Entscheidungsfindung bestimmen: **obvious** (offensichtlich), **complicated** (kompliziert), **complex** (komplex), **chaotic** (chaotisch) und **disorder** (Unordnung).

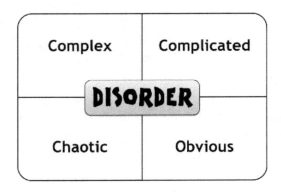

Jedes Mal, wenn Sie mit einer neuen Situation konfrontiert werden, sind Sie mit einer Unordnung (Disorder) konfrontiert. Unordnung ist

nicht schlecht. Es bedeutet nur, dass Sie noch keine Zeit hatten, die Ungewissheit in der Situation zu analysieren.

Ihr erster Schritt besteht darin, sich mit der vorliegenden Sachlage vertraut zu machen, um die geeignete Cynefin-Domäne zu identifizieren. Sobald Sie wissen, zu welcher Domäne die Situation gehört, haben Sie eine viel bessere Grundlage für die Bestimmung der richtigen Vorgehensweise.

Einfache Probleme
mit offensichtlichen (obvious) Lösungen

Angenommen, Ihr Team entwickelt eine Anwendung zur Bestandsprognose für ein Einzelhandelsgeschäft. Wenn Sie in der Vergangenheit ähnliche Projekte gehabt haben, wissen Sie, was zu tun ist. In dieser Situation wissen Sie, wie Sie am besten reagieren können.

Sie können auf der Grundlage Ihrer Erfahrung eine optimale Vorgehensweise wählen, also wenden Sie sie einfach an. Im Cynefin Framework fällt diese Situation in eine Domäne, die „Obvious" oder „Simple" genannt wird.

Hier sind einige Attribute, Beispiele, Ansätze und Risiken für diesen Bereich.

Attribute

- ☑ Das Problem oder die Herausforderung, vor der Sie stehen, ist klar definiert und verstanden.

- ☑ Sie oder Ihr Team haben einschlägige Erfahrung im Umgang mit dieser Situation.

- ☑ Es besteht Konsens über die beste Lösung oder Antwort.

Empfohlener Ansatz

- ☑ Bestätigen Sie die Einfachheit, indem Sie die Risiken des Scheiterns vorhersehen.

- ☑ Die akzeptierte best-practice umsetzen.

- ☑ Testen und verfolgen Sie das Ergebnis über einen angemessenen Zeitraum.

Risiken

- ☑ Viele Menschen haben bereits eine Lösung auf der Suche nach einem Problem und ergreifen schnell jede Opportunität, diese umzusetzen, unabhängig davon, ob sie das wirkliche Problem anspricht oder nicht.

- ☑ Aspekte der Situation die nicht offensichtlich sind, können in der Eile, das Problem zu lösen, ignoriert werden.

- ☑ Unzureichendes Verständnis aller Aspekte kann dazu führen, dass Ihre Lösung die Situation vom Offensichtlichen ins Chaos stürzt (mehr über das Domäne Chaos später).

Beispiel

Ein Freund von Ihnen bittet um ein Darlehen von 1000 Dollar für ein neues Auto und verspricht, es Ihnen am nächsten Zahltag zurückzuzahlen. Derselbe Freund hat sich in der Vergangenheit Geld von Ihnen geliehen und nicht zurückgezahlt, und außerdem wissen Sie, dass er am Zahltag nur 500 Dollar bekommt, also ist Ihre Antwort offensichtlich, nicht wahr?

Sie sagen ihm, dass Sie Ihr Scheckbuch und Ihre Brieftasche einschließlich Ihrer Geldautomatenkarte verloren haben. Es tut Ihnen sehr leid, aber Sie können ihm im Moment nicht helfen. Er schlägt vor, dass Sie mit ihm zu Ihrer Bank gehen und es abholen könnten. Sie müssen ihn also daran erinnern, dass Sie keinen Ausweis haben, weil Ihr Führerschein in Ihrer Brieftasche war. Problem gelöst, richtig?

Das Leben wird kompliziert

Leider ist nicht alles so einfach, wie es scheint. Die zweite Domäne in Cynefin heißt „Complicated". Wenn Sie mit einer Aufgabe konfrontiert werden, die Sie noch nie gemacht haben, und Ihr Team auch nicht, haben Sie wahrscheinlich eine komplizierte Aufgabe vor sich.

In dieser Domäne wissen Sie, welche Fragen Sie stellen müssen, aber weder Sie noch Ihr Team kennt die Antworten. Diese Sachlage wäre ein geeigneter Kandidat für den Bereich „Complicated" in Cynefin.

Im vorherigen Beispiel entwickelte Ihr Team eine Anwendung zur Bestandsprognose für ein Einzelhandelsgeschäft. Da Sie in der Vergangenheit viele ähnliche Projekte hatten, wissen Sie, was zu tun ist und deshalb war dieses Projekt der Domäne „Obvious" zugeordnet.

Aber was passiert, wenn Ihre Einschätzung nicht ganz richtig war? Angenommen, der Kunde verfügt über eine andere Infrastruktur als Ihre früheren Initiativen, und seine Infrastruktur unterstützt nicht die Programmiersprache oder Plattform, mit der Sie sich wohlfühlen? Nun tritt eine gewisse Ungewissheit ein, die Sie berücksichtigen müssen.

Wie das Sprichwort sagt, gibt es für alles ein erstes Mal, und in der IT-Welt hat man das Gefühl, dass es bei jedem Projekt oder Produkt eine bisher unbekannte Herausforderung gibt. Technologie ändert sich, Geschäftspraktiken ändern sich, Entscheidungsträger ändern sich. Mit jedem Produkt, jeder Initiative oder jedem Projekt ist immer etwas Neues und anderes verbunden.

Wenn Ihr Projekt in der „Complicated" Domäne ist, können Sie Nachforschungen anstellen und ein paar Experten befragen. Am Ende treffen Sie Entscheidungen auf Grundlage Ihrer Nachforschungen und der Sachlage, die Sie von den Experten gelernt haben.

Geschäftsanalysetechniken wie Problemanalyse, Prozessmodellierung, Datenmodellierung, User-Story-Gespräche usw. sind in dieser Domäne sehr effektiv.

Hier sind einige Attribute, Beispiele, Ansätze und Risiken für diese Domäne.

Attribute

- ☑ Sie haben Fragen, auf die es keine offensichtlichen Antworten gibt.

- ☑ Experten haben ähnliche Situationen erfolgreich gelöst.

- ☑ Es gibt viele „richtige" Lösungen und Sie müssen entscheiden, welche Sie anwenden wollen.

Empfohlener Ansatz

- ☑ Analysieren Sie die Sachlage gründlich (wie bereits erwähnt, zeichnen sich hier die Business Analyse Techniken aus).

- ☑ Isolieren Sie die Faktoren, die die Komplikationen verursachen.

- ☑ Arbeiten Sie mit mehreren Experten zusammen, um eine „gute" Vorgehensweise für den Umgang mit den spezifischen Eigenheiten Ihrer Sachlage zu entwickeln.

Risiken

- ☑ Es kann Aspekte Ihrer Sachlage geben, die von Experten übersehen oder ignoriert werden.

- ☑ Die verschiedenen Experten, an die Sie sich wenden, sind sich über Ihr Problem oder die richtige Lösung nicht einig.

- ☑ Die Egos der Experten behindern eine unvoreingenommene Analyse.

Beispiel

Ihr Investment-Manager schlägt vor, dass Sie 10.000 Euro in ein neues Unternehmen investieren sollten, das aufgrund einer Finanzanalyse seinen Wert innerhalb von 6 Monaten verdreifachen könnte. Natürlich weist der Investment-Manager darauf hin, dass es sich um ein neues Unternehmen handelt und die Möglichkeit besteht, dass Sie alles verlieren könnten.

Dies sei eine „komplizierte" Sachlage, so Cynefin, denn jetzt müssten Sie Ihre finanzielle Situation sowie Ihre Risikotoleranz analysieren und entscheiden, ob die Belohnung das Risiko überwiegt.

Die Sachlage wird komplex

Wenn Sie nicht wissen, welche Fragen Sie stellen sollen oder an wen Sie eigentlich die Fragen stellen sollen, dann haben Sie die Domäne „Complex" erreicht.

Sie befinden sich in einer Sachlage, in der Sie sehr unsicher sind, d.h. es herrscht ein hohes Maß an Ungewissheit. An diesem Punkt müssen Sie versuchen, einen Weg zu finden, um aus der Domäne „Complex" in die Domäne „Complicated" oder „Obvious" zu gelangen. Wie machen Sie das?

Sie entwickeln „safe-to-fail"-Tests. Bei einem solchen Test versuchen Sie alles, was Ihnen helfen kann, die Sachlage besser zu verstehen. Gleichzeitig darf nichts, was Sie tun, die Sachlage verschlimmern. Das ist es, was wir mit „safe-to-fail" meinen.

Der Hauptunterschied zwischen allen drei Domänen (Complicated, Complex, and Obvious) - ist der Ansatz, den Sie verwenden, um zu einer Lösung zu gelangen.

⇨ In der Domäne „**Obvious**" erledigen Sie die Arbeit einfach.

⇨ In der Domäne „**Complicated**" finden Sie zuerst heraus, was zu tun ist, und erledigen es dann einfach.

⇨ In der Domäne „**Complex**" experimentieren Sie und untersuchen potenzielle Lösungen, mit dem Ziel, die Vorhaben in eine andere Domäne zu verlagern.

In der Regel beginnen die meisten Menschen zu Beginn eines neuen Projekts oder einer neuen Initiative mit Aufgaben, die sie zu erledigen wissen. Sie beginnen mit Dingen, die in der „Obvious" Domäne liegen, da dies für die meisten Menschen die Komfortzone ist.

Sobald ihnen die einfachen Aufgaben ausgehen, kommen sie zu den komplizierten. Es wird Zeit brauchen, oft sehr viel Zeit, um Lösungen zu finden. Aber jetzt kommt der wirkliche Mist. Was ist, wenn die Lösung, die sie für eine komplizierte Aufgabe gewählt haben, dazu führt, dass sie Tasks aus der Domäne „Obvious" neu erledigen müssen, weil diese „offensichtlichen" Lösungen nicht mehr funktionieren? Das wäre eine Verletzung des Lean-Prinzips, Verschwendung zu eliminieren.

Erschwerend kommt hinzu, was passiert, wenn Sie alle Aufgaben in den Domains „Obvious" und „Complicated" erledigt hätten, aber Sie haben es mit einem Projekt zu tun, das komplexe Dimensionen hat?

Wenn Sie keinen Weg finden, die komplexen Komponenten Ihres Projekts oder Ihrer Initiative zu lösen, könnte Ihre gesamte Arbeit in den beiden anderen Domänen umsonst gewesen sein. Sie hätten eine Menge Geld und Zeit sparen können, wenn Sie mit Aufgaben in der Domäne „Complex" begonnen hätten.

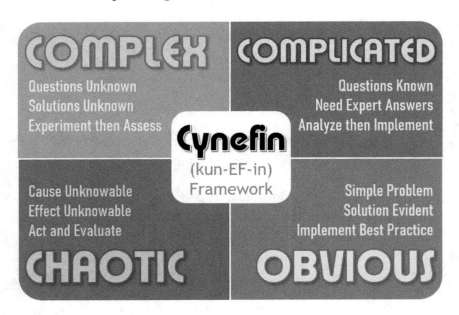

☑ Arbeiten Sie immer zuerst an den komplexen Tasks oder Problemen in der „Complex" Domäne.

☑ **Wenn diese gelöst sind, können Sie an komplizierten Tasks in der Domäne „Complicated" arbeiten.**

☑ **Offensichtliche Tasks oder Probleme sollten immer die letzten Aufgaben sein, die Sie in Angriff nehmen!**

Hier sind einige Attribute, Beispiele, Ansätze und Risiken für diese Domäne.

Attribute

☑ Die Sachlage ändert sich ständig.

☑ Das Problem kann nicht zerlegt werden, weil Ihre Handlungen es auf unvorhersehbare Weise verändern.

☑ Die richtige Lösungsansatz entwickelt sich mit Ihrem Verständnis des Problems.

Ansatz

☑ Initiieren Sie Maßnahmen, die die Sachlage stabilisieren, aber nicht verschlimmern.

☑ Bewerten Sie die Reaktionen und nehmen Sie notwendige Anpassungen vor.

☑ Ermöglichen Sie das Entstehen einer innovativen Vorgehensweise.

Risiken

☑ Sich auf Analyse und die einfachste Lösung zu verlassen, verschlimmert oft die Sachlage.

☑ Ungeduld bei der Lösung von Problemen führt dazu, allzu einfache Lösungen zu implementieren, die das eigentliche Problem verdecken.

☑ Das Management der Sachlage durch ein Mandat kann dem Entstehen von nützlichen Mustern und innovativen Lösungen im Weg stehen.

Beispiel

Die Informationstechnologie nimmt alle 10 Jahre um eine Größenordnung an Komplexität zu (fortan als Hathaway'sches Gesetz bekannt). Wir gingen von eigenständigen, monolithischen Großrechnern in den 60er Jahren zu vernetzten Computern in den 70er Jahren, zu Client-Server-Plattformen in den 80er Jahren, zum World Wide Web in den 90er Jahren, zu intelligenten Devices in den 00er Jahren, zu KI und dem Internet der Dinge (IoT) in den 10er Jahren.

Infolgedessen haben IT-Projekte an Komplexität zugenommen, da mit jedem Evolutionsschritt die Anzahl der beteiligten Variablen dramatisch zunahm. Wie Tausende von Datenverstößen, Denial-of-Service-Angriffen und Systemausfällen bezeugen, ist es nahezu unmöglich, eine Anwendung isoliert zu modifizieren, ohne die nachgelagerten Anwendungen und APIs negativ zu beeinflussen.

Die Technologie verändert sich ständig, und mit jeder neuen Technologie entdecken wir Diskontinuitäten in älteren, zuverlässigen Technologien, die dazu führen, dass sie - oft spektakulär - versagen. Die herkömmliche Weisheit besagt, dass "jede Lösung ihre eigenen Probleme schafft". Das war noch nie so offensichtlich wie in der heutigen Welt der IT.

Infolgedessen beginnt die große Zahl bedeutender IT-Initiativen heutzutage in der Domäne "Komplex". Verwenden Sie die oben vorgeschlagenen Richtlinien, um Ihren Stresspegel zu minimieren, wenn Sie vor einem weiteren herausfordernden IT-Projekt stehen.

Oberstes Chaos regiert

Sie haben jetzt Strategien für drei Cynefin-Domänen (Complex, Complicated, and Obvious), die wir bisher abgedeckt haben. Die vierte Dimension „Chaos" ist ganz anders als die anderen drei.

Wenn Sie eine chaotische Sachlage erleben, haben Sie oft keine Ahnung, was vor sich geht, geschweige denn, wie Sie das Problem lösen können. Man weiß einfach, dass es ein riesiges Problem gibt und dass man etwas dagegen tun muss.

Stellen Sie sich zum Beispiel vor, Sie beaufsichtigen das Produktionssystem in Ihrem Unternehmen und es ist gerade abgestürzt. Sie stellen fest, dass Sie es nicht wieder in Gang bringen können. Dann sagt Ihnen Ihr Chef, dass es schlimme Folgen für die gesamte Organisation haben wird, wenn Sie es nicht innerhalb kurzer Zeit wieder in Gang bringen. Das wäre ein Problem für die Domäne „Chaos".

> ⊠ Sie wissen nicht, warum es abgestürzt ist.

> ⊠ Sie wissen nicht, was die Ursache war.

> ⊠ Sie wissen nicht, wo Sie anfangen sollen.

Nach dem Cynefin-Framework sollten Sie, wenn Sie es mit einer chaotischen Sachlage zu tun haben, als erstes alles tun, was Ihnen einfällt, um das Problem zu lindern. Tun Sie etwas, um die Sachlage zu beruhigen, so dass Sie das Problem in die Domäne „Complex" verlagern können damit Sie über „safe-to-fail"-Tests nachdenken können.

Wenn Sie sich in einer chaotischen Sachlage befinden, haben Sie keine Zeit für eine Analyse. Sie haben nicht einmal Zeit zum Nachdenken. Sie müssen reagieren, um das Schlimmste zu verhindern.

Hier sind einige Attribute, Beispiele, Ansätze und Risiken für diese Domäne.

Attribute

- ☑ Keine bekannten Antworten.
- ☑ Keine erkennbaren Muster.
- ☑ Sie wissen nicht, was Sie nicht wissen.

Ansatz

- ☑ Tun Sie etwas, ob Sie sicher sind oder nicht.
- ☑ Bauen Sie auf dem auf, was Ihnen geholfen hat.
- ☑ Seien Sie bereit, innovativ zu sein.

Risiken

- ☑ Die Entscheidungsträger können sich nicht einigen.
- ☑ Superman-Komplex bei Erfolg.
- ☑ Im „Krisenmodus" stecken bleiben, nachdem die Krise vorbei ist.

Beispiele

Das Auftauchen des Novel Coronavirus Anfang 2020 ist ein Paradebeispiel für eine chaotische Situation. In den ersten Monaten wusste niemand, wie tödlich das Virus ist und wie schwer der Ausbruch werden könnte. Es gab keine erkennbaren Muster, denn jedes Virus ist einzigartig. Aus diesem Grund wurde in vielen Ländern als eine der ersten Maßnahmen ein Lockdown eingeführt.

Die wirtschaftlichen Auswirkungen waren verheerend und führten dazu, dass viele Länder zu früh wieder öffneten, was zu vermehrten Infektionen und Todesfällen beitrug.

Wie Sie sehen, hat diese Sachlage alle Merkmale der "chaotischen" Domäne. Der Einsatz von Cynefin als Instrument zu einem frühen Zeitpunkt der Pandemie könnte die Auswirkungen mildern und eine schnellere wirtschaftliche Erholung ermöglichen.

Eine Cynefin-Erfolgsgeschichte

Wir haben diese Technik bei einem Kundenprojekt angewandt, und die Ergebnisse waren erstaunlich. Normalerweise hätten wir das Projekt mit Aufgaben begonnen, von denen wir bereits wussten, wie man sie macht. Wir hätten große Fortschritte gemacht.

Dieses Mal haben wir zuerst den komplexen Bereich angesprochen. Wir haben die Aufgaben identifiziert, die für uns komplex waren, weil wir nicht wussten, wie wir sie lösen sollten. Wir untersuchten zunächst diese komplexen Bereiche und entwickelten mehrere „safe-to-fail"-Tests, die alle fehlschlugen.

Infolgedessen haben wir beschlossen, das Projekt nicht weiter zu verfolgen. Weil wir das Cynefin Framework angewandt haben, hat uns diese Entscheidung weniger als eine Woche Aufwand gekostet und ersparte unserem Kunden Wochen oder sogar Monate. Der Kunde schätzte unsere Integrität und belohnte uns mit 2 weiteren Projekten, die wir erfolgreich abgeschlossen haben.

Zusammenfassung

Persönlich sind wir der Meinung, dass Cynefin eines der besten Tools ist, das jemals erfunden wurde, um mit den Ungewissheiten einer neuen Entwicklungsinitiative erfolgreich umzugehen.

Cynefin hat nicht als Business Analyse-Tool begonnen. Es hat eine Menge Anwendungen in vielen verschiedenen Bereichen. Sie können Cynefin in jeder Problemstellung verwenden. Viele Organisationen wenden Cynefin zur Priorisierung von User Stories während der Release- und Sprintplanung an.

Analysieren Sie zunächst Ihre „Complex" User Stories, Epics oder Anforderungen befassen Sie sich dann mit den „Complicated" Anforderungen. Mit welchen Tools oder Techniken sind Sie vertraut, um Ihre User Stories, Features oder Anforderungen in eine einfachere Domäne zu bringen? Entweder von „Complex" zu „Complicated" oder von „Complicated" zu „Obvious".

Letztendlich versuchen Sie, alle Anforderungen in die Domäne „Obvious" zu transferieren, damit die Arbeit erledigt werden kann. Cynefin ist eines der besten Tools zur Risikominderung für die Business- oder Anforderungsanalyse.

Als Nächstes folgt eine Übung, die Ihr Verständnis für die Möglichkeiten des Cynefin-Frameworks testen wird.

Übung: Cynefin
bei geplanten Initiativen anwenden

Diese Übung wird Ihnen helfen, das Cynefin Framework zu nutzen, um die mit einer Initiative verbundenen Risiken zu erkennen. Sie wird Ihnen auch dabei helfen, anhand Ihrer Antwort eine Best-of-Breed-Strategie auszuwählen.

Anleitungen:

Wenn Sie Tests mögen, bei denen jede Antwort richtig ist, werden Sie diese Übung liebend gerne machen! Die Antworten basieren auf persönlichen Erfahrungen; ergo werden sie anders ausfallen für jeden Leser und auch anders als unsere Antwort Beispiele. Das ist kein Problem und bedeutet nicht, dass Ihre Antwort falsch ist!

Wir haben die Szenarien ausgewählt, um Beispiele für jede Cynefin-Domäne illustrieren zu können und um zu zeigen, wie die Domäne die beste Strategie bestimmt.

Complex	Complicated
Questions Unknown Solutions Unknown Experiment then Assess	Questions Known Need Expert Answers Analyze then Implement

DISORDER

Chaotic	Obvious
Cause Unknowable Effect Unknowable Act and Evaluate	Simple Problem Solution Evident Implement Best Practice

In welche Domäne von Cynefin ordnen Sie jede der folgenden Initiativen:

Initiative 1:

Aktualisierung einer 2005 entwickelten Website um Mobil- und Tablet-Formate zu unterstützen

---

- ☐ Obvious
- ☐ Complicated
- ☐ Complex
- ☐ Chaos

Initiative 2:

Erweiterung einer E-Commerce-Website zur Einhaltung des EU-Mehrwertsteuergesetzes 2016

- ☐ Obvious
- ☐ Complicated
- ☐ Complex
- ☐ Chaos

Initiative 3:

Integration des Back-End-Bestandsverwaltungssystems Ihres Unternehmens mit SAP

- ☐ Obvious
- ☐ Complicated
- ☐ Complex
- ☐ Chaos

Initiative 4:

Ihre eCommerce-Produktions-Website ist abgestürzt und lässt sich nicht neu starten

- ☐ Obvious
- ☐ Complicated
- ☐ Complex
- ☐ Chaos

Initiative 5:

Anschaffung und Implementierung eines Tools für automatisierte testgetriebene Entwicklung

- ☐ Obvious
- ☐ Complicated
- ☐ Complex
- ☐ Chaos

Initiative 6:

Planen Sie nach dem Lottogewinn einen 2-wöchigen Urlaub mit Ihrer Großfamilie in Europa

- ☐ Obvious
- ☐ Complicated
- ☐ Complex
- ☐ Chaos

Unsere (Autoren) Antwort Initiative 1:
Aktualisierung einer 2005 entwickelten Website um Mobil- und Tablet-Formate zu unterstützen.

Für uns, a) OBVIOUS. Wenn Sie noch nie eine Website aktualisiert oder mit responsiven Designs gearbeitet haben, haben Sie wahrscheinlich festgestellt, dass es sich hier um COMPLEX handelt.

Wenn Sie Leute kennen, die es gemacht haben, aber keine persönliche Erfahrung haben, sollten Sie es in die Domäne COMPLICATED aufnehmen.

Dies als OBVIOUS zu betrachten, setzt voraus, dass Sie diese Art von Projekt bereits mehrmals selbst durchgeführt haben und genau wissen, was Sie zu tun haben.

Unsere (Autoren) Antwort Initiative 2:
Erweiterung einer E-Commerce-Website zur Einhaltung des EU-Mehrwertsteuergesetzes 2016.

Für uns, b) COMPLICATED. Selbst wenn Sie viel Erfahrung in der Entwicklung und Maintenance von E-Commerce-Websites haben, sich aber nicht mit internationalen Steuergesetzen auskennen (und dazu noch in den USA leben), ist diese Initiative COMPLICATED.

Wenn Sie niemanden kennen, der diese Gesetze für Sie auslegen kann, könnten Sie es auch als COMPLEX kategorisieren.

Wenn Sie diese Initiative als OBVIOUS betrachten, bedeutet dies, dass Sie die neuen europäischen Steuergesetze für Online-Verkäufe in der Vergangenheit umgesetzt haben und genau wissen, was Sie tun müssen.

Wir können es nicht als CHAOTIC betrachten, da es inzwischen viele Websites gibt, auf denen dies gelöst wurde (aber wenn eine Firma diese

Initiative auf den letzten Drücker rausgeschoben hat, war es möglicherweise CHAOTIC für diese Firma).

Unsere (Autoren) Antwort Initiative 3:

Integration des Back-End-Bestandsverwaltungssystems
Ihres Unternehmens mit SAP.

Für uns, b) COMPLICATED. Wenn Sie ein zertifizierter SAP-Berater sind, ist dies wahrscheinlich OBVIOUS für Sie. Wenn Sie mit dem aktuellen Bestandsführungssystem arbeiten, aber nicht über SAP-Kenntnisse verfügen, sollten Sie es wahrscheinlich der Domäne COMPLICATED zuweisen. Wenn Sie jedoch keine Ahnung haben, was SAP ist, ist COMPLEX höchstwahrscheinlich die richtige Domäne.

Unsere (Autoren) Antwort Initiative 4:

Ihre eCommerce-Produktions-Website ist abgestürzt und
lässt sich nicht neu starten.

Für uns, d) CHAOS, weil es genau das verursacht hat vor kurzem. Sofern Sie nicht vorhatten, Ihr Unternehmen zu schließen oder den Konkurs als Ausweg aus einer schwierigen Sachlage zu nutzen, ist dies wahrscheinlich nicht OBVIOUS.

Im Ernst, Sie werden dieses Problem höchstwahrscheinlich als CHAOS oder zumindest COMPLEX betrachten, abhängig von Ihrer Risikotoleranz und dem Zugang zu ausreichenden Ressourcen.

Unsere (Autoren) Antwort Initiative 5:

Anschaffung und Implementierung eines Tools für automatisierte testgetriebene Entwicklung.

Da wir dies getan haben, ist es für uns OBVIOUS. Für alle, die noch nicht das immense Vergnügen hatten, die Features, Kosten, Funktionalität und Werte jedes bekannten Testautomatisierungs-Tools zu studieren, können wir nur hoffen, dass Sie es nie tun müssen. Wir sind jedoch bereit, unsere Unterstützung anzubieten (natürlich gegen eine Gebühr).

Unsere (Autoren) Antwort Initiative 6:

Planen Sie nach dem Lottogewinn einen 2-wöchigen Urlaub mit Ihrer Großfamilie in Europa.

Wir wissen nicht, wie es Ihnen geht, aber angesichts der Tatsache, dass unsere Familie über den ganzen Globus verstreut ist und sich nicht einmal darauf einigen kann, wann die Weihnachtsgeschenke geöffnet werden sollen (Heiligabend oder Weihnachtsmorgen), fällt diese in die Kategorie UNMÖGLICH. (Sorry, aber wir mussten das hier reinschmuggeln.)

Angenommen, der Lottogewinn wäre ausreichend groß, könnten wir ihn vermutlich in die Domäne OBVIOUS einstufen, indem wir einfach den Anreiz für alle Familienmitglieder erhöhen, unseren Urlaubsplänen zuzustimmen. Schließlich können Sie es sich doch leisten, wenn Sie genug bezahlt werden, genügend Schmerzmittel zu kaufen, um Ihre schwierigsten Verwandten zu ertragen, nicht wahr? Das würde dieses Vorhaben OBVIOUS machen.

Mit Business-Problemanalyse User Stories erstellen

Die Definition und Analyse von Geschäftsproblemen ist eine weitere effektive Technik der Business Analyse, sowohl in traditionellen als auch in schlanken/agilen Ansätzen.

Organisationen starten Informationstechnologie-Initiativen aus einem von zwei Gründen:

1. **Um Geschäftsprobleme zu lösen:** jemand hat Probleme mit der Art und Weise, wie die Dinge heute funktionieren und erwartet, dass die Informationstechnologie (IT) diese Probleme löst.

2. **Um eine unternehmerische Chance zu ergreifen:** jemand hat eine Opportunität erkannt und braucht IT-Unterstützung, um sie nutzen zu können.

Eine Opportunität ergreifen

Wenn Ihre Organisation versucht, eine Opportunität zu nutzen, ist der beste Ansatz die strategische Business Analyse. Gemeinsam mit Ihren Stakeholdern analysieren Sie die Sachlage, um herauszufinden, wie Produkte, Arbeitsabläufe, Software- und Businessarchitekturen geändert oder neu entwickelt werden müssten, um diese Opportunität zu nutzen.

Dieser Schritt wird oft als strategische Business Analyse bezeichnet, auf die dann die taktische Business Analyse mit dem Start der Anforderungserhebung folgt. Wir gehen in diesem Buch nicht näher auf das Thema der strategischen Business Analyse ein. Wir werden jedoch die Problemanalyse, die häufig auf strategischer Ebene eingesetzt wird, als Tool zum Elizitieren von Anforderungen einführen. Die Definition und Analyse von Geschäftsproblemen sind ein wirksames Instrument, um schnell qualitativ hochwertige User Stories, Features und Anforderungen zu erhalten.

Problem(e) lösen

Wenn Ihre Organisation versucht, Probleme im Unternehmen zu lösen, dann wird die Business-Problemanalyse entscheidend. Der Problembereich muss analysiert werden, um zu gewährleisten, dass Sie die **richtigen** Probleme lösen, bevor Sie mit der Anforderungs-erhebung beginnen.

Wenn Sie die Ursache des Problems nicht verstehen, können Sie leicht eine Lösung entwickeln, die Sie für spektakulär halten, nur um dann festzustellen, dass Sie das Problem nicht gelöst haben und Ihre Lösung die Sache sogar noch verschlimmern könnte.

Es gibt einen dritten Grund, warum wir empfehlen, die Business-Problemanalyse zu verwenden, um Ihre User Stories, Features und andere Anforderungen zu elizitieren. Es gibt überall Optimisten und Pessimisten. Einige Leute sehen das „Glas halb leer", andere „halb voll", was bedeutet, dass sie entweder positives oder negatives Denken bevorzugen.

Unserer Erfahrung nach werden Sie, wenn Sie einen Stakeholder fragen, der zu negativen Gedanken neigt, was er oder sie sich von der neuen Anwendung oder dem neuen Produkt verspricht, oft nur einen leeren Blick und vielleicht ein paar Antworten erhalten, wenn Sie Glück haben.

Wenn Sie denselben Stakeholder jedoch fragen, was seine oder ihre Probleme sind, werden Sie eine riesige Liste erhalten. Die Analyse dieser Probleme führt Sie zu ausgezeichneten User Stories, Features und Anforderungen.

Wir hoffen, dass wir Sie von den enormen Stärken der Problemanalyse als Instrument zum Elizitieren von Anforderungen überzeugt haben. Tauchen wir also in diese Technik ein.

Geschäftsprobleme definieren

Es beginnt mit der grundlegenden Problemdefinition. Sie können diese Technik auf jede beliebige Menge von Problemen anwenden. Wir haben sie sogar auf eine familiäre Situation angewandt, in der die Probleme überwältigend schienen. Bei der Definition des Grundproblems wird eine Sachlage betrachtet und man versucht zu verstehen, was das „**wirkliche**" Problem ist.

Eine gute Analogie zur Veranschaulichung des Begriffs „das wirkliche Problem" ist ein Arztbesuch. Ihr Arzt hört sich Ihre Symptome an und stellt dann anhand dieser Symptome die „wirkliche" Krankheit fest. Wenn Ihr Arzt nur Ihre Symptome behandelt hat, könnte die zugrunde liegende Krankheit möglicherweise sogar zum Tode führen.

Die Problemdefinition ist ein geradliniger Ansatz, um das wirkliche Problem zu verstehen, bevor man losrennt und eine Lösung entwickelt, die alle Symptome angeht, aber nichts zur Lösung des wirklichen Problems beiträgt.

Was ist das Problem?

Beginnen Sie damit, alle Stakeholder zu fragen, welche Probleme sie aus ihrer Sicht haben. Wir verwenden bewusst den Ausdruck „aus ihrer Sicht". Er drückt für uns eine grundlegende Wirklichkeit aus, nämlich das, was eine Person als Problem empfindet, empfindet eine andere als Opportunität.

Hier ist ein passendes Beispiel. Stellen Sie sich vor, dass ein Geldautomat mehr Bargeld auszahlt als der Kunde angefordert hat aber die Quittung weist den angeforderten Betrag aus. Wenn ich den Kunden fragen würde: „Was ist das Problem?", gibt es bestimmt einige die kein Problem hätten mehr Geld zu erhalten. Aus der Sicht der Bank, die den Geldautomaten besitzt, werde ich jedoch eine ganz andere Antwort erhalten, wenn sie die Diskrepanz entdeckt.

Sobald Sie eine Liste mit allen Problemen, die Ihre Stakeholder sehen, zusammengestellt haben, sind Sie bereit für den nächsten Schritt.

Wessen Problem ist das?

Für jedes Problem auf Ihrer Liste müssen Sie herausfinden, wer ein Interesse an dem Problem hat. Was ist die Perspektive des Stakeholders, der Ihnen dieses Problem gegeben hat? Stellen Sie Fragen wie,

◈ Wer leidet unter diesem Problem?

◈ Wer kann das Problem beeinflussen?

◈ Wen kümmert es, wie Sie das Problem lösen?

◈ Wer will das Problem **nicht** lösen?

Wenn Sie diese vier Fragen beantwortet bekommen, können Sie eine Lösung entwickeln, die alle Stakeholder zufrieden stellen würde, anstatt eine Gruppe zufrieden zu stellen und möglicherweise eine andere zu irritieren. Antworten auf die Frage „Wessen Problem ist es?" bestätigen oder vervollständigen auch Ihre Stakeholderliste.

Was ist die Grundursache des Problems?

Sie wollen die Ursache jedes Problems aufdecken. Viele auftretenden Probleme sind jedoch nur Symptome tiefer gehender Probleme. Daher muss sich Ihr Team auf die Suche nach der Grundursache konzentrieren und diese richtig angehen.

Es gibt viele verschiedene Techniken zur Problemanalyse. Eine der beliebtesten ist die Root Cause Analysis (Ursachenanalyse), kurz RCA. Die RCA hilft dabei, die Faktoren zu ermitteln, die zu einem Problem oder Ereignis beitragen. So können Sie zum Kern des Problems vordringen und es dann beheben.

Die Technik geht davon aus, dass alles in einer Kettenreaktion miteinander verbunden ist. Indem Sie diese Kette zurückverfolgen, können Sie herausfinden, wo das Problem begann und wie es sich zu dem Symptom entwickelte, mit dem Sie jetzt konfrontiert sind. Wenn Sie Root Cause Analysis lernen möchten, hat YouTube eine Menge toller Videos.

Eine andere Technik ist die „5-Warum-Methode". Diese Technik wird häufig in der Analysierphase der Six-Sigma-Methode verwendet. Indem Sie wiederholt eine „Warum"-Frage stellen, können Sie an den eigentlichen Kern oder die Wurzel des Problems gelangen. Übrigens brauchen Sie sich nicht auf fünf „Warums" zu beschränken; das ist nur eine Faustregel. Auch zu dieser Technik gibt es jede Menge YouTube Videos, die Ihnen weiterhelfen können.

Die Technik, die sich für uns am besten bewährt hat, ist die Problem-Symptom-Reduktion. Zusätzlich zur Entdeckung der Ursache oder des „wirklichen" Problems erhalten Sie mit diese Problemanalyse-Technik als Nebenprodukt Anforderungen von Ihren Stakeholdern.

Was ist das „wirkliche" Problem?

Das erwartete Ergebnis/Ziel jeder Problemanalyse-Technik ist es, die Ursache oder das „wirkliche" Problem zu entdecken. Wenn Sie eine Anzahl „wirklicher" Probleme haben, dann können Sie sich bei der Erhebung von User Stories und anderen Anforderungen auf die „wirklichen" Probleme anstatt auf die damit verbundenen Symptome konzentrieren.

Diese Vorgehensweise erlaubt Ihnen im Gegenzug, eine Lösung zu definieren, die das eigentliche Problem und alle Symptome abdeckt. Wir werden Ihnen im Abschnitt über die Problemanalyse zeigen, wie Sie dies tun können.

Bevor wir uns jedoch mit „Problem-Symptom-Reduktion" befassen, geben wir Ihnen die Gelegenheit, Probleme zu identifizieren und eine Liste zu erstellen, die als Ausgangsbasis für die Problemanalyse fungieren wird.

Übung: Geschäftsprobleme Definieren

Die Identifizierung von Problemen ist keine Hexerei, aber sie kann etwas knifflig sein. Diese Übung gibt Ihnen die Gelegenheit, Ihre Kenntnisse zur Problemerfassung zu testen.

Anleitungen:

Sie erhalten eine Aufgabenstellung zur Modernisierung des Bestellsystems in einem Einzelhandelsgeschäft. Sie baten den Leiter der Bestellungserfassung, den Lagerverwalter und einen Kundendienstmitarbeiter, die Probleme, die sie beobachtet haben, an Sie zu schicken, und erhielten die folgenden Antworten:

E-Mail-Antwort: Supervisor für Auftragseingang

Unser Unternehmen hat sich in den letzten Jahren hervorragend entwickelt. Infolgedessen ist die Zahl der Bestellungen, die wir pro Tag bearbeiten, dramatisch gestiegen. Obwohl wir für die Abwicklung der Bestellungen zusätzliches Personal eingestellt haben, werden des Öfteren Bestellungen erfüllt für Kunden mit unbezahlten und überfälligen Rechnungen. Die Kreditabteilung scheint viel Zeit für die Bearbeitung neuer Kundenbestellungen zu benötigen. Wir finden auch Artikelnummern auf Bestellungen, die nicht in unserem Bestand vorhanden sind.

E-Mail-Antwort: Lagerhaus-Manager

Die Zahl der Bestellungen mit falschen Artikelnummern ist stark angestiegen. Manchmal ist die Artikelnummer unbekannt, ein anderes Mal ist sie zwar bekannt aber die Beschreibung auf der Bestellung stimmt nicht mit der Beschreibung in unserem System überein. Das sollte niemals passieren! Dies führt zu Verzögerungen beim Versand, weil unsere Kommissionierer die Lagerhalle verlassen müssen.

E-Mail-Antwort: Kundenservice-Vertreter:

Unsere Probleme sind:

1. Wir haben viele neue Kunden, die nachfragen, wo ihre Bestellung ist.

2. Häufig müssen neue Kunden mehr als eine Woche auf die Lieferung Ihrer Bestellung warten.

3. Wir haben einen Anstieg in fehlerhaften Rechnungen. Dabei handelt es sich um Rechnungen, die dem Kunden einen falschen Betrag in Rechnung stellen.

4. Wir sehen auch Beschwerden über den Erhalt von Waren, weil sie nicht der Bestellung entsprechen.

Frage 1:

Nachdem Sie die E-Mail-Antworten der drei Stakeholder gelesen haben, welche Geschäftsprobleme können Sie identifizieren? Erfassen Sie alles, was nach einem Problem klingt. Gehen Sie über das Offensichtliche hinaus, um zu sehen, was Sie entdecken können.

Antwort zur Frage 1: Welche Geschäftsprobleme haben Sie entdeckt?

Hier sind unsere Beispielantworten:

1. Die Zahl der Bestellungen steigt rapide.
2. Das neue Personal ist nicht leistungsfähig genug.
3. Bekannte Deadbeats bekommen ihre Bestellungen erfüllt.
4. Die Bearbeitung neuer Kundenbestellungen dauert zu lange.
5. Das Lager erhält Abweichungen zwischen Artikelnummer/Beschreibung.
6. Der Versand verzögert sich.
7. Die Kommissionierer sind oft nicht in der Lagerhalle.
8. Kundenrechnungen haben falsche Preise.
9. Bestellungen sind nicht korrekt ausgeführt.

Die Problemanalyse liefert
User Stories, Epics und Features

Nachdem Sie nun eine Liste von Problemen haben, möchten Sie das **wirkliche** Problem mit der Problem-Symptom-Reduktion ermitteln. Dieses einfache Konzept wird Ihnen zeigen, welche Probleme Sie wirklich angehen sollten.

Sie können diese Technik bei jeder beliebigen Liste von Problemen anwenden, unabhängig davon, ob sich diese Probleme auf ein Epic, eine User Story, ein Gegeben-Wenn-Dann-Szenario oder sogar auf Ihr gesamtes Produkt, Ihre Initiative oder Ihr Projekt beziehen.

Die Identifizierung des „wirklichen" Problems (Problem-Symptom-Reduktion) ist ein 4-stufiger Prozess.

1. Erzeugen Sie ein gegenseitiges Verständnis

Finden Sie zunächst einen Konsens unter allen Stakeholdern, die von dem Problem betroffen sind oder die das Problem beeinflussen können. Verwenden Sie Ihre Antworten auf die Frage „Wessen Problem ist es?", um zu bestätigen, dass dies wirklich ein Problem ist, gegen das die Stakeholder etwas unternehmen wollen.

Ihr Ziel ist es, ein gegenseitiges Verständnis innerhalb der Stakeholder und User Community zu schaffen und zu erkennen, dass das Problem auf die eine oder andere Weise gelöst werden muss.

Einige Problemstellungen müssen möglicherweise umgeschrieben werden. Bei der Erstellung einer Problemliste schleichen sich oft Dinge ein, die nicht wirklich Probleme darstellen. Zum Beispiel ist das Problem,

> *„Das Ausfüllen des Formulars zur Beantragung von Versicherungsschutz dauert 23 Minuten."*

Sind „23 Minuten" ein Problem oder ein Geschwindigkeitsrekord? Diese Problemstellung ist einfach eine Tatsache. Schreiben Sie die Problemstellung so um, dass die unerwünschten Folgen zum Ausdruck kommen.

Eine gute Neuformulierung wäre zum Beispiel,

> *"Wir verlieren potenzielle Kunden, weil es 23 Minuten dauert, unser Online-Antragsformular auszufüllen."*

Sie werden den Aufwand für die Neufassung später wieder wettmachen.

2. Hat jemand die Autorität, das Problem zu lösen?

Als nächstes müssen Sie herausfinden, ob Sie dieses Problem lösen können. Hat jemand im agilen/lean Team oder unter den Stakeholdern die Autorität und das Wissen, um dieses Problem zu lösen?

Wenn Sie einen Punkt auf der Liste finden, bei dem Sie feststellen, dass kein Stakeholder die Autorität oder die Mittel hat, etwas dagegen zu unternehmen, markieren Sie dieses Problem als „Out of Scope" (außerhalb des Projektumfangs).

Streichen Sie es aus Ihrer Liste und fügen Sie es zu einer „Out-of-Scope" Problemliste hinzu.

Diese „Out-of-Scope" Liste könnte für Ihr Management, Ihre Kunden oder irgendeine andere Partei, die Ihnen einfällt, hilfreich sein. Lassen Sie sie wissen, dass Ihr Team diese Probleme zwar erkannt hat, sie aber nicht in den Rahmen Ihrer Initiative fallen. Jemand könnte dankbar dafür sein, dass Sie ihn über dieses bestehende Problem informiert haben.

Dies führt uns zum dritten Schritt.

3. Probleme von potenziellen Lösungen trennen

Nachdem Sie nun Probleme beseitigt haben, die außerhalb des Zuständigkeitsbereichs liegen, sind die restlichen Punkte entweder **wirkliche** Probleme, Symptome wirklicher Probleme oder potenzielle Lösungen.

Was sind potenzielle Lösungen? Sie sind eine willkommene Ergänzung zu unserer Liste erster Anforderungen, die uns später zu User Stories, Epics, Features, Szenarien usw. führen wird. Wenn wir sie aus unserer Liste streichen, wird es uns auch leichter fallen, in unserem letzten Schritt die wirklichen Probleme von den Symptomen zu trennen.

Wir erkennt man potenzielle Lösungen? Einige der Probleme auf Ihrer Liste werden so etwas sagen wie: „Wir haben keinen Blog". Ist dies ein Problem oder eine potenzielle Lösung?

Ein einfacher Weg, einen Lösungsvorschlag von einem Problem zu unterscheiden, ist die Frage: „Können Sie sich mehrere Lösungen vorstellen, die dieses Problem lösen würden? Wenn den Stakeholdern mindestens zwei oder mehr Lösungen einfallen, dann haben Sie ein Problem vor sich, das auf Ihrer Liste bleiben muss.

Aber jetzt kommt der schwierige Teil. Viele Stakeholder werden Ihnen mehrere Lösungen anbieten, die im Verborgenen EINE Lösung darstellen. Nehmen wir zum Beispiel an, die Stakeholder geben Ihnen die folgenden drei Lösungen:

➜ Wir können den Blog im Haus entwickeln

➜ Wir können die Blog-Entwicklung auslagern

➜ Wir können Blog-Software von der Stange kaufen

Jede dieser „Lösungen" drückt eine andere Option aus, WIE der Blog zu erstellen ist, aber das Ergebnis ist das gleiche. Ihr Unternehmen wird einen Blog haben. Das macht dies zu einer potenziellen Lösung (und es könnte sogar eine wichtige Anforderung sein), aber es ist kein Problem.

Anstatt es als potenzielle Lösung zu bezeichnen, könnten Sie diesen Punkt auch als Problem formulieren. Zum Beispiel,

---

Wir verlieren Traffic an dynamische Websites, die frisch bleiben, indem sie ständig neues Material in ihrem Blog veröffentlichen.

Beachten Sie den Wechsel von der Lösung „habe keinen Blog" zum Problem „Traffic-Verlust". Es gibt potenziell viele Lösungen für das Problem des Traffic-Verlustes, und nicht alle führen zum Hinzufügen eines Blogs.

Lassen Sie Ihre Stakeholder entscheiden, ob sie eine Geschäftsanforderung wünschen, die besagt, dass die Organisation einen Blog benötigt, oder ob sie lieber alle potenziellen Lösungen für das neu formulierte Problem untersuchen möchten.

Jedes Mal, wenn jemand ein Problem mit „wir haben keine...", „es gibt keine..." oder „wir brauchen..." beginnt, drückt er damit kein Problem aus; er drückt eine potenzielle Lösung aus, vielleicht sogar eine zukünftige Anforderung oder ein Problem, das eine Neufassung erfordert.

Am Ende streichen Sie alle Lösungsvorschläge aus Ihrer Problemliste und fügen sie Ihrer Liste potenzieller Anforderungen hinzu. Diese Liste wird sich als nützlich erweisen, wenn Sie mit dem Schreiben und der Analyse Ihrer User Stories oder IT-Anforderungen beginnen.

4. „WIRKLICHES" Problem, zeige Dich!

Sie sind die Problemliste zweimal durchgegangen. Sie haben „Probleme", die außerhalb Ihres Zuständigkeitsbereichs lagen, und „Probleme", bei denen es sich um verdeckte Lösungen (oder potenzielle Anforderungen) handelte, gestrichen. Dies ist das letzte Mal, dass Sie diese Liste durchgehen, und, ja, endlich können Sie die „wirklichen" Probleme identifizieren.

Fragen Sie diesmal für jedes verbleibende Problem auf Ihrer Liste Ihre Stakeholder,

> *„Angenommen, wir könnten dieses Problem lösen,*
> *würde eines der anderen Probleme*
> *auf der Liste verschwinden?"*

Vergleichen Sie jedes Problem auf Ihrer Liste mit jedem anderen Problem.

Wenn die Antwort ja lautet, handelt es sich bei dem jeweiligen Problem tatsächlich um ein Symptom.

Verschieben Sie die Problemstellung, die das Symptom beschreibt, unter das „wirkliche Problem", um ein Set zu bilden. Wenn Sie mit Ihrer gesamten Liste fertig sind, können Sie jedes wirkliche Problem zusammen mit den zugehörigen Symptomen analysieren, um User Stories und Anforderungen zu erstellen.

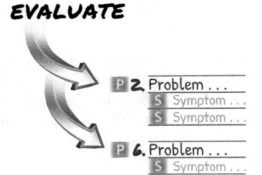

Im nächsten Schritt definieren Sie User Stories, Features oder Anforderungen zur Lösung dieser „wirklichen" Probleme und alle damit verbundenen Symptome sollten verschwinden.

Wenn ein Symptom nicht verschwindet, ist dies höchstwahrscheinlich ein weiteres Teilproblem, das eine Neuformulierung erfordert. Statt einer Neuformulierung könnten Sie jedoch auch einfach eine Anforderung hinzufügen, die den Teil des Symptoms betrifft, der nicht gelöst werden würde.

Evaluieren Sie auch die Liste der potenziellen Lösungen, die Sie in Schritt 3 erstellt haben. Diese Lösungsansätze bzw. potenzielle Anforderungen könnten einige der Probleme beheben und zu einer Reihe wichtiger User Stories oder Anforderungen führen.

Zusammenfassung:

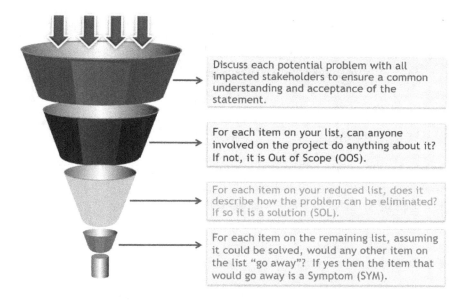

Discuss each potential problem with all impacted stakeholders to ensure a common understanding and acceptance of the statement.

For each item on your list, can anyone involved on the project do anything about it? If not, it is Out of Scope (OOS).

For each item on your reduced list, does it describe how the problem can be eliminated? If so it is a solution (SOL).

For each item on the remaining list, assuming it could be solved, would any other item on the list "go away"? If yes then the item that would go away is a Symptom (SYM).

Wir haben diese Technik im Laufe der Jahre bei Hunderten von Projekten und Initiativen angewandt. Um Ihnen ein Beispiel zu geben: Bei einem Projekt erstellten wir eine Problemliste mit 105 Problemstellungen als Antwort auf die Frage „Was stimmt mit Ihrem derzeitigen Geschäftsprozess nicht?".

Nachdem wir die Problem-Symptom-Reduktion angewendet hatten, hatten wir am Ende **3 wirkliche Probleme**. Alles andere waren entweder Symptome, Lösungen/potenzielle Anforderungen oder Probleme, die außerhalb des Zuständigkeitsbereichs lagen.

Mit dieser einfachen Technik konnten wir die wahrgenommen Probleme sehr schnell vereinfachen, das Elizitieren von Anforderungen beschleunigen und die Vollständigkeit und Genauigkeit unserer User Stories und anderer Anforderungen erheblich verbessern.

Übung: Problem-Symptom-Reduktion

Diese Übung gibt Ihnen die Gelegenheit, sich daran zu versuchen, Symptome von Problemen zu unterscheiden und schließlich die „wirklichen" Probleme zu identifizieren.

Anleitungen:

Sehen Sie anhand der Problemliste der letzten Übung, ob Sie erkennen können, welche Punkte außerhalb des Zuständigkeitsbereichs liegen, Lösungen, Symptome oder wirkliche Probleme.

Frage 1:

Gibt es Probleme, die außerhalb des Zuständigkeitsbereichs liegen (vorausgesetzt, Ihr Projektsponsor ist der Leiter der Bestellungserfassung)?

Hier sind die Probleme der letzten Übung:

1. Die Zahl der Bestellungen steigt rapide.
2. Das neue Personal ist nicht leistungsfähig genug.
3. Bekannte Deadbeats bekommen ihre Bestellungen erfüllt.
4. Die Bearbeitung neuer Kundenbestellungen dauert zu lange.
5. Das Lager erhält Abweichungen zwischen Artikelnummer/Beschreibung.
6. Der Versand verzögert sich.
7. Die Kommissionierer sind oft nicht in der Lagerhalle.
8. Kundenrechnungen haben falsche Preise.
9. Bestellungen sind nicht korrekt ausgeführt.

Frage 2:

Von der verbleibenden Liste, welche Probleme sind tatsächlich
verdeckte potenzielle Anforderungen (d.h. es gibt nur eine Lösung)?

Frage 3:

Von der verbleibenden Liste, welche Probleme sind Symptome
anderer Probleme?

Antwort auf Frage 1: Gibt es Probleme, die außerhalb des Zuständigkeitsbereichs liegen (vorausgesetzt, Ihr Projektsponsor ist der Leiter der Bestellungs-erfassung)?

Sie haben vielleicht bemerkt, dass das erste Problem auf unserer Liste nicht unbedingt etwas ist, das die oberste Führungsebene beheben möchte, auch wenn es ein Problem für die Bestellabteilung ist; ergo ist es außerhalb des Zuständigkeitsbereichs (OOS):

1. Die Zahl der Bestellungen steigt rapide.

Antwort auf Frage 2: Von der verbleibenden Liste, welche Probleme sind tatsächlich verdeckte potenzielle Anforderungen (d.h. es gibt nur eine Lösung)?

KEINE.

Ein Beispiel für eine potenzielle Lösung wäre, wenn Sie ein Problem hätten, das wie folgt lautet: „Wir haben nicht genug Leute, um die Bestellungen zu bearbeiten". Dazu gibt es nur eine Lösung – mehr Leute einstellen; ergo ist es eine potenzielle Anforderung.

Antwort auf Frage 3: Von der verbleibenden Liste, welche Probleme sind Symptome anderer Probleme?

Wenn Sie unterschiedliche Antworten haben, verzweifeln Sie nicht. Der wahre Wert dieser Übung ist es, eine Gruppe von Stakeholdern dazu zu bringen, dieser einfachen Vorgehensweise zu folgen und dadurch ihr Verständnis für die Probleme zu schärfen, die angegangen werden müssen.

Sie dazu zu bringen, sich zu einigen, kann eine Herausforderung sein, aber nach unserer Erfahrung ist der Prozess von unschätzbarem Wert.

Hier sind unsere Analyseergebnisse:

1. Die Zahl der Bestellungen steigt rapide.
   (OOS)
2. Das neue Personal ist nicht leistungsfähig genug.
   (WIRKLICHES PROBLEM)
3. Bekannte Deadbeats bekommen ihre Bestellungen erfüllt.
   (Symptom of 2)
4. Die Bearbeitung neuer Kundenbestellungen dauert zu lange.
   (Symptom of 2)
5. Das Lager erhält Abweichungen zwischen Artikelnummer/Beschreibung.
   (WIRKLICHES PROBLEM)
6. Der Versand verzögert sich.
   (Symptom of 5)
7. Die Kommissionierer sind nicht in der Lagerhalle.
   (Symptom of 5)
8. Kundenrechnungen haben falsche Preise.
   (Symptom of 2)
9. Bestellungen sind nicht korrekt ausgeführt.
   (Symptom of 5)

Konversationen sind der Kern
von Lean und Agile

Die Definition von Anforderungen bis hinunter auf die Ebene der Softwarespezifikationen ist der schwierigste, fehleranfälligste und kommunikationsintensivste Teil der Softwareentwicklung. Nirgendwo passt das Sprichwort „Garbage-In-Garbage-Out" (GIGO) besser als bei der Definition von Anforderungen. Umfangreiche Studien zeigen, dass fehlende, unzureichende, widersprüchliche und unklare Anforderungen und Spezifikationen, der Hauptgrund für das Scheitern von Softwareprojekten sind.

In schlanken und agilen Softwareentwicklungsumgebungen besteht die zusätzliche Herausforderung darin, die Anforderungen im Laufe der Produktentwicklung kontinuierlich zu verfeinern und weiter auszuarbeiten. Diese Verfeinerung findet in verschiedenen Phasen statt, z.B. bei der Pflege des Produkt-Backlogs, während der Release- und Sprint-Planung und während der Gespräche zwischen Entwicklern und Endbenutzern, um nur einige zu nennen.

Während der agilen/schlanken Entwicklung muss der Prozess der Anforderungsermittlung mit dem Entwicklungsaufwand koordiniert werden, so dass, wenn das Entwicklungsteam bereit ist, einen Sprint zu starten, die User Stories oder Anforderungen für diesen Sprint ausreichend definiert sind, um die Programmierung zu beginnen.

Der Hauptvorteil aller Lean- und Agile-Philosophien ist Geschwindigkeit und Agilität. Die Kommunikation zwischen technischen und betriebswirtschaftlichen Teams steht im Mittelpunkt der Lean-Entwicklungsansätze. Wir zeigen Ihnen, wie Sie eine effektive Kommunikation bei der Anforderungserhebung sicherstellen können.

Jedes Gespräch oder Meeting zwischen verschiedenen funktionalen Gruppen oder Bereichen, wie IT und Business Community hat eine höhere Erfolgschance, wenn das Meeting effizient und effektiv durchgeführt wird. Um dies zu erreichen,

- ☑ müssen Sie sich auf das Meeting vorbereiten,
- ☑ wissen wie man das Meeting effektiv durchführt
- ☑ und erkennen, dass es nicht vorbei ist, wenn es vorbei ist

Ein effektives Follow-up ist für ein erfolgreiches Meeting unerlässlich.

Es folgen Tipps, Techniken und Tricks zur Vorbereitung, Planung, Durchführung und Follow-up eines Meetings, von zwanglosen Unterhaltungen bis hin zu formellen Workshops.

Zusammenarbeit mit der Business Community

People Skills (die Fähigkeit, mit Menschen umzugehen) sowie die Kenntnis vieler Business-Analysetechniken sind entscheidend für erfolgreiche Gespräche. Zum Glück kann man People Skills und Business-Analysetechniken erlernen.

Zusätzlich müssen Sie während der Erarbeitung der Anforderungen oft mit Personen sprechen, die über Ihrer Gehaltsstufe stehen. Scheuen Sie sich nicht schwierige Fragen zu stellen. Lassen Sie sich nicht einschüchtern. Finden Sie einen Weg, mit Einschüchterungen umzugehen.

Es hilft Ihrem Selbstvertrauen (und der Qualität Ihrer Analyseergebnisse), wenn Sie mit möglichst vielen Techniken der Business Analyse oder Anforderungserhebung vertraut sind. Außerdem schadet es auch nicht, ein paar Tricks im Ärmel zu haben.

Ein Schlüsselfaktor für den Erfolg jedes Gesprächs ist es, sicherzustellen, dass Sie dem **richtigen** Stakeholder die **richtigen** Fragen stellen. Wenn Sie einen Verkaufsberater nach der langfristigen Strategie Ihres Unternehmens fragen, hat er vielleicht eine Meinung, aber die Führungsebene teilt diese vielleicht nicht. Stellen Sie sicher, dass Sie Fragen stellen, die für die Person, mit der Sie sprechen, angemessen sind.

Erklären Sie immer den Zweck und Umfang der Konversation

Eines der Dinge, die wir in jedem Gespräch dringend empfehlen, ist sicherzustellen, dass alle Parteien den Zweck des Gesprächs verstehen. Sie möchten mitteilen, warum Sie sich treffen UND was der Rahmen des Gesprächs ist.

Lassen Sie zu Beginn eines Gesprächs alle wissen, welche Themen Sie ansprechen wollen und was die Teilnehmer dazu beitragen sollen. Das setzt Erwartungen und vermeidet Zeitverschwendung.

Dieses Kapitel stellt Techniken, Tipps und Tricks vor, die wir in den letzten 30 Jahren gelernt haben. Wir geben sie weiter, um Ihr individuelles Toolkit zu ergänzen, nicht um es zu ersetzen. Zu Beginn bieten wir eine einfache Übung an, um die Weichen für eine gute Business Analyse zu stellen.

Thomas and Angela Hathaway

Übung: Was zeichnet einen guten Business Analyst aus?

Diese Übung soll Ihnen Zeit geben, über Merkmale oder Eigenschaften nachzudenken, die jemanden qualifizieren würden, erfolgreich Informationen aus anderen Menschen herauszuholen.

Anleitungen:

Legen Sie ein Zeitlimit von 4 Minuten fest. Machen Sie ein Brainstorming mit so vielen Persönlichkeitsmerkmalen, Attributen, Fähigkeiten oder Einstellungen, die Ihrer Meinung nach wichtig sind, um andere dazu anzuleiten, ihre Anforderungen, Geschäftsbedürfnisse und User Stories zu entdecken und auszudrücken. HINWEIS: Es gibt keine falschen Antworten, nur potenziell unterschiedliche Perspektiven.

Frage:

Was sind die Merkmale eines guten Business Analysten in der Anforderungserhebungsphase?

Wenn Sie fertig sind, gehen Sie auf die nächste Seite, um häufige Antworten von Teilnehmern in unseren Seminaren zu sehen (kein Peeking!!!).

Antwort Beispiele: Was sind die Merkmale eines guten Business Analysten in der Anforderungserhebungsphase?

---

1. **Guter Zuhörer** (versteht und wendet aktive und informative Zuhörtechniken an)

2. **Persönlich** (sorgt dafür, dass sich andere Menschen wohl fühlen)

3. **Sprachlich korrekt** (spricht klar und deutlich mit zielgruppengerechtem Vokabular)

4. **Sachkundig** (versteht die Sprache des Subject Matter Expert)

5. **Sinn für Humor** (selbstironisch, lacht gerne und schätzt gute Stories, die andere nicht verunglimpfen)

6. **Open-minded** (unvoreingenommen, bereit neue Ideen anzuhören)

7. **Neugierig** (motiviert, neue Dinge und neue Perspektiven zu lernen)

8. **Fokussiert** (in der Lage, Zeit und Aufmerksamkeit auf Themen zu lenken, die innerhalb des gewählten Fokus liegen)

9. **Organisiert** (stellt die richtigen Fragen und erfasst die Antworten)

Wir wollen damit nicht sagen, dass dies die einzigen wichtigen Eigenschaften für einen guten Business Analyst sind, aber auf der Grundlage empirischer Beweise wird die Arbeit an der Verbesserung dieser Fähigkeiten die Erfolgschancen Ihrer Bemühungen definitiv verbessern.

Effektive Anforderungsgespräche

Ein kritischer Erfolgsfaktor für die Lean/Agile-Business-Bedarfsanalyse ist die effektive Kommunikation zwischen der Business Community und der IT. Unabhängig davon, ob Sie ein Anforderungsgespräch mit einem Endbenutzer, ein formelles „Requirements Meeting" mit dem Vertriebsteam oder einen Anforderungsworkshops mit dem Agilen Team durchführen, sollten Sie diese 3 Arbeitsschritte befolgen:

1. **Planung und Vorbereitung**

2. **Moderation**

3. **Follow-up**

In diesem Abschnitt geben wir Ihnen einige Tools, Techniken, Tipps und Tricks, wie Sie verschiedene Arten von kollaborativen Anforderungserhebungen effektiv vorbereiten, planen, moderieren, und nachverfolgen.

Auch wenn wir das Follow-up nicht eingehend behandeln werden, möchten wir, dass Sie sich bewusst sind, dass ein Requirements Meeting nicht zu Ende ist, wenn es vorbei ist. Es spielt keine Rolle, wie produktiv das Gespräch, das Meeting oder der Workshop war, wenn Sie es nicht nachverfolgen, kann dies Ihrer Initiative verheerenden Schaden zufügen.

Die Vorteile eines Follow-ups liegen darin, dass Sie die Zufriedenheit der Teilnehmer messen und sie gleichzeitig dazu veranlassen können, über ihre geschäftlichen Anforderungen nachzudenken. Das Follow-up ermöglicht es Ihnen, Informationen zu sammeln, die vielleicht übersehen wurden. Nachverfolgung gewährleisten, dass Sie das Beste aus Ihrer kollaborativen Anforderungserhebung herausholen.

Vorbereitung und Planung des Gesprächs

Obwohl die agilen Prinzipien die Simplizität und Geradlinigkeit in Gesprächen betonen, bedeutet das nicht, dass Sie nicht vorbereitet sein müssen.

Die Lean-Prinzipien schreiben vor, dass Sie alles tun müssen, um mit minimalem Aufwand das erforderliche Qualitätsergebnis zu erzielen. Ohne die Planung und Vorbereitung des Gesprächs, Meetings oder Workshops folgen Sie nicht den Lean-Prinzipien, weil Sie Ressourcen im Sinne von jedermanns Zeit verschwenden.

Fragen und Agenda vorbereiten

Bevor Sie mit der Planung eines Gesprächs, Meetings oder Workshops beginnen, nehmen Sie sich die Zeit, die Fragen vorzubereiten. Überlegen Sie sich, was Sie von dieser Person oder Gruppe wissen müssen. Erstellen Sie für ein informelles Gespräch eine Liste mit Fragen.

Wenn Sie sich zum Beispiel über eine User Story unterhalten, vergewissern Sie sich vor dem Meeting, dass Sie die User Story verstehen. Schreiben Sie alles auf, was unklar ist. Wenn Sie die im letzten Abschnitt erwähnte „Question File"-Technik verwenden, suchen Sie die Fragen heraus, die sich auf diese User Story beziehen, und fügen Sie neue Fragen hinzu, die Ihnen in den Sinn kommen.

Sie möchten auch die „richtigen" Fragen für Ihre Teilnehmer haben. Wenn Ihre User Story lautet:

**Als Reinigungskraft muss ich in der Lage sein,
neue Reinigungsmittel zur Reinigung
der Einrichtungen zu bestellen,**

---

sollten Sie mit der Reinigungskraft über Zeitpläne und Liefermengen sprechen. Allerdings sollten Sie diese Person wahrscheinlich nicht fragen, wie Sie ein Instandhaltungsbudget aufstellen können. Die Fragen für Ihre(n) Teilnehmer sollten sich auf deren Verantwortungs- und Wissensgebiete beschränken.

Workshop Agenda

Wenn Sie einen Anforderungs-Workshop planen, erstellen Sie eine Agenda, die alle Punkte enthält, für die Sie Antworten brauchen. Planen Sie im Voraus, welche Business-Analysetechniken Sie verwenden werden, um die Antworten bzw. Anforderungen zu erhalten, die Sie benötigen.

Offensichtlich ist die Vorbereitung auf einen Workshop viel aufwändiger als auf ein Gespräch. Wir können in diesem Buch nicht ausführlich auf Workshops eingehen, da das Buch dadurch zu umfangreich würde.

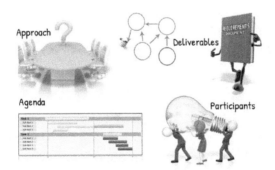

Zum Vergleich: In unseren Seminaren lehren wir in 1-2 Stunden, wie man effektive Anforderungs-Meetings durchführt, aber wie man einen Anforderungs-Workshop plant, vorbereitet und moderiert lehren wir in einem 2-tägigen Kurs.

Die „richtigen" Stakeholder einladen

Laden Sie immer den Autor der User Story zum klärenden Gespräch ein. Diese Person kann Ihnen Einblicke geben, die Sie von niemandem sonst erhalten würden. Wenn Sie der Autor sind, sollten Sie sich die Zeit nehmen, Ihre User Story den Entwicklern zu erklären, um ein gegenseitiges Verständnis zu gewährleisten.

Wenn Sie die User Story in Vorbereitung auf ein Meeting lesen, ist das „Wer" oder die Rolle in der User Story eine weitere Person, mit der Sie sprechen sollten. Wenn die User Story mit „Als Vertriebsmitarbeiter" beginnt, sehen Sie sich das Organigramm an und finden Sie die Namen der Personen, die diese Rolle in der Firma ausüben.

Fragen Sie sich außerdem, wer noch an diesem Feature oder Story interessiert sein könnte. Vielleicht haben Sie Fragen an sie und sollten sie ebenfalls einladen.

Logistik und Ziele

Bedenken Sie die Logistik des Workshops oder Meetings, d.h. wann und vor allem wo man sich treffen soll. Wir empfehlen dringend, Fachexperten entweder an einem neutralen Ort oder an ihrem Arbeitsplatz zu treffen.

Sie zu bitten, an Ihren Arbeitsplatz zu kommen, kann einschüchternd sein. Es ist wichtig, Ihren Teilnehmern das Gefühl zu geben, dass sie die Kontrolle haben. Ein Meeting an ihrem eigenen Arbeitsplatz ist ein wichtiger Schritt in diese Richtung. Wenn Sie sie auf ihrem eigenen Terrain treffen, werden sie eher bereit sein, ihr Wissen weiterzugeben.

Wenn Sie einen Workshop planen, müssen Sie entscheiden, ob dieser online oder vor Ort stattfinden soll. Beide Varianten erfordern viel Aufwand, um die Logistik richtig zu gestalten.

Ziele setzen

Und, ganz wichtig, informieren Sie alle im Voraus, warum Sie mit ihnen sprechen wollen. Sagen Sie ihnen, was Sie zu erreichen versuchen (das Ziel des Gesprächs) und was Sie von ihnen erwarten.

Fügen Sie der Einladung immer das Zielvorhaben hinzu. Erklären Sie den Teilnehmern, warum Sie das Interview und ihre Zeit in Anspruch nehmen wollen. Setzen Sie die Erwartungen richtig und achten Sie darauf während des Meetings oder Interviews, dass Sie Ihr Versprechen halten oder sogar übertreffen.

Den richtigen Detaillierungsgrad bestimmen

In schlanken/agilen Lebenszyklen benötigen wir verschiedene Detaillierungsebenen von User Stories in verschiedenen Etappen des Lebenszyklus (mehr darüber in einem späteren Kapitel). Beispielsweise unterscheiden sich die User Story Details, die Sie beim Ausfüllen des Product Backlog benötigen, erheblich von den Details, die Sie bei der Sprint-Planung benötigen.

Wenn Entwickler bereit sind, eine User Story zu implementieren, benötigen Sie Antworten, die ihnen helfen, Anforderungen auf Lösungsebene (Softwarespezifikationen) zu definieren. Sie müssen verstehen, welche Funktion die Anwendung aus der IT-Perspektive unterstützen muss, um die User Story zu codieren. Welche Daten benötigt die Anwendung und was sind die nicht-funktionalen Dimensionen der digitalen Lösung?

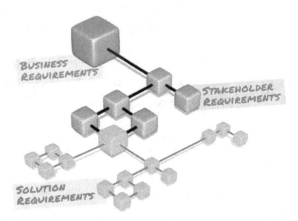

Unserer Erfahrung nach ist es sehr hilfreich, ein Gespräch mit dem Fachexperten über diesen Detaillierungsgrad zu führen. Sie können Ideen austauschen, die das Produkt drastisch verbessern werden.

Während eines User Story Discovery-Workshops möchten Sie definitiv nicht über diesen Detaillierungsgrad sprechen. Verschwenden Sie keine Zeit damit, bis die Entscheidung zur Implementierung der User Stories gefallen ist, d.h. während der Release- oder Sprint-Planung (mehr dazu später). Stellen Sie immer sicher, dass Ihre vorbereiteten Fragen den richtigen User Story Detaillierungsgrad abzielen.

Agile Dokumentation

Sie müssen auch darüber nachdenken, wie Sie die Informationen, die Ihnen die Teilnehmer geben, aufzeichnen werden. Ich bin sicher, dass die meisten von Ihnen perfekte Erinnerungen haben. Na ja, vielleicht auch nicht!

Sicher, es gibt Leute, die ein ausgezeichnetes Gedächtnis haben. Allerdings müssen sie, mehr als alle anderen, im Voraus darüber nachdenken, wie sie die Antworten erfassen können, denn Menschen mit gutem Gedächtnis sind normalerweise die schlechtesten Protokollanten (wie Tom bezeugen kann).

Bei Scrum und den meisten anderen agilen und schlanken Ansätzen umfasst eine User Story-Diskussion auch die Validierung einer User Story. Wenn Sie zum Beispiel ein Gespräch mit einem Fachexperten über eine User Story führen, sollten Sie den Fachexperten fragen, wie sie sicherstellen können, dass die Software alles richtig macht. Sie sollten Akzeptanzkriterien, Testszenarien oder sogar einige Beispiele erfassen.

In den frühen Tagen der agilen Entwicklung hat man diese Informationen auf die Rückseite der User Story-Karte geschrieben. In der heutigen Zeit würden Sie höchstwahrscheinlich einen Computer oder ein Mobil-Gerät verwenden, um die Details zu erfassen. Es hängt jedoch immer davon ab, wo das Gespräch stattfindet. Wenn Sie in Ihrer Mittagspause mit einem Fachexperten sprechen, könnten Sie eine Cocktailserviette verwenden.

Der richtige Darstellungsmodus (visuell, verbal, textlich)

Manchmal reicht es nicht aus, Dinge aufzuschreiben. Oft brauchen wir Notizen in Form von Diagrammen. Bilder sagen viel mehr als Worte. Wie Gabe Arnold es ausdrückt,

> *... Laut der Marketing-Influencerin Krista Neher kann das menschliche Gehirn Bilder bis zu 60.000 Mal schneller verarbeiten als Worte. Mit einem Bild kann man so viel mehr Informationen vermitteln als mit Worten. Tatsächlich können allein zur Beschreibung dessen, was in einem Bild enthalten ist, mehr als tausend Worte nötig sein. Und Bilder haben die Fähigkeit, abstrakte und komplexe Konzepte zu vermitteln. ...*

Am Ende des Gesprächs wollen Sie sicher sein, dass Sie ein gegenseitiges Verständnis der ausgetauschten Informationen haben.

Um dieses Ziel zu unterstützen, verwenden Sie den Kommunikationsmodus, der für Ihr Publikum am effektivsten ist. Manche Menschen reden gern; sie lieben verbale Kommunikation. Bei anderen helfen ihnen visuelle Darstellungen besser. Diese Menschen würden von Diagrammen wie Swimlane-Diagrammen zur Darstellung von Arbeitsabläufen oder Datenflussdiagrammen zur Darstellung der Datentransformation profitieren.

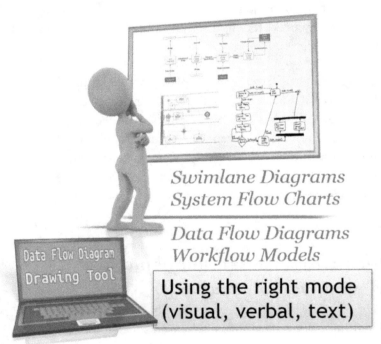

Und dann sind da noch die Leser. Manche Menschen kommunizieren einfach am besten beim Lesen. Da wir oft mehr als 15 Personen in unseren Anforderungsworkshops haben, achten wir immer darauf, dass alle Kommunikationsmodi abgedeckt sind.

Für die Leser haben wir einen Scribe im Raum, der Ergebnisse der Geschäftsanalyse dokumentiert und auf einem großen Bildschirm anzeigt. Für visuell orientierte Teilnehmer und Zuhörer/Redner entwirft der Scribe Diagramme und der Moderator diskutiert sie mit der Gruppe.

Kommunikationsformen

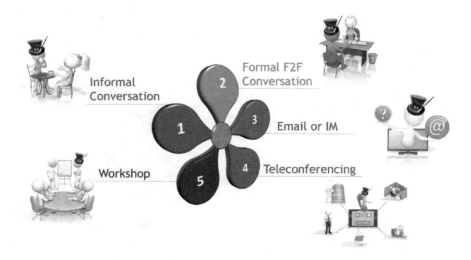

Also, welche Art von Gespräch sollten Sie wählen?

Informelles Gespräch

Zunächst gibt es das informelle Gespräch. Das kann passieren, wenn Sie auf jemanden treffen, mit dem Sie seit ein paar Tagen versuchen, Kontakt aufzunehmen. Sie könnten sagen: „Hey Fred, warte mal. Während ich dich hier habe, kann ich dir ein paar Fragen stellen?" Achten Sie nur darauf, dass Sie Ihre vorbereiteten Fragen immer dabeihaben. Laptops und Handys machen das Leben hier sehr viel einfacher.

Face-to-face Interview (Persönliches Gespräch)

Die nächste Stufe einer Konversation ist ein persönliches Interview, bei dem Sie ein Datum und eine Uhrzeit festlegen, an dem Sie sich treffen. Wie wir bereits erwähnt haben, würden wir empfehlen, es nach Möglichkeit im Büro Ihres Stakeholders zu führen, denn wenn dieser etwas braucht, um einen Sachverhalt zu klären, hat er oder sie unmittelbaren Zugang dazu.

E-Mail oder Instant Messaging (IM)

Sie können auch E-Mail oder Instant Messaging (IM) verwenden. Sie sind vor allem dann beliebt, wenn Sie nur eine schnelle, klärende Frage stellen möchten. Beschränken Sie diesen Kommunikationsmodus auf kurze Fragen und Antworten.

Videokonferenzen oder Online Meetings

Eine zunehmend kollaborative, vernetzte Arbeitswelt sorgt für ein rasches Wachstum von virtuellen Meetings. Wie bei allem im Leben gibt es auch bei virtuellen Meetings Vor- und Nachteile.

Für manche erscheint die Vorstellung, eine Videokonferenz oder ein Online-Meeting zur Erhebung und Analyse von Anforderungen oder User Stories durchzustehen, fast wie Folter. Das kann es sein, wenn der Event nur unzureichend moderiert wird. Online-Meetings haben jedoch ihre Vorteile. Zum Beispiel ist es viel einfacher, alle Arten von Dokumenten in einem Online-Meeting zu teilen und sie sogar mit Anmerkungen zu versehen.

Der kritische Erfolgsfaktor für erfolgreiche Online User Stories und Requirements Discovery Meetings ist das Wissen, ist zu wissen, was Sie tun müssen, wenn etwas schiefläuft. Nehmen Sie sich Zeit für die Vorbereitung und Planung der Videokonferenz. Wenn Sie noch nie ein Online Meeting moderiert haben, sollten Sie einen Kurs zur Online-Moderation von Meetings absolvieren, bevor Sie sich an Ihre erste Telefonkonferenz wagen.

Workshops und Großgruppen

Großgruppen, Anforderungsworkshops und User Story Workshops sind der bevorzugte Ansatz, um eine Agile Initiative zu starten. Der Workshop ist ein ausgezeichnetes Instrument, um erste User Stories oder Features zu liefern, die den Grundstein für das Product Backlog legen. Wenn Ihr IT-team die Kanban-Methode verwendet, kann ein Workshop eine Feature-Liste für Ihr Kanban-Board liefern. Der Großgruppen-Ansatz hat sich auch beim Product Backlog Grooming (mehr dazu später) als sehr erfolgreich erwiesen.

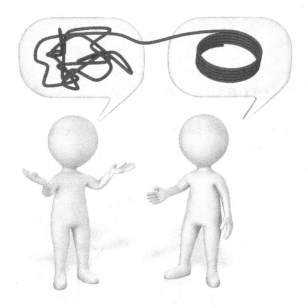

Nutzen Sie die Techniken zur Identifizierung von Stakeholdern, die wir bereits vorgestellt haben, um die „richtigen" Stakeholder einzuladen. Die richtigen Leute, am richtigen Ort und zur richtigen Zeit zusammen zu haben, kombiniert mit guten Online-Moderationskompetenzen, sichert den Erfolg Ihres Workshops.

Die intensiven Diskussionen in einem Workshop entfachen neue Ideen. Die Teilnehmerinnen und Teilnehmer neigen dazu, über den

Tellerrand hinauszudenken. Wenn Sie auf der Suche nach innovativen Lösungen und Anforderungen sind, ist ein Workshop die beste Wahl.

Übung: Effektive Kommunikation

Diese Übung gibt Ihnen die Gelegenheit, die Vor- und Nachteile der 5 gebräuchlichsten Ansätze zur Ermittlung von Anforderungen zu erwägen.

Anleitungen:

Finden Sie für jede der aufgeführten Konversationsarten 3 Pros, die einem Projekt zugutekommen könnten, und 3 Contras, die ein Projekt gefährden könnten.

Aufgabenstellung 1:

Nennen Sie 3 Vor- und 3 Nachteile von informellen (außerplanmäßigen) Meetings mit einem Stakeholder.

1

2

3

_____

1

2

3

Aufgabenstellung 2:

Nennen Sie 3 Vor- und 3 Nachteile von formellen (geplanten und moderierten) Meetings mit einem oder mehreren Stakeholdern.

1

2

3

1

2

3

Aufgabenstellung 3:

Nennen Sie 3 Vor- und 3 Nachteile mit einer größeren Gruppe von Stakeholdern (z.B. User Story- oder Anforderungs-Workshops).

1

2

3

1

2

3

Aufgabenstellung 4:

Nennen Sie 3 Vor- und 3 Nachteile von Videokonferenzen, um Anforderungen zu erstellen.

1

2

3

1

2

3

Aufgabenstellung 5:

Nennen Sie 3 Vor- und 3 Nachteile der Verwendung von E-Mail oder Instant Messaging (IM), um Anforderungen zu erfassen.

1

2

3

1

2

3

Beispiele für Antworten auf die Übung

Wir stellen die folgenden Antwortbeispiele als Denkanstöße und zur Ergänzung Ihrer Antworten zur Verfügung.

Antwort 1: Informelle Meetings/Treffen
Potenzielle Vor- und Nachteile

PROS

1. Der informelle Charakter ist für den Stakeholder entspannend.
2. Diese Art der Konversation ist schnell und bedarf keiner umfangreichen Vorbereitung.
3. Möglicherweise erhalten Sie Informationen, die der Stakeholder in einem formelleren Rahmen nicht teilen würde.

KONTRAS

1. Der Stakeholder kann sich „überfallen" fühlen.
2. Er/sie hat keine Zeit zur Vorbereitung.
3. Die Antworten sind möglicherweise nicht gut durchdacht.

Antwort 2: formelle Meetings / Interviews
Potenzielle Vor- und Nachteile

PROS

1. Sie haben Zeit, Ihre Fragen vorzubereiten und Prioritäten zu setzen.
2. Der Stakeholder hat Zeit, die richtigen Antworten zu überlegen und zu recherchieren.
3. Es hilft allen, ihre Zeit effizienter zu verwalten.

KONTRAS

1. In der heutigen schnelllebigen Arbeitswelt kann es schwierig sein, vielbeschäftigte Stakeholder zu terminieren.

2. Es erfordert angemessene Räumlichkeiten.

3. Je mehr Meetings Sie planen, desto weniger effektiv wird jedes einzelne.

Antwort 3: Workshops
Potenzielle Vor- und Nachteile

PROS

1. Alle Teilnehmer können sich gegenseitig ihre Bedürfnisse mitteilen.

2. Gruppensynergie kann Ideen hervorbringen, die Aspekte der Ideen verschiedener Stakeholder kombinieren.

3. Die Gruppe, die die Anforderungen erstellt, fühlt sich für diese Anforderungen verantwortlich und wird sie gegenüber ihren Kollegen verteidigen.

KONTRAS

1. Es besteht die Gefahr des „Gruppendenkens" (Mob-Mentalität).

2. Die Terminierung von Einrichtungen und Teilnehmern kann sehr schwierig sein.

3. Die Vielzahl der Antworten kann überwältigend werden.

Antwort 4: Videokonferenzen
Potenzielle Vor- und Nachteile

PROS

1. Sie sind viel einfacher zu planen als persönliche Meetings.
2. Die Teilnehmer können überall sein.
3. Sie können die Sessions für eine spätere Analyse leicht aufzeichnen.

KONTRAS

1. Sie haben keine Kontrolle darüber, was andere tun (Verlust des Fokus).
2. Technische Probleme (unterbrochene Netzwerk-verbindungen, Aufzeichnung funktioniert nicht usw.).
3. Die Menschen fangen leichter an, gleichzeitig zu sprechen als von Angesicht zu Angesicht, was zu Verständigungsproblemen führen kann.

Antwort 5: E-mail / Instant Messaging
Potenzielle Vor- und Nachteile

PROS

1. Das gesamte Gespräch wird elektronisch erfasst.
2. Sie sind zeitunabhängig, d.h. man kann jederzeit antworten.
3. Die Stakeholder haben mehr Zeit über Ihre Probleme und Anforderungen nachzudenken, bevor sie antworten.

KONTRAS

1. Schriftliche Kommunikation wird allzu leicht fehlinterpretiert.

2. Sie haben wenig Kontrolle darüber, wann Sie eine Antwort erhalten.

3. Die zwanglose Natur von Instant Messaging kann dazu führen, dass Menschen es nicht ernst nehmen.

Gruppen moderieren

Sie haben sich die Zeit genommen, alles zu planen und vorzubereiten; jetzt ist es an der Zeit, es umzusetzen. Ganz gleich, ob es sich um ein formelles Interview oder einen Workshop handelt, sie können für die Teilnehmer ziemlich stressig sein. Um die Ergebnisse zu erzielen, die Sie brauchen, ist es entscheidend, dass Sie gut mit dem Stakeholder interagieren. Sie möchten, dass die Teilnehmer sich entspannt und wohl fühlen; sie können also sie selbst sein.

Versuchen Sie, Missverständnisse während jeder Diskussion zu minimieren. Ihr Ziel ist, ein gegenseitiges Verständnis der User Stories, Features und Anforderungen zu erhalten.

Wenn Sie zu irgendeinem Zeitpunkt das Gefühl haben, dass jemand etwas sagt, das nicht dem entspricht, was Sie verstanden haben, sprechen Sie es an! Es nützt Ihnen nichts, es einfach zu ignorieren, während Sie etwas denken wie: „Nun, das klang ein wenig seltsam, aber es ist wahrscheinlich richtig". Wenn Sie falsch lagen und Ihr Bauchgefühl richtig war, könnten Sie am Ende die falschen Anforderungen liefern.

Rapport aufbauen

Für viele Menschen kann der Beginn eines Gesprächs mit einem Fremden ein stressiges Erlebnis sein. Vielleicht fehlen uns die Worte oder wir fühlen uns unbehaglich mit unserer Körpersprache und unseren Eigenheiten. Sobald wir jedoch ein gewisses Einvernehmen zueinander haben, geht alles viel reibungsloser vonstatten. Was ist also „Rapport"? Hier ist eine interessante Definition:

"Ein Rapport ist eine Verbindung mit jemandem.
Es ist ein Zustand harmonischen Verstehens
mit einem anderen Individuum oder einer Gruppe."

Die Zeit, die Sie in den Aufbau einer starken Beziehung zu Ihren Stakeholdern investieren, ist die beste Investition, die Sie je tätigen werden. Aber wie baut man Rapport auf?

Zunächst einmal Smalltalk (d.h. sich über Dinge unterhalten, die nicht so wichtig sind). Offensichtlich wollen Sie Themen vermeiden, die kontrovers sein könnten. Wir raten immer von allen politischen oder religiösen Themen ab, da Sie sonst einen Feuersturm auslösen könnten, den Sie niemals kontrollieren werden.

Finden Sie eine gemeinsame Basis und seien Sie empathisch. Smalltalk gibt Ihnen die Gelegenheit, eine menschliche Verbindung herzustellen. Er ermöglicht es jedem zu erkennen: „Hey, wir sind alle nur normale Leute". Wenn Ihnen nichts anderes einfällt, ist ein sicheres Thema immer das Wetter. Man kann jederzeit darüber reden, wenn einem kein anderes Thema einfällt.

SHARED TRUST

Wenn Sie die andere Partei zufällig kennen, kennen Sie vielleicht ihre Haltung zu Fragen oder einige ihrer Lieblingsthemen. Wenn Sie sie nicht kennen, kennen Sie vielleicht jemanden, der Ihre Gesprächspartnerin oder Ihren Gesprächspartner kennt. Sie sollten sich ein paar Minuten Zeit nehmen, um mit ihnen zu plaudern, um etwas Hintergrundwissen zu erhalten. Bei Smalltalk geht es darum, entspannt zu sein, die richtigen Weichen zu stellen und sicherzustellen, dass sich alle wohl fühlen, bevor Sie anfangen.

Das Topic sichtbar halten

Am Anfang ist es wichtig, sich daran zu erinnern, dass man ein Ziel hat. Sie möchten aus diesem Meeting mit einem besseren Verständnis der User Stories, der Epics, der Features, der Anforderungen oder was auch immer Sie geplant haben, herauskommen.

Um das zu erreichen, müssen Sie beim Thema oder Topic bleiben. Das kann manchmal eine ziemliche Herausforderung sein, weil wir uns sehr oft ablenken lassen. Viele von uns kämpfen in der heutigen Welt gegen ADS (Aufmerksamkeitsdefizitsyndrom), was es noch schwieriger macht. Beide Autoren leiden darunter. Wir können uns leicht zu einem Thema hinreißen lassen, das faszinierend ist, aber es bringt uns unseren Zielen nicht näher. Deshalb sind schriftliche Zielsetzungen wichtig.

Schreiben Sie die Zielvorgaben auf ein Flipchart, so dass jeder sie sehen kann. Hängen Sie sie an die Wand, wo sie während des gesamten Meetings sichtbar sind. Jedes Mal, wenn die Teilnehmer mit einem Nebenthema anfangen, können Sie auf die Zielvorgaben hinweisen und sie auf die anstehende Aufgabe zurückführen.

Offene und geschlossene Fragen verwenden

Eine der Techniken, die für Konversationen über Anforderungen oder User Stories empfohlen werden, ist das Stellen von offenen Fragen. Bevor wir uns jedoch in das Thema vertiefen, müssen wir die Unterschiede zwischen offenen und geschlossenen Fragen verstehen.

Bei geschlossenen Fragen sind die Antwortmöglichkeiten oft vorgegeben (z. B. „ja/nein/weiß nicht"). Eine geschlossene Frage kann allerdings auch Optionen zur Auswahl einer Antwort bieten.

Offene Fragen bieten die Möglichkeit, ausschweifend zu antworten. Sie regen zu einer Diskussion an. Ein Beispiel für eine offene Frage wäre: „Welche Probleme haben Sie mit der derzeitigen Lösung?" Die Antwort auf diese Frage variiert von einem zum anderen und führt in der Regel zu einem längeren Gespräch.

Obwohl wir erwähnt haben, dass offene Fragen für Anforderungsgespräche empfohlen werden, sind nach unserer Erfahrung beide Arten von Fragen gleich wichtig.

Wenn Sie viele Details haben möchten, stellen Sie eine offene Frage. Um sicherzustellen, dass Sie verstehen, was die Stakeholder gesagt haben, sind geschlossene Fragen sehr nützlich. Mit der geschlossenen Frage bestätigen Sie die Aussagen der Stakeholder und vergewissern sich, dass alle Parteien zustimmen.

Der Menschliche Faktor

Menschlich sein bedeutet, dass man spüren kann, ob eine Person, mit der man spricht, überhaupt an dem interessiert ist, was man sagt. Das beruht auf Gegenseitigkeit. Wenn Sie nicht daran interessiert sind, was der andere Ihnen erzählt, wird er es spüren. Und wenn sie oder er nicht daran interessiert ist, mit Ihnen zu arbeiten, werden Sie es spüren. Es geht um ein echtes Interesse an dem, was die andere Seite sagt.

Es gibt Menschen, die ein natürliches Talent dafür haben. Sie sind oft personenorientiert, aber was noch wichtiger ist, sie sind von Natur aus neugierig. Wenn sie sich mit einem Thema beschäftigen und die andere Person mehr darüber weiß als sie selbst, wird ihr Interesse geweckt, und das kommt sehr deutlich rüber. Je besser es Ihnen gelingt, wirklich interessiert zu sein, desto erfolgreicher werden Ihre Gespräche sein.

Es gibt einen interessanten TED-Vortrag mit dem Titel „Your Body Language May Shape Who You Are" (Deine Körpersprache kann formen, wer du bist), der sich mit Körpersprache und wie sie unseren Geist beeinflusst, befasst.

Wir wissen schon lange, dass unsere Stimmung unsere Körpersprache beeinflusst. Es gibt jedoch inzwischen einige Studien, die zeigen, dass es möglich ist, sich selbst in eine bestimmte Stimmung zu versetzen, indem man die Körperhaltung oder die Körpersprache dieser Stimmung annimmt.

Wenn Sie ein Meeting leiten, achten Sie darauf, dass jeder von Anfang an Ihre Autorität anerkennt. Laut diesem TED-Vortrag können Sie sich in die passende Grundstimmung versetzen, indem Sie sich vor dem Meeting richtig groß machen. Studien zeigen, dass, wenn Sie zwei Minuten lang eine überzeugende Pose einnehmen können, dies dazu führt, dass sich die Hormone in Ihrem Körper so weit aufbauen, dass Sie dynamischer, durchsetzungsfähiger und selbstbewusster werden.

Wenn Sie erwarten, dass jemand weniger gesprächig und eher feindselig sein wird, kann es trotzdem zu einem erfolgreichen User Story- oder Anforderungs-Gespräch führen, wenn Sie sich vor dem Meeting in die richtige Stimmung bringen und während des Meetings aufrichtig daran interessiert sind, was die andere Person zu sagen hat.

Humor und Authentizität

Humor ist ein großartiges Hilfsmittel, wenn man es richtig einsetzt. Natürlich muss er politisch korrekt sein; er muss sensibel sein. Nach unserer Erfahrung gibt es keine bessere Methode, als eine Story über sich selbst zu erzählen. Erzählen Sie etwas Albernes über sich selbst. Etwas, das Sie falsch gemacht haben, oder einen lustigen Unfall. Wenn Sie es auf eine selbstironische Art und Weise erzählen, ist es nicht offensiv.

Wenn Sie Witze über eine andere Rasse, ein anderes Geschlecht, eine andere Religion oder eine andere Politik einbringen, besteht ein hohes Risiko, dass dieses Meeting zum Scheitern verurteilt wird. Wir können nicht genug betonen, dass Humor in einem Meeting zwar ein Lebensretter sein kann, aber wir empfehlen dringend, ihn mit Bedacht einzusetzen. Achten Sie immer darauf, dass alle Teilnehmer Spaß haben.

Aber Vorsicht! Wir alle denken, dass jeder gerne Spaß hat. Aber stimmt das auch? Obwohl der allgemeine Ratschlag lautet, Meetings unterhaltsam zu gestalten, ein paar Lacher zu haben und etwas Smalltalk hinzuzufügen, gibt es Leute, die dies als Zeitverschwendung betrachten. Manche Leute meinen, dass Spaß nicht der Zweck eines Meetings ist.

Haben Sie schon einmal etwas gehört wie: „Meetings nehmen ohnehin schon zu viel Zeit in Anspruch", „Unsere Aufgabe ist es, zu tun, was getan werden muss, und uns wieder an die Arbeit zu machen", „Ich hasse sinnloses Geschwätz und Flausen". Lernen Sie Ihre Teilnehmer kennen, und wenn Sie einige haben, die so denken, dann lassen Sie den Humor zu Hause.

Unser letzter Ratschlag für die Interaktion mit Ihren Stakeholdern:

Seien Sie einfach Sie selbst!

Denken Sie daran, dass Sie dieses Meeting aus gutem Grund durchführen; Sie haben ein klares Ziel. Sie versuchen zu verstehen, was jeder Stakeholder braucht. Sie sind derjenige, der dieses Meeting oder dieses Gespräch unter Kontrolle hat. Sie sollten derjenige sein, der die Stakeholder, die Fachexperten und sogar das technische Team leitet, weil sie nicht wissen, was Sie brauchen. Sie sind der einzige, der weiß, was **Sie** wirklich brauchen.

Da Sie die Kontrolle haben, müssen Sie sich wohl fühlen. Der beste Weg, sich wohl zu fühlen, ist Sie selbst zu sein. Je näher Sie sich selbst sein können, desto erfolgreicher werden Ihre Meetings sein - das ist ein Versprechen!

Nonverbale Kommunikation

Ein großer Teil der Art und Weise, wie wir kommunizieren, erfolgt durch nonverbale Hinweise oder Cues in Gesprächen. Nonverbale Kommunikation bezieht sich auf Gestik, Mimik, Tonfall, Augenkontakt (oder das Fehlen von Augenkontakt), Körpersprache, Körperhaltung und andere Arten der Kommunikation ohne Verwendung von Sprache. Diese Cues können Ihre Botschaft verstärken oder untergraben. Wie Sie nonverbal kommunizieren, kann für Sie eines bedeuten und Ihrem Publikum eine völlig andere Message vermitteln.

In Verbindung mit verbaler Kommunikation können nonverbale Kompetenzen dazu beitragen, Ihre Aussagen zu unterstreichen, zu verstärken, hervorzuheben und zu beleben. Nonverbale Hinweise tragen dazu bei, bei jeder Aussage eine übereinstimmende Bedeutung zu schaffen.

Negative Körpersprache erzeugt einen negativen Eindruck und behindert den Fortschritt. Jemand, der auf die Uhr schaut, mit dem Stift spielt und während der Diskussion kritzelt, wirkt desinteressiert oder unkooperativ.

In diesem Abschnitt stellen wir Ihnen Tipps und Anregungen vor, wie Sie nonverbale Kommunikationskompetenzen nutzen können, um ein erfolgreiches Gespräch mit einem Stakeholder über seine User Stories und Anforderungen zu führen. Sie werden lernen, wie Sie das, was der Stakeholder Ihnen **nicht** sagt, effektiver interpretieren können. Sie werden auch lernen, was Ihre eigenen nonverbalen Botschaften für Ihre Gesprächspartner bedeuten könnten.

Die neuesten Studien zeigen, dass es vier Dimensionen gibt, auf die man achten muss, um zu verstehen, was die andere Person sagt. Wir nennen sie „die vier C's der nonverbalen Kommunikation" und sie sind **Context** (Kontext), **Cluster**, **Cultur** (Kultur), und **Congruence** (Kongruenz).

Kontext verdeutlicht Absicht

Das erste C steht für „Context". Sie müssen darauf achten, dass Sie die non-verbalen Hinweise, die Ihre Stakeholder Ihnen geben im richtigen Kontext interpretieren. Als Moderator müssen Sie sich in der nonverbalen Kommunikation auskennen, um die Signale zu interpretieren, die Ihre Teilnehmer Ihnen geben. Zudem müssen Sie darauf achten, dass das, was Sie präsentieren, im richtigen Kontext vermittelt wird.

Angenommen, Sie sprechen mit jemandem, der Augenkontakt vermeidet und auf sein Telefon schaut. Aufgrund der Regeln der nonverbalen Kommunikation könnte man daraus schließen, dass diese Person sich langweilt, aber das stimmt nicht unbedingt. Sie könnte einfach ihr Handy checken, denn als sie heute Morgen von zu Hause wegging, war ihr Kind krank. Denken Sie also darüber nach, was um die nonverbale Botschaft herum geschieht (im Kontext der Botschaft), bevor Sie zu einer Schlussfolgerung kommen.

Ein weiteres klassisches Symbol für nonverbale Kommunikation ist jemand, der Ihnen mit verschränkten Armen vor dem Körper zuhört. Die meisten von uns haben gelernt, dass das in der Regel bedeutet, dass diese Person nicht offen für eine Diskussion ist oder nicht bereit ist, dieses Thema zu besprechen. Durch das Überkreuzen der Arme wird eine Barriere als eine Art Schutz errichtet. Manchmal können gekreuzte Arme auch bedeuten, dass die Person sich verletzlich oder unsicher fühlt.

Es könnte aber auch sein, dass der Raum kalt ist und der Stakeholder nur versucht, warm zu bleiben! Achten Sie darauf, dass Sie die non-verbalen Signale im Kontext des Meetings interpretieren. Wenn Sie den Kontext verstehen, ersparen Sie sich unnötige Schwierigkeiten.

Basieren Sie Ihre Annahmen auf Clustern

Das zweite C in der nonverbalen Kommunikation ist „Cluster".
Clustern bedeutet, dass Sie sich nie auf ein einziges Signal verlassen
sollten, um nonverbale Kommunikation zu interpretieren.

Ein Cluster ist eine Gruppe von Signalen, die zusammengenommen zu
einer Schlussfolgerung führen. Zum Beispiel,

Auf dem Bild oben ist es offensichtlich, dass die junge Dame auf der
linken Seite entweder verärgert oder aggressiv gegenüber der anderen
Dame ist. Warum? Sie gibt uns mehrere verschiedene nonverbale
Hinweise,

1. die Art und Weise, wie sie steht

2. ihre Hände auf den Hüften

3. der Blick in ihren Augen

Ein Cluster ist eine Gruppe von nonverbalen Kommunikations-signalen, die alle auf dasselbe hinweisen. Suchen Sie immer nach drei bis fünf Verhaltensweisen, die zusammenpassen, bevor Sie annehmen, dass Sie wissen, was die nonverbale Botschaft ist.

Der Unterschied liegt in der Kultur

Das dritte C der nonverbalen Kommunikation ist „Culture". Die Bedeutung einer nonverbalen Botschaft variiert von Kultur zu Kultur. Wenn Sie mit jemandem sprechen, mit dem Sie aufgewachsen sind oder der viel mit Ihnen gemeinsam hat, interpretieren Sie seine nonverbale Kommunikation vermutlich eher genau.

Aber wie sieht es mit jemandem aus einem anderen Land aus? In den meisten westlichen Kulturen wird das Rauf- und Runterbewegen des Kopfes als Ausdruck der Zustimmung (JA) verstanden, während das Hin- und Herbewegen des Kopfes Ablehnung (NEIN) ausdrückt.

Diese nonverbale Kommunikation ist jedoch nicht universell. Wenn Sie sich mit einer Person aus Bulgarien (oder übrigens auch aus einem anderen Balkanland) unterhalten, sollten Sie mit dem Gebrauch nonverbaler „Ja"- oder „Nein"-Signale vorsichtig sein. Nicken bedeutet in diesen Ländern „nein", während Kopfschütteln eigentlich „ja" bedeutet.

Wenn Sie zum Beispiel mit jemandem aus Griechenland sprechen, bedeutet ein seitliches Neigen des Kopfes, während die Augen leicht geschlossen sind ein ‚ja". Dies ähnelt der Geste, die Amerikaner machen, wenn sie über etwas verwirrt sind. Lustigerweise heißt „ja" im Griechischen „naí", ein Klang, der dem englischen „no" eindringlich ähnelt. Verwirrung garantiert.

Ein weiterer sehr wichtiger Punkt, den es zu beachten gilt, ist, dass, während Sie die Körpersignale der anderen Person lesen, diese Ihre Signale liest. Raten Sie also, was ein Grieche oder ein Bulgare versteht, wenn Sie zustimmend nicken. Die nonverbale Kommunikation ist, wie jede andere Kommunikation auch, eine Zweibahnstraße. Sie senden nonverbale Signale aus und versuchen zu interpretieren, was die andere Person sagt.

Kongruenz: Gemischte Signale vermeiden

Das vierte C der nonverbalen Kommunikation ist „Congruence" (Kongruenz). Stellen Sie sich einen Handelsvertreter vor, der versucht, Ihnen einen neuen Geschirrspüler zu verkaufen. Seine Worte sollen Sie für sich gewinnen, aber die Körpersprache gibt Ihnen das Gefühl, dass Sie der Person nicht vertrauen können. Die Worte stehen nicht im Einklang mit den Taten. Wenn Worte und Taten die gleiche Geschichte erzählen, sind sie kongruent.

Eine Studie über menschliche Kommunikation, die in den 1960er Jahren durchgeführt wurde, wird oft falsch zitiert. Der Grund dafür: Kongruenz!

Diese Studie basierte auf einer Darstellungsweise, bei der die visuellen, verbalen und vokalen Botschaften **inkongruent** waren, d.h. gemischte Signale übermittelten. **Unter diesen Umständen** verstanden etwa 7% die Botschaft verbal (was gesagt wird), 38% vokal (wie die Stimme es sagt) und sage und schreibe 55% verstanden die visuellen Botschaften (was vom Sprecher gesehen wird) am besten. Offensichtlich glauben wir mehr an das, was unsere Augen uns sagen, als an die Worte, die wir tatsächlich hören.

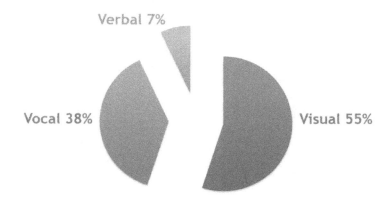

Die Studie ist nur dann korrekt, wenn das gesprochene Wort eine andere Botschaft vermittelt als die unterstützenden visuellen Botschaften, d.h. es besteht keine Übereinstimmung zwischen den verbalen, visuellen und vokalen Botschaften.

Aus der Perspektive der Anforderungserhebung können wir diese Studie jedoch verwenden. Wenn es während eines Gesprächs eine Inkonsistenz zwischen dem, was jemand sagt, und seiner Körpersprache gibt, dann sollten Sie seiner Körpersprache glauben. Sie sagt wahrscheinlich mehr über die Wirklichkeit aus als die Worte.

Übrigens ist die Studie auch ein perfekter Hinweis darauf, wie wir Politiker auswählen. Wenn sie gut aussehen und sich gut anhören, wer kümmert sich dann darum, was sie sagen? Sie werden sowieso gewinnen, weil ihre Worte nur 7% der Botschaft ausmachen und meistens inkongruent sind. Das stimmt zumindest für die USA, wo wir momentan zu Hause sind.

Der Umgang mit Menschen

Das Ziel jeder Kommunikation zur Ermittlung von Anforderungen, sei es ein zwangloses Gespräch, um zu User Stories zu gelangen, ein geplantes Anforderungstreffen mit Stakeholdern oder ein moderierter Workshop, ist es, die Anforderungen und Wünsche der Stakeholder für ihre neue digitale Lösung vollständig zu verstehen.

Das vorrangige Gesprächsziel ist es, Missverständnisse zu minimieren. In den letzten 50 Jahren deutet fast jede Studie über die Gründe für das Scheitern von IT-Projekten darauf hin, dass fehlende und falsch verstandene Anforderungen die häufigste Ursache für das Scheitern von Projekten sind.

Verstehen reicht nicht aus

Missverständnisse sind eine große Zeitverschwendung, und wer würde nicht Missverständnisse minimieren wollen? Die Herausforderung, vor der wir stehen, besteht darin, dass verschiedene Leute dasselbe Wort unterschiedlich interpretieren. Ein Beispiel ist das Wort „Account" (Konto).

Wenn Sie mit jemandem aus der Finanzabteilung über „Account" sprechen, denkt er an Bankkonten, Kreditkartenkonten, Debit Konten und so weiter. Wenn Sie mit jemandem aus dem Verkauf über

„Account" sprechen, denkt er über ein Kundenkonto nach. Für beide ist es die richtige Interpretation oder die richtige Bedeutung des Wortes „Account". Eine andere Bedeutung von „Account" ist E-Mail-Konto. Die meisten Menschen, unabhängig davon, was sie im Leben tun, haben eine Definition dessen, was das Wort „Account" für sie bedeutet.

Zu glauben, dass wir den Stakeholder verstehen, reicht nicht aus. Was wir wirklich brauchen, ist ein beiderseitiges Verständnis. Sie können ein Gespräch mit der Überzeugung verlassen, dass Sie genau wissen, was die andere Person gemeint hat. Die andere Person geht in der Überzeugung weg, dass sie genau verstanden hat, was Sie gemeint haben nur damit entweder einer oder beide von Ihnen später erkennen, dass Sie überhaupt nicht die gleiche Interpretation hatten.

Gegenseitiges Verständnis ist die große Herausforderung. People are People. Es gibt viele Leute, mit denen man eine schnelle Verbindung hat, und andere, die man nur sehr schwer versteht.

Wenn Sie ein sinnvolles Gespräch über Geschäftsanforderungen, User Stories, Epics, Features usw. führen wollen, müssen Sie mit all den verschiedenen Verhaltensweisen und Terminologien umgehen können.

Mit schwierigen Menschen umgehen

Ein Komiker witzelte einmal: „Die Erde wäre so ein schöner Planet, wenn es nicht alle Menschen gäbe". Ob Sie diesem Kommentar zustimmen oder nicht, es ist offensichtlich keine gute Einstellung für jemanden, der versucht User Stories und Anforderungen zu elizitieren.

Wir alle haben Probleme mit bestimmten Verhaltensweisen anderer Menschen, insbesondere wenn wir versuchen, aus unserer Interaktion ein bestimmtes Outcome zu erzielen. Die gute Nachricht ist, dass es Möglichkeiten gibt, mit jedem Verhalten umzugehen, wenn man nur Zeit hat, darüber nachzudenken und vorauszuplanen.

Sie brauchen Strategien für schwierige Leute

Es gibt einige Menschen, mit denen Sie sofort ein gutes Verhältnis haben; es gibt andere Menschen, die schwierig erscheinen. Schwierige Menschen bringen das Gleichgewicht eines Meetings durcheinander, töten den Momentum, demotivieren Menschen und hindern Sie daran, Ihr Ziel zu erreichen.

Es besteht ein großer Unterschied zwischen Menschen, die sich an einer lebhaften Diskussion beteiligen, konventionelles Denken in Frage stellen und zum Ideenpool beitragen - und denen, die negativ werden, es persönlich machen und dadurch ungute Gefühle hervorrufen. Wenn Sie nicht prompt und effektiv mit ihnen umgehen, wird es nicht lange dauern, bis sie Ihnen das Erreichen Ihrer Ziele unmöglich gemacht haben.

Was sind die besten Strategien für den Umgang mit Menschen, die streitlustig, störend oder negativ sind oder einfach keinen Beitrag leisten? Da jede Sachlage anders ist, gibt es keinen „one-size-fits-all"-Ansatz. Sie müssen eine Methode entwickeln, die für Sie funktioniert. Das Beste, was wir tun können, ist, Ihnen einige allgemeine Vorschläge zu unterbreiten, aber Ihre Strategie muss zu Ihrer spezifischen Situation passen.

Dominatoren

Die Gruppe, mit der die meisten Menschen Probleme haben, sind die Dominatoren. Die Dominatoren wollen das Ruder übernehmen. Daran ist nichts falsch - an keinem der Verhaltenskonzepte, die wir vorstellen werden, ist etwas falsch. Es geht nicht darum, dass diese Eigenschaften schlecht sind. Es geht darum, sie zu erkennen und Wege zu finden, mit ihnen umzugehen, wenn sie im Begriff sind, eine Diskussion auf die falsche Bahn zu bringen.

Wenn Sie einen Workshop abhalten oder ein Meeting mit mehreren Stakeholdern, werden die Dominatoren am meisten reden. Es ist jedoch wichtig, dass Sie das Feedback aller in ein kohärentes Set integrieren. Sie müssen dafür sorgen, dass **alle** ihre Gedanken und Ideen einbringen.

Ein Tipp, der sehr gut funktioniert, ist, die Dominatoren sowie andere Personen beim Namen zu nennen und sie um ihre Meinung zu bitten. In extremen Fällen können die Dominatoren den Erfolg der Sitzung gefährden, und Sie könnten gezwungen sein, sie zu bitten, das Meeting zu verlassen.

Sie werden nie ein Problem damit haben, den Dominator dazu zu bringen, Ihnen zu sagen, was er will. Das Problem wird darin bestehen, dafür zu sorgen, dass alle anderen ihren Beitrag leisten. Andernfalls können die Ergebnisse des Anforderungs-Workshops eine Katastrophe für Ihre zukünftige IT-Lösung sein.

Quitter

Ein Quitter ist jemand, der einen Satz beginnt und in der Mitte des Satzes aufhört. Die Augen werden glasig, oder sie schauen weg.

Sie denken über etwas nach, das vielleicht relevant ist oder auch nicht. Was haben sie versucht zu sagen? War es wichtig?

Zu den Quittern gehören auch Leute, die plötzlich aufhören, Ihre Anrufe entgegenzunehmen. Sie scheinen nicht mehr an dem Produkt oder Projekt interessiert zu sein. Sie sind nicht bereit, ein weiteres Gespräch zu führen, so dass Sie keine andere Wahl haben, als Ihre eigene Interpretation der Anforderungen zu definieren.

Die effektivste Methode im Umgang mit Quittern ist es, mit ihnen außerhalb des Gruppensettings zu sprechen. Versuchen Sie, ihre Motivation für das „Aufhören" zu finden und ihnen zu erklären, wie wichtig diese Initiative oder dieses Produkt für ihre Zukunft ist. Als der Moderator des Meetings müssen Sie der Hauptmotivator sein.

Distractors

Eine weitere Gruppe sind Distractors (Ablenker), zu denen auch Talkers und Whisperers (Flüsterer) gehören. Jeder, der irgendetwas tut, das die Gruppe ablenkt, irreführt oder sie vom Thema abbringt, ist ein Distractor.

Auch dies ist nicht unbedingt ein schlechter Charakterzug. Manchmal kann es produktiv sein, besonders wenn sie Humor mitbringen oder einen Witz erzählen. Das kann sowohl positiv als auch negativ sein. Im Allgemeinen meinen wir mit Distractors Menschen, die den Gesprächsfluss stören.

Wenn wir über Thema A sprechen und Distractors beginnen über Thema B oder C zu sprechen, dann kriegen sie alle anderen dazu, über F zu sprechen, und plötzlich haben alle das Thema A vergessen. Wenn die Distraktoren außer Kontrolle geraten, kann das das gesamte Meeting zum Entgleisen bringen.

Um dem entgegenzuwirken, versuchen Sie, der Gruppe klarzumachen, wie wichtig es ist, Ergebnisse zu erzielen. Versprechen Sie zum Beispiel, dass, wenn sich alle auf Thema A konzentrieren, alle früher nach Hause gehen können.

Jeder kennt Talkers and Whisperers. Wenn Sie sich in einem Meeting mit mehreren Personen befinden und sich eine Untergruppe in einer Ecke des Raumes leise über etwas anderes unterhält, konzentrieren sich alle auf das Geflüster, was die gesamte Gruppe ablenkt.

Um mit diesen Arten von Distractors umzugehen, bitten Sie sie, das zu wiederholen, was sie gesagt haben, damit die gesamte Gruppe davon profitieren kann.

Ein ausgezeichnetes Hilfsmittel zur Steuerung der Gruppe ist es zudem, die Regeln des Meetings so auszuhängen, dass sie von jedem, wo immer er sitzt, gelesen werden können. Wenn die Situation außer Kontrolle gerät, sollten Sie die Regeln mit der Gruppe besprechen.

Die wichtigste Regel: Bringen Sie nie Einzelne vor der Gruppe in Verlegenheit, denn das wird sich negativ auf die Produktivität und ihre Beitragsleistung auswirken.

Resistors and Doubters

Widerständler und Zweifler sind gegen alles. Oft tauchen sie in einem Workshop auf, und wenn sie eine Idee hören, sagen sie so etwas wie: „Oh, das haben wir hier versucht. 2005 hat es schon nicht funktioniert. Es wird auch jetzt nicht funktionieren." Oder sie könnten sagen: „Ich glaube nicht, dass das in unserer Firma Sinn macht." Widerständler und Zweifler werden Sie höchstwahrscheinlich bei der Realisierung Ihrer Meeting-Ziele behindern.

Der beste Weg, mit ihnen umzugehen, ist ein Präventivschlag. Fragen Sie zu Beginn des Workshops, ob sich jemand im Raum befindet, der bereits an ähnlichen Projekten gearbeitet hat. Lassen Sie sie ihre Erfahrungen kurz rekapitulieren. Ermutigen Sie sie dann, diese Erfahrungen in die Bewertung aller in diesem Workshop entwickelten Ideen einfließen zu lassen. Indem Sie ihre negativen Erfahrungen nutzen, können Sie sie für sich gewinnen.

Disinterested

Die Desinteressierten sind die Gruppe, die für viele Menschen eine Herausforderung darstellt. Sie passen einfach nicht auf. Sie spüren keine Dringlichkeit. Sie sind sich der Bedeutung des Themas für sie nicht bewusst. Oft sehen sie nicht, wie sich das auf sie auswirken wird, und können sich daher nicht vorstellen, wie oder warum sie einbezogen werden sollten.

Sie sind gedanklich woanders oder lenken sich anderweitig ab. Ihr Desinteresse kann die gesamte Gruppe betreffen. Sie können allein dadurch zu Distractors werden, dass sie nicht daran interessiert sind, worüber die Gruppe spricht.

Unsere Hauptstrategie mit der Gruppe der Desinteressierten besteht darin, sie aktiv einzubeziehen, sie mit etwas provokanten Fragen herauszufordern und ihre Beiträge individuell zu loben (manchmal offline, je nach den Normen der Umgebung).

Übung: Schwierige Menschen oder menschliche Schwierigkeiten

Der Austausch von Ideen, wie man mit heiklen Situationen umgehen kann, wird bei einem Meeting von Vorteil sein.

Frage 1:

Welche Persönlichkeitsmerkmale, Eigenarten oder Verhaltensweisen finden Sie im Umgang mit Stakeholdern herausfordernd?

Frage 2:

Was würde Ihnen helfen, effektiver mit diesen Eigenschaften umzugehen?

Antwort auf Frage 1:

Welche Persönlichkeitsmerkmale, Eigenarten oder Verhaltens-weisen finden Sie im Umgang mit Stakeholdern herausfordernd?

Für die Autoren sind die herausforderndsten Persönlichkeitstypen Dominatoren und Distraktoren.

Antwort auf Frage 2:

Was würde Ihnen helfen, effektiver mit diesen Eigenschaften umzugehen?

Wenn wir es mit Dominatoren zu tun haben, erkennen wir ihre Beiträge an und rufen dann andere Personen auf, ihre Beiträge zu dem betreffenden Thema einzuholen.

Im Umgang mit Distractors ist die effektivste Technik, die wir entdeckt haben, sich nahe bei ihnen zu positionieren, um ihnen bewusst zu machen, dass ihr Verhalten kontraproduktiv ist.

3 Zuhörtechniken die das gemeinsame Verständnis fördern

Eine Möglichkeit, ein gegenseitiges Verständnis zu erreichen, ist die Anwendung guter Zuhörtechniken. Wie gut Sie zuhören, hat einen großen Einfluss auf die Wirksamkeit Ihrer Bemühungen, Anforderungen zu elizitieren.

☑ Sie müssen auf den Sponsor hören, um herauszufinden, worum es bei der Initiative oder dem Projekt geht.

☑ Sie müssen Ihren Stakeholdern zuhören, um zu verstehen, was ihre Anforderungen und Wünsche sind.

☑ Sie müssen den Technologen zuhören, um sicherzustellen, dass sie verstehen, was die Anforderungen wirklich bedeuten.

☑ Und Sie müssen Ihrem Vorgesetzten zuhören, um sicherzustellen, dass Ihr Vorgehen mit den Zielsetzungen des Unternehmens im Einklang steht.

Jeder muss manchmal anderen Menschen zuhören. Als Product Owner, Business Analyst, Fachexperte oder jeder andere, der Features, User Stories und andere Anforderungen definiert, ist Zuhören jedoch eine Ihrer wichtigsten Kompetenzen. Wie können Sie diese Fähigkeiten ausbauen? Welche Business-Analyse-Techniken gibt es, um Ihre Zuhörfähigkeiten zu verbessern?

Wir werden Ihnen drei Zuhörtechniken vorstellen, die Sie üben sollten: aktives Zuhören, informatives Zuhören und Highway 350. Jede Technik hilft unabhängig von der anderen. Zusammengenommen geben sie Ihnen die unbezahlbare Fähigkeit, nicht nur zu hören, was die andere Person sagt, sondern noch wichtiger, was sie NICHT sagt.

Aktives Zuhören

Aktives Zuhören gibt es schon seit einiger Zeit, und viele von Ihnen sind in irgendeiner Form darin geschult worden. Dennoch erwähnen wir es hier wegen seiner Bedeutung. Aktives Zuhören ist wichtig für einen verständnisvollen Dialog. Es geht darum, sicherzustellen, dass die anderen Personen WISSEN, dass Sie zuhören und Interesse an dem haben, was sie sagen.

Aktives Zuhören ist eine Zwei-Wege-Kommunikation, was bedeutet, dass Sie die Körpersprache nicht nur lesen, sondern auch „sprechen" müssen. Das bedeutet, dass Sie mit Ihrer Körpersprache die richtigen Signale aussenden müssen, denn Sie sollten davon ausgehen, dass die andere Person sie lesen kann, ob sie das Training hatte oder nicht.

Zusätzlich zu vielen nonverbalen Komponenten beinhaltet aktives Zuhören Aufmerksamkeit, Ablegen von Vorurteilen, Reflektieren, Klären, Zusammenfassen und Teilen. Hier ist eine Zusammenfassung der wichtigsten Komponenten.

Aufrechterhaltung des Augenkontaktes

Der Augenkontakt während eines Gesprächs ist von entscheidender Bedeutung. Anhaltender Augenkontakt gilt als Vertrauensbeweis: Wer nicht wegschaut, hat nichts zu verbergen. Es gibt uns Aufschluss darüber, was in unserem Gesprächspartner vorgeht oder ob wir ihn oder sie für vertrauens- und glaubwürdig halten. Aber seien Sie vorsichtig! Es gibt Kulturen, in denen es als unhöflich gilt, der anderen Person direkt in die Augen zu schauen. Was wir hier eigentlich sagen sollten, ist „kulturell angemessenen Blickkontakt aufrechtzuerhalten".

Freundlichkeit

Benutzen Sie ein Lächeln, um zu zeigen, dass Sie auf das achten, was die Person sagt, oder als Möglichkeit, ihr zuzustimmen. In Kombination mit einem Kopfnicken kann ein Lächeln sehr wirkungsvoll sein, um zu bestätigen, dass die Botschaften angehört und verstanden werden.

Verbale Cues (Verbale Hinweise)

Verbale Cues sind einfache Dinge wie „aha", „ja", „sehr gut", „wirklich"? Sie geben der anderen Person Signale, dass Sie wirklich zuhören; dass Sie das, was sie Ihnen sagt, verarbeiten. Eine Überbeanspruchung dieser Wörter und Phrasen kann jedoch irritierend werden. Manchmal ist es besser, zu erklären, warum Sie mit einem bestimmten Punkt einverstanden sind.

Paraphrasieren oder Zusammenfassen

Paraphrasieren oder Zusammenfassen sind großartige Techniken für aktives Zuhören. Sie lassen den Sprecher wissen, dass Sie wirklich verstehen, was die andere Person sagt. Beides kann das gegenseitige Verständnis erheblich fördern.

Das Wort „paraphrasieren" bedeutet nicht, die Wörter, die Sie gehört haben, zu wiederholen. Wenn Sie etwas Wort für Wort wiederholen, könnten Sie sehr merkwürdige Rückmeldungen erhalten. Es erfüllt seine Rolle als großartiges Kommunikationsmittel nur dann, wenn Sie andere Wörter verwenden, um dasselbe auszudrücken.

Fassen Sie in Ihren eigenen Worten zusammen, was Sie verstanden haben. Beginnen Sie mit: „Das klingt für mich, als wenn...," oder „Mit anderen Worten...,". Das sind gute Beispiele für den Beginn eines paraphrasierten Satzes. Wenn die andere Partei Ihren Worten zustimmt, sind Sie dem Erreichen des „goldenen Grails", der das gegenseitige Verständnis ist, ein ganzes Stück nähergekommen.

Relevante Fragen stellen

Zeigen Sie Ihren Stakeholdern, dass Sie gut aufgepasst haben, indem Sie relevante Fragen stellen, die zur Klärung beitragen. Durch relevante Fragen unterstreicht der Zuhörer auch, dass er ein Interesse daran hat, was die andere Person gesagt hat. Es ist jedoch wichtig, jedem Redner die Möglichkeit zu geben, seinen Punkt zu beenden, bevor Sie Fragen stellen. Unterbrechen Sie niemanden, um eine Frage zu klären.

Informatives Zuhören

Wenn Sie zuhören, um etwas zu lernen, kann das „informative Zuhören" diese Aufgabe viel einfacher machen. Dabei handelt es sich um Zuhören mit dem Ziel, Geschäftsanforderungen zu verstehen und zu begreifen. Es geht darum, sicherzustellen, dass Sie nicht nur die Worte hören, sondern dass Sie aus dem Gehörten auch die relevanten Informationen extrahieren können.

Diese Skills sind für Menschen in der Spionage- oder Geheimdienstbranche von entscheidender Bedeutung, da oft bestimmte Wörter den Ausschlag für ein ganzes Gespräch geben können.

Beim informativen Zuhören konzentrieren Sie sich darauf, die Essenz des Gesprächs zu erfassen. Sie wollen aus dem Gespräch nur die Teile herauspicken, die Sie wirklich brauchen. Vor allem bei Konversationen über Anforderungen und User Stories ist ein sorgfältiges informatives Zuhören entscheidend. Sie wollen zuhören mit dem Ziel, das Gehörte auszuwerten und die benötigten Fachinformationen zu extrahieren.

Beim informativen Zuhören erhalten Sie die Informationen, die Sie brauchen, trotz all der anderen Dinge, die die Person vielleicht gesagt hat, die nicht unbedingt zu Ihrer Frage beigetragen haben.

Es handelt sich hierbei um ein neues Konzept, und deshalb empfehlen wir Ihnen, sich eingehender damit zu befassen. Es wird Ihnen helfen, aus Ihren Anforderungsinterviews und Workshops mehr relevante Fakten herauszuholen als nur durch aktives Zuhören. Wenn Sie informativ zuhören, erhalten Sie die Antworten und Erkenntnisse, die Sie benötigen, ungeachtet dessen, was sonst noch diskutiert wurde.

Das informative Zuhören ist der Unterschied zwischen einem Streit und einer Diskussion, zwischen Konfrontation und Verhandlung, möglicherweise sogar zwischen Krieg und Frieden. Als derjenige, der das Produkt definiert, sind Sie natürlich emotional distanziert. Denn wer könnte schon bei der Informationstechnologie emotional werden?

Highway 350

Ein weiteres Konzept beim Zuhören ist „Highway 350". Es basiert auf Ihrer Kapazität, jemandem mit einer Geschwindigkeit von 500 Wörtern pro Minute zuhören zu können und jedes einzelne Wort zu verstehen.

Der durchschnittliche Redner spricht dagegen mit einer Rate von 150 Wörtern pro Minute. Die Differenz zwischen den beiden beträgt 350 (500 minus 150 - nur zu, Sie haben einen Computer; überprüfen Sie unsere Mathematik). Das bedeutet, dass Sie eine Hörkapazität von 350 Wörtern haben, die Sie nicht benutzen, wenn Sie jemandem zuhören.

Das Konzept heißt „Highway 350", weil Ihre Gedanken auf diesem Highway davonrasen, selbst wenn Sie jedem einzelnen Wort des anderen zuhören. Das ist an sich weder gut noch schlecht. Es ist einfach so. Die Frage ist, wie Sie den Highway 350 nutzen.

Wenn Sie damit versuchen, herauszufinden, wie Sie sich aus diesem Gespräch zurückziehen können oder wer zum Abendessen kommt, dann führt das zu einer großen Ablenkung.

Wenn Sie jedoch den Highway 350 verwenden, um die vorgestellten aktiven und informativen Zuhörtechniken anzuwenden, wird er zu einem immens leistungsfähigen Werkzeug. Nur zu versuchen Sie es. Sie werden erstaunt sein, was Sie manchmal hören. Es könnte sogar wichtig sein.

Bias kann uns in die Irre führen

Es gibt noch ein paar andere Dinge, die einem effektiven Zuhören im Wege stehen können. Eines davon sind Vorurteile auch Bias genannt. Kognitive Voreingenommenheit beeinflusst Ihre Kommunikation und Entscheidungsfindung.

Zu erkennen und zu wissen, wie man mit Bias während der Anforderungserfassung umgeht, könnte der Unterschied zwischen erfolgreichen und fehlgeschlagenen User Stories sein. Wir zeigen Ihnen drei Bias-Typen und geben Ihnen ein paar Tipps, wie Sie diese bekämpfen können.

Confirmation Bias (Bestätigungs-Bias)

Confirmation Bias ist unsere Neigung (darunter leiden wir alle), uns Informationen herauszufiltern, die unsere bestehenden Überzeugungen oder Vorstellungen bestätigen. Ein berühmtes Zitat von Warren Buffet trifft den Nagel auf den Kopf,

„Was der Mensch am besten kann, ist,
alle neuen Informationen so zu interpretieren,
dass ihre vorherigen Schlussfolgerungen intakt bleiben.“

Und wenn jemand etwas sagt, das etwas bestätigt, was Sie bereits „wussten“, geht Ihr Gehirn auf Kurzurlaub. Es feiert offensichtlich die Tatsache, dass es noch jemanden gibt, der so intelligent ist wie Sie und der dieses wichtige Faktum erkennt.

Das Ergebnis ist, dass man „abschaltet“ und nicht mehr richtig zuhört. Natürlich „füllt“ Ihr messerscharfes Denkorgan sofort die Lücke mit dem, woran Sie sich erinnern, was die andere Person gerade gesagt hat und Sie gehen mit dem Eindruck weg, dass Sie jedes einzelne Wort des Gesprächs gehört haben.

Zum Beispiel fand eine Studie kürzlich ein Confirmation Bias bei Schachspielern. Die Spieler wurden aus allen Niveaus ausgewählt, d.h. von Anfängern bis hin zu Weltmeistern. Sie schufen dieselbe Sachlage für Anfänger und Experten gleichermaßen. Die Aufstellung zeigte einen bekannten Schachzug, bei dem der Spieler innerhalb von fünf Zügen ein Schachmatt erreichen konnte.

Die Studie ergab, dass die Spieler, obwohl es einen besseren Zug gab, der in drei Zügen zu Schachmatt führte, sofort das bekannte Setup erkannten und die Fünf-Züge-Lösung verwendeten. Die erfahrenen Spieler sind tatsächlich eher in diese Falle geraten als Anfänger! Das Hauptproblem beim Confirmation Bias besteht darin, dass er uns gegenüber Alternativen blind macht.

Confirmation Bias ist eine bedeutende Ursache für Missverständnisse und leider kann man Bias nicht vermeiden. Um dagegen vorzugehen, müssen Sie erkennen, wann es passiert. Wenn Ihr Verstand ein wenig Urlaub gemacht hat, weil Sie bereits „wussten", was die andere Person sagen würde, dann sollten Sie das erkennen und den Stakeholder bitten, das Gesagte zu wiederholen. Stellen Sie Ihre tief verankerten Überzeugungen in Frage, damit Sie neue Informationen rational bewerten können. Bemühen Sie sich zusätzlich, den Standpunkt der anderen Person zu erkennen.

Emotionales Bias (Emotionale Verzerrung)

Nicht nur ein Moderator oder Requirements Engineer sollte mit emotionalem Bias umgehen können. Stellen Sie sich vor, Sie sind in eine Diskussion verwickelt, an die ein erhebliches Maß an Emotionen geknüpft ist; zum Beispiel ein Gespräch mit Ihrem Ehepartner (nicht, dass uns das je passiert wäre), mit Ihrem Chef (derselbe Haftungsausschluss) oder mit jemandem mit einer gegensätzlichen politischen Ansicht (aber wer wird schon emotional, wenn es um Politik geht?).

Sobald eine Fülle von Emotionen im Spiel ist, ist unser Gehirn wirklich damit beschäftigt, Dinge zu „fühlen", und das hat offenbar Vorrang vor dem „Hören". Wir sind so sehr damit beschäftigt, die andere Partei von der Richtigkeit unseres Standpunktes zu überzeugen, dass wir nicht in der Lage sind, den Informationsgehalt der Aussagen zu extrahieren.

Emotionale Einbindung zu vermeiden, ist eine unglaubliche Herausforderung. Deshalb sind so viele Bücher über das Thema geschrieben worden. Natürlich ist es schwierig, Emotionalen Bias in der Hitze des Gefühls zu erkennen, aber wann immer Sie ihn erkennen, empfehlen wir als ersten Schritt eine Abkühlungsphase.

Danach müssen Sie entscheiden, ob eine Nachverfolgung wünschenswert ist (sehr empfehlenswert, wenn die Sachlage Ihren Ehepartner oder Chef betrifft; für die politische Diskussion sind Sie auf sich allein gestellt). Wenn Sie entscheiden, dass eine Nachverfolgung erforderlich ist, empfehlen wir Ihnen, die Räumlichkeiten zu ändern, bevor Sie das Gespräch vorsichtig wieder aufnehmen.

Aber was können Sie tun, wenn dies in einem Gespräch mit einem Ihrer Stakeholder geschieht? Es ist wahrscheinlich nicht die beste Idee, das Meeting zu verlassen, um sich abzukühlen. Wenn Sie andererseits mit Ihrem emotionalen Bias nicht zurechtkommen, kann dies das Meeting oder sogar den Workshop zum Scheitern bringen.

Erkennen Sie Ihre eigenen Gefühle und die anderer!

Eine Lösung besteht darin, Ihr emotionales Bewusstsein zu stärken. Werden Sie sich Ihrer eigenen Emotionen und der möglichen Auswirkungen, die diese Emotionen sowohl auf Sie selbst als auch auf die anderen haben, bewusst. Achten Sie darauf, wie Ihre Emotionen Ihr Verhalten beeinflussen. Wenn Sie in der Lage sind, sich selbst genau einzuschätzen, können Sie die notwendigen Veränderungen vornehmen, die Sachlage entschärfen und wieder ein produktives Umfeld schaffen.

Die andere Seite ist es, die Emotionen anderer zu erkennen und damit umzugehen. Vermeiden Sie es, voreingenommen zu sein. Werden Sie sich über die Emotionen Ihrer Teilnehmer bewusst, aber beurteilen Sie sie nicht. Wenn einige davon wütend werden, denken Sie nicht, dass sie unprofessionell sind. Das wäre ein hohes emotionales Bias gegenüber den Gefühlen anderer. Verwenden Sie stattdessen Einfühlungsvermögen, um sich mit der Situation zu identifizieren. Um emotionales Bias abzubauen, müssen Sie die Emotionen anderer akzeptieren und verstehen.

Der Vividness Effekt (Anschaulichkeitseffekt)

Ein letzter Störfaktor für aktives und informatives Zuhören ist der Vividness Effekt. Das ist, was in Ihrem Gehirn passiert, wenn jemand etwas erwähnt, das einen tiefen Eindruck auf Sie in der Vergangenheit gemacht hat.

Für ältere Amerikaner sind Ereignisse wie Pearl Harbor und das Kennedy-Attentat Erinnerungen, die sie nie vergessen werden. Für unsere Generation war ein jüngeres Ereignis wie 9/11, der Anschlag auf das World Trade Center, einer dieser Momente. Jeder Amerikaner weiß genau, wo er war und was er getan hat.

 Im Laufe eines gewöhnlichen Tages sind sie genau das - Erinnerungen. Wenn jedoch jemand eines dieser Themen erwähnt oder sogar einen Begriff verwendet, der diese Erinnerung aktiviert, ist Ihr Geist damit beschäftigt, es noch einmal zu erleben.

Wenn Sie sich unterhalten und jemand etwas zur Sprache bringt, das den Vividness Effekt auslöst, werden Sie zumindest etwas abgelenkt sein. Infolgedessen „schalten Sie wieder ab" und müssen es Ihrem perfekten Gehirn überlassen, die Lücke im Nachhinein „auszufüllen".

Erkennen Sie, wenn es passiert!

Das beste Heilmittel ist hier dasselbe wie beim Confirmation Bias. Erkennen Sie, wenn es geschieht, und bitten Sie die andere Person, das Gesagte anschließend zu wiederholen. Akzeptieren Sie nicht einfach das, was Sie glauben, verstanden zu haben.

Der Vividness Effekt besteht jedoch nicht nur darin, einfach abzuschalten und sich ablenken zu lassen. Da der Vividness Effekt auch davon abhängt, wie lebendig oder schrecklich die Bilder des Ereignisses waren, wurde der Effekt in den letzten Jahrzehnten von den Medien immer mehr verstärkt.

So gaben beispielsweise ein Jahr nach dem Massaker von Columbine High School etwa 60 Prozent der Amerikaner, die auf eine Umfrage von USA Weekend antworteten, an, dass sie eine Schießerei an ihrer eigenen Schule für wahrscheinlich hielten. Dies entsprach nicht der Realität.

Was hat das mit Ihren Anforderungsgesprächen über User Stories zu tun? Schön, dass Sie fragen! Stellen Sie sich vor, Sie führen ein Gespräch mit einem Gesetzgeber, der die User Stories oder Features für ein neues Waffengesetz definiert. Glauben Sie, dass die Berichterstattung über Massenerschießungen, die Sie heutzutage online und im Fernsehen sehen (sehr häufig bei uns in Amerika), Ihre Entscheidungsfindung beeinflussen würde? Würden Sie sich neutral verhalten und erkennen, dass der Gesetzgeber der Fachexperte ist, oder würde der Vividness Effekt Sie zu Vermutungen und Urteilen veranlassen?

Inzwischen haben Sie vielleicht das Gefühl, dass Sie aufgrund dieser Hindernisse nicht mit aktivem oder informativem Zuhören oder sogar mit dem Highway 350 erfolgreich sein können. Der Hauptgrund, sie zur Sprache zu bringen, besteht nicht darin, Sie zu entmutigen, sondern Sie auf sie aufmerksam zu machen.

 Erkennen Sie Confirmation Bias, Emotionales Bias und den Vividness Effekt bei sich selbst wie auch bei anderen und lassen Sie sich nicht vom Ziel Ihres Anforderungsinterviews, Meetings oder Workshops ablenken. Wenn Sie diese Hindernisse kennen, können Sie qualitativ hochwertige User Stories, Features, Epics usw. erstellen, die auf einem gegenseitigen Verständnis mit Ihren Stakeholdern beruhen.

Konversationen erfolgreich beenden

Versuchen Sie am Ende einer Konversation mit Ihren Stakeholdern, dem Motto zu folgen: „always leave them laughing". Das mag nicht in allen Situationen angebracht sein, aber wenn es passt, ist es unsere bevorzugte Methode, um Interviews, Meetings und Workshops zu beenden.

Vergewissern Sie sich am Ende, dass alle Beteiligten mit den Ergebnissen zufrieden sind. Ihre Stakeholder sollten das Gefühl haben, dass dies ein Gespräch war, das Fortschritte erzielt hat. Dass Sie die Informationen bekommen haben, die Sie brauchten. Geben Sie ihnen das Gefühl, dass sie einen wertvollen Beitrag zu Ihrem Vorhaben geleistet haben.

Stellen Sie Ergebnisse allen Teilnehmern zur Verfügung

Erfassen Sie die Konversation - zeichnen Sie sie auf, notieren Sie sie, geben Sie sie in Ihren Computer ein oder was auch immer. Teilen Sie dann die Resultate entweder am Ende mit allen Teilnehmern oder lassen Sie sie wissen, wann sie mit den Ergebnissen rechnen können.

Informieren Sie die Person oder Gruppe darüber, was Sie aus dem Gespräch gelernt haben. Informieren Sie Ihre Gesprächspartner, dass die erzielten Resultate Teil der offiziellen Aufzeichnung sein werden, d.h. sie werden Teil des Product Backlogs (User Stories, Epics, etc.), der Feature-Liste oder einem anderen Anforderungsdokument, je nachdem, welchen Ansatz Ihr Unternehmen verfolgt.

Die Teilnehmer brauchen eine Möglichkeit, sich Ihre Ergebnisse anzusehen und sich selbst und Ihnen gegenüber zu bestätigen, dass alles so ist, wie sie es gemeint haben. Erlauben Sie ihnen, Änderungen vorzunehmen, wenn sie das Gefühl haben, dass etwas nicht stimmt.

Tipps für E-Mails und Chats

Angesichts der globalen Reichweite vieler Organisationen oder der geografischen Verteilung eines Unternehmens innerhalb eines Landes sind persönliche Gespräche (online oder in Person) nicht das einzige Kommunikationsmittel. E-Mail, Chat und IM sind in der Geschäftswelt weit verbreitet.

Eine Konversation per E-Mail oder Chat kann oft ein praktischer Ansatz sein, um Informationen für Ihre User Stories, Features oder andere Anforderungen zu sammeln. Wenn Sie sich einer Deadline nähern, können E-Mail und Messaging ein idealer Ansatz für Multitasking sein. Außerdem sind sie sehr nützlich, um Fragen zu bestätigen und zu klären.

Es gibt jedoch einiges, auf das man achten muss. Missverständnisse in diesen Formaten sind noch häufiger als in persönlichen Gesprächen. Es folgen einige Tipps, die wir in der Vergangenheit erfolgreich angewendet haben.

1. Beschreiben Sie Ihr Ziel

Bevor Sie Fragen stellen (speziell offene Fragen, die eine längere Antwort erlauben), lassen Sie den Empfänger wissen, was Sie benötigen. Worum geht es in dieser E-Mail oder diesem Chat?

Drücken Sie Ihre Ziele in der Betreffzeile aus, wenn Sie E-Mail verwenden. Die meisten Leute schauen bei einem Stapel von E-Mails zuerst auf die Betreffzeile. Falls das ihre Aufmerksamkeit nicht erregt, überspringen sie vielleicht einfach Ihre E-Mail und gehen zur nächsten weiter.

2. Informieren Sie die Person über Ihre Rolle

Ermöglichen Sie Ihren Stakeholdern, Ihre Rolle schnell zu verstehen. Sie müssen wissen:

- → Wer Sie sind
- → Warum Sie diese Informationen brauchen
- → Warum Sie berechtigt sind, diese Fragen zu stellen
- → Warum man Ihnen die Antworten anvertrauen kann
- → Warum der Stakeholder die Zeit nehmen sollten, zu antworten

3. Halten Sie Ihre Fragen klar und kurz

Alle Fragen sollten klar und prägnant sein. Wir verwenden gerne Beispiele, die zeigen, welche Art von Antwort wir erwarten. Wenn Sie sie zum Beispiel nach einer User Story fragen, würde eine Frage wie „Was sind Ihre User Stories?" wahrscheinlich keine guten Resultate erzielen. Wenn Sie jedoch ein Beispiel dafür anführen, wie eine User Story aussieht und was genau Sie von ihnen brauchen, erhöhen sich Ihre Chancen, etwas Nützliches zu erhalten, drastisch.

4. Begrenzen Sie die Anzahl der Fragen

Halten Sie die Anzahl der Fragen zwischen fünf und neun, wenn Sie möchten, dass sie schnell (oder überhaupt) beantwortet werden. Wenn Sie den Empfängern eine riesige Liste mit Fragen vorlegen, müssen diese einen großen Teil ihrer Zeit einplanen. Und wer hat in der heutigen Welt den Luxus von Zeit? Die meisten Menschen können jedoch die Zeit finden, ein paar Fragen zu beantworten. Machen Sie ihnen die Beantwortung so einfach wie möglich, indem Sie die Fragen nummerieren und Platz für die Antworten zur Verfügung stellen.

5. Enden Sie mit einem passenden Schlusssatz

Wir empfehlen als letzte Frage etwas wie: „Fällt Ihnen etwas ein, was ich vergessen habe zu fragen?". Geben Sie ihnen Gelegenheit, ihre Antworten zu vertiefen und über die Themen zu sprechen, die sie für wichtig halten.

Bevor Sie den Chat oder die E-Mail beenden, geben Sie ihnen ein Datum, an dem Sie die Antwort benötigen. Wenn Sie bis zu diesem Termin keine Antwort von Ihrem Stakeholder erhalten, senden Sie eine Follow-up-Erinnerung. Sollten Sie danach keine Antwort erhalten, treffen Sie Annahmen und teilen Sie diese dem Stakeholder mit.

Abschließend sollten Sie nicht vergessen, dem Empfänger im Voraus zu danken. Lassen Sie ihn wissen, dass Sie seine Zeit schätzen, um das Projekt auf Kurs zu halten. Das kleine Wort „Danke" kann einen großen Unterschied machen und sehr motivierend sein.

Sobald Sie eine Antwort erhalten haben, können Sie mit weiteren Fragen nachfolgen. Sie sollten alle Konzepte, die wir vorhin über effektive Konversationen erwähnt haben, auch auf Ihre E-Mail- und Messaging-Diskussionen anwenden.

III. Agile Anforderungsanalyse und Backlog-Refinement

Wie bereits erwähnt, wird in der heutigen schlanken und agilen Umgebung die Anforderungsanalyse je nach Bedarf durchgeführt, z.B. während des Backlog-Refinement (Backlog-Grooming), um das nächste Release zu planen oder um Entwickler während eines Sprints zu unterstützen.

„Agil" oder „Lean" eliminiert nicht die Notwendigkeit einer soliden Analyse. Im Vergleich zur traditionellen Entwicklung ändert sich jedoch bei modernen Entwicklungsansätzen erheblich, wann und in welchem Detaillierungsgrad die Analyse durchgeführt wird. Es spielt keine Rolle, ob Sie konventionelle oder agile Methoden verwenden, Initiativen für digitale Lösungen werden scheitern, wenn das technische Team die wahren geschäftlichen Bedürfnisse des Unternehmens nicht versteht.

Traditionell ist die Anforderungsanalyse der Zuständigkeitsbereich eines Requirements Engineers. In Lean/Agile Ansätzen ist es bis heute nicht eindeutig wer diese Rolle im Agile Team übernimmt. Als Moderatoren und Unternehmensberater haben wir viele unterschiedliche Konstellationen und Rollenverteilungen in verschiedenen Unternehmen erlebt.

Zum Glück spielt es keine Rolle wer die Anforderungen oder User Stories analysiert (Product Owner, Business Analyst, Requirements Engineer, Facharbeiter, SME, Project Manager oder sogar das gesamte Agile Team), sie alle benötigen Analysetechniken wie die, die wir in diesem Kapitel behandeln werden.

Das Einzige, worauf es ankommt, ist dass die Software Engineers und alle Stakeholder einer User Story oder Anforderung diese eindeutig verstehen bevor sie programmiert wird. Das technische Team, um die

Lösung korrekt zu entwickeln und die Stakeholder, um beurteilen zu können, ob die Lösung ihren Erwartungen entspricht.

Backlog Refinement (Backlog Verfeinerung)

Wir haben User Story Discovery bzw. Anforderungserhebung in einem früheren Kapitel behandelt. Dabei wurden Anforderungen, Features, User Stories und Epics identifiziert und dem Backlog hinzugefügt. Diese „rohen" User Stories sind in schlanken und agilen Umgebungen ausreichend detailliert, um das Product Backlog zu „säen" (füllen) oder eine Feature-Liste zu erstellen.

In Übereinstimmung mit den Lean-Prinzipien ist es Zeit-verschwendung, diese rohen User Stories zu analysieren und zu perfektionieren, während Sie sie erfassen. Sie können nicht wissen, ob sie jemals implementiert werden. Aus diesem Grund liegen die Anforderungserhebung und die Anforderungsanalyse in modernen Entwicklungsansätzen in der Regel zeitlich weit auseinander.

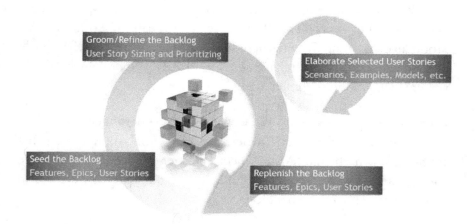

In bestimmten Zeitintervallen muss ein Product Owner die User Stories während des Backlog Grooming verfeinern, um sie richtig priorisieren zu können. Wie Sie Akzeptanzkriterien und Test Szenarios für die nächste Iteration erstellen und definieren, erfahren Sie im nächsten Kapitel.

In diesem Kapitel konzentrieren wir uns auf die Analyse von User Stories oder anderen textuellen Anforderungen. Das Ergebnis sind User Stories und Features, die für das nächste Release oder den nächsten Sprint bereit sind. Dieses Buch behandelt nicht die Anforderungsanalyse mit visuellen Darstellungen wie Prozess- und Datenmodellen, da dies Sonderfälle sind, die separat behandelt werden sollten (und ein anderes Buch erfordern).

In diesem Kapitel behandelte Themen

In diesem Kapitel werden wir zuerst den Zeitpunkt der Anforderungserhebung und -analyse in einer schlanken und agilen Umgebung untersuchen. Wir werden die Agile Methode „Scrum" verwenden, um das Timing aufzuzeigen. Sie lernen die Entstehung einer schlanken Anforderung vom Product Backlog bis zum Sprint, in dem die Entwickler die Anforderungen oder User Stories programmieren.

Wir werden Ihnen ein weiteres wichtiges Konzept der Lean/Agil-Anforderungsdefinition vorstellen, nämlich die „Just in Time (JIT)"-Kommunikation. Vorbei sind die Zeiten, in denen wir eine Flut von Low-Level-Lösungsanforderungen oder Spezifikationen lieferten, die veraltet waren, sobald wir sie lieferten. JIT-Anforderungsdefinition eliminiert Verschwendung und erhöht die Software-Qualität.

Bei der Anforderungsanalyse liegt der Schwerpunkt darauf sicherzustellen, dass User Stories, Features oder andere Textanforderungen klar, korrekt, konsistent, vollständig, eindeutig, überprüfbar und auf dem Detaillierungsgrad sind, den die Entwickler für die Codierung der Lösung benötigen.

Sie werden verschiedene Techniken lernen, um Mehrdeutigkeit und Subjektivität aus Ihren User Stories und Features zu eliminieren. Dies wird das Entwicklungsteam stärken, das RICHTIGE Produkt oder die RICHTIGE digitale Lösung für das Unternehmen zu liefern. Darüber hinaus wird es die Gespräche mit dem technischen oder Agile Team verkürzen und allen Beteiligten Zeit und andere Ressourcen sparen.

Im INVEST-Modell haben wir gelernt, dass User Stories klein sein müssen, was bedeutet, dass große User Stories zerlegt werden müssen. Dieser Prozess ist als User Story Splitting bekannt. Jede User Story muss klein genug sein, damit Entwickler sie während der laufenden Iteration abschließen können, aber sie muss der Benutzergemeinschaft dennoch einen Mehrwert bieten. Das macht das User Story Splitting zu einer großen Herausforderung. Um diese Aufgabe zu erleichtern, werden wir 5 Techniken des User Story Splittings vorstellen, die sich für uns am besten bewährt haben.

Während der Sprintplanung benötigen die Entwickler oder das Agile Team erheblich mehr Details, um ein gegenseitiges Verständnis zu gewährleisten. Dies ist der richtige Zeitpunkt für Entwickler, Tester und die Business Community, um bevorstehende User Stories weiter zu analysieren und Anforderungsspezifikationen zu definieren, d.h. um sicherzustellen, dass sie für die Programmierung bereit sind.

Ob die Business-Community, der Business-Analyst oder der Product Owner an dieser Phase beteiligt sind, hängt von der Erfahrung des technischen Teams und den Standards der Organisation ab. Diese Techniken haben wir für die Leser bereitgestellt, die an der Definition der technischen Spezifikation beteiligt sind.

Zu guter Letzt stellen wir eine Technik zur Erstellung nichtfunktionaler Anforderungen (Non-Functional Requirements – NFR) vor. Da fehlende und missverstandene NFR allzu oft die Ursache für das Scheitern von Produkten und Projekten sind, halten wir diese Technik für unerlässlich.

Timing der Analyse in einem typischen agilen Lebenszyklus

Klassischer Software-Lebenszyklus

Ein traditioneller Softwareentwicklungs-Lebenszyklus (z.B. Wasserfall) ist eine lineare und sequenzielle Entwicklungsmethode mit strikten Phasen, wie z.B. Anforderungsanalyse, Lösungsdesign, Umsetzung, Test und Implementation. Sobald eine Phase abgeschlossen ist, folgt der nächste Entwicklungsschritt und die Resultate der vorherigen Phase fließen in die nächste Phase mit ein.

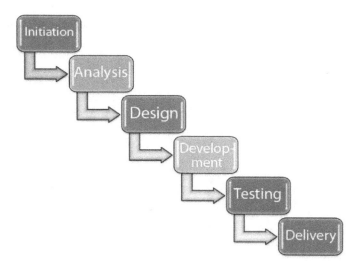

In der ersten Phase der Anforderungserhebung geht es darum, Anforderungen zu sammeln und in einem Lasten- oder Pflichtenheft zu dokumentieren. In der Anforderungsanalyse werden dann ALLE Anforderungen, die für dieses Projekt entwickelt werden müssen, strukturiert und ausgearbeitet.

Da alle Anforderungen zu Beginn des Projekts definiert werden, ist der Aufwand für die Änderung einer User Story oder Anforderung enorm und, wenn sich das Projekt bereits in der Programmierphase befindet, oft gar nicht möglich.

Lean / Agile Software-Lebenszyklus

Software-Lifecycles in agilen und schlanken oder Lean Methoden hingegen sind eine Reihe von Prinzipien, die Flexibilität, Anpassungsfähigkeit, Kommunikation und nahezu fehlerfrei funktionierende Software ermöglichen. In Agile finden Sie zwei wichtige Konzepte – inkrementell und iterativ.

Inkrementelle Produktentwicklung bedeutet, etwas Stück für Stück aufzubauen, so wie man ein Bild durch die Fertigstellung eines Puzzles erzeugt. Bei einer inkrementellen Entwicklungsmethode wird Software in Einzelteilen (Releases) entwickelt und geliefert.

Iterative Produktentwicklung bedeutet, etwas durch sukzessive Verfeinerungen aufzubauen, ausgehend von einem „Minimum Viable Product" (kleinstes realisierbares Produkt) auch MVP genannt.

Ein MVP hat ausreichende Features, um das Interesse von begeisterungsfähigen Kunden zu wecken und deren grundlegende Anforderungen zu erfüllen. Das Produkt muss allerdings so brauchbar sein, dass es einen praktischen Nutzen liefert. Es wird dann durch Kundenfeedback verfeinert.

Unabhängig vom Softwareentwicklungs-Lebenszyklus ist die Analyse der Geschäftsanforderungen oder -bedürfnisse (Business Analyse oder Business Needs Analysis), entscheidend für den Erfolg oder Misserfolg eines digitalen Produkts oder Softwareprojekts.

Wie bereits erwähnt, werden in einer traditionellen Entwicklungsumgebung wie Waterfall die Anforderungen zu Beginn eines Projekts für den gesamten Projektumfang (Scope) definiert. Dies gilt nicht mehr für agile Ansätze. **Da die agile Entwicklung iterativ und inkrementell ist, muss auch die Ermittlung und Analyse von Anforderungen inkrementell und iterativ erfolgen.**

Um diesen Punkt zu veranschaulichen, werden wir beschreiben, wie die Analyse der Geschäftsanforderungen in einen agilen Lebenszyklus passt. Da es bei Lean und Agile jedoch um Flexibilität, Anpassungsfähigkeit und weniger Verschwendung geht, gibt es viele verschiedene Lebenszyklus-Implementierungen weltweit. Um den zeitlichen Ablauf von Analyse-Aktivitäten in einem agilen Lebenszyklus zu erklären, verwenden wir die agile Methode „Scrum".

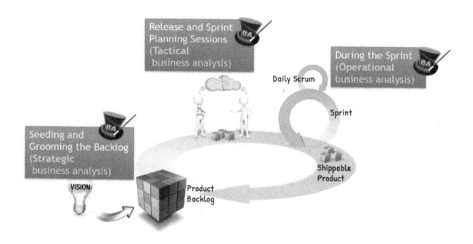

Just in Time (JIT) vs. Just in Case (JIC)

Bei schlanken Ansätzen wie Kanban gibt es zwei wichtige Konzepte, die wir definieren müssen. Sie sind Just-in-Time (JIT) und Just-in-Case (JIC).

Lean oder Schlank ist nicht nur ein Softwareentwicklungskonzept; es wird in vielen verschiedenen Bereichen wie Lean Manufacturing und Lean Start-ups eingesetzt. Das Schlüsselkonzept hinter Lean ist,

---

„Verschwenden Sie nicht Zeit, Geld und Energie mit Dingen, die sich später als unnötig oder völlig nutzlos erweisen werden.

Tun Sie Dinge nicht zu früh, denn wenn sich die Welt verändert, könnten sie sich als irrelevant erweisen."

Just-in-Time (JIT) erlaubt die Verfügbarkeit von Ressourcen zu optimieren. In der Fertigungsbranche bedeutet JIT zum Beispiel, dass wir ein Teil produzieren oder bauen, wenn jemand es bestellt oder benötigt. Wir produzieren keine Betonsteine, bis jemand ein Haus baut. Das ist das Just-in-Time-Konzept. In der Lean-Philosophie werden alle Arbeiten bis zum „letzten verantwortlichen Moment" aufgeschoben.

Just-in-Case (JIC) sagt, dass wir genügend Betonblöcke vorrätig haben werden, so dass die Bauarbeiter ihre Arbeit erledigen können, ohne warten zu müssen (was ihre Zeit verschwenden würde). JIC kann Ressourcenverschwendung mit sich bringen, wenn es nicht gut geplant und gewissenhaft verwaltet wird.

In einer schlanken oder agilen Software-Umgebung müssen Sie die JIC-Arbeitslast minimieren, aber dennoch planen, dass Entwickler bei Bedarf User Stories zur Verfügung haben. Auf der anderen Seite wollen Sie keine Ressourcen verschwenden, indem Sie Details zu User

Stories und Anforderungen definieren, die möglicherweise nie implementiert werden.

Die Wasserfallmethode wendet das JIC-Konzept auf breiter Basis an. In dieser Methode werden alle Anforderungen bis hinunter zu den Systemspezifikationen definiert bevor die Entwicklung beginnt also bevor eine Zeile Code geschrieben wird. Es gibt immer noch einige Projekte, in denen dieses Vorgehensmodell erforderlich ist, aber sie sind selten. Die meisten Software-Initiativen profitieren von einem agilen und schlanken Entwicklungsprozess, der die geschäftliche Agilität steigert.

Just-in-Time-Analyse für User Stories

Was ist der letzte mögliche Zeitpunkt für die Anforderungsanalyse? In agilen Methoden wie Scrum werden detaillierte User Stories mit Akzeptanzkriterien und Testszenarien bzw. Anforderungs-**spezifikationen** so spät als möglich erstellt. Meistens erfolgt dies während der Release- und Sprintplanung. Zu diesem Zeitpunkt benötigen die Entwickler ein klares Verständnis der Anforderungen auf Lösungsebene (d.h. funktionale und nicht-funktionale Anforderungen).

Das Entwicklungsteam wendet zusammen mit dem Business Analyst, dem Product Owner, dem Requirements Engineer und den Fachexperten zusätzliche Anforderungserhebungs- und Analysetechniken an, um diesen Detaillierungsgrad zu erreichen. Später in diesem Kapitel lernen Sie Analysetechniken zur Erstellung von Anforderungen auf Lösungsebene (Solution Requirements oder Spezifikationen).

Just-in-Time-Anforderungsanalyse bedeutet, dass Sie dem Entwicklungsteam nicht mehr als ein oder zwei Releases mit detaillierten User Stories oder Spezifikationen voraus sind. Als Product Owner oder, wie wir diese Rolle gerne nennen, derjenige, der den Business Analyse-Hut trägt, müssen Sie die Business- und Stakeholder-

Anforderungen (d.h. User Stories und Epics) für die nächsten 1-2 Releases analysieren und priorisieren.

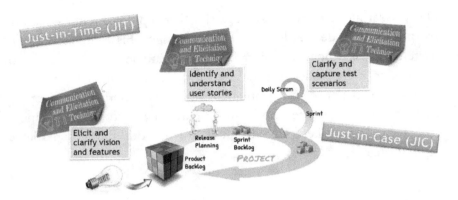

Analysieren Sie nur die User Stories im Backlog, die für den nächsten Release (mehr dazu später) benötigt werden so dass das agile Team weiß, welche User Stories oder Feature(s) im nächsten Sprint entwickelt werden müssen. Wie bereits erwähnt wird dieser Prozess Product-Backlog-Verfeinerung (Refinement) oder -Grooming genannt und liegt normalerweise in der Verantwortung des Product Owners.

Alle Mitglieder des Agile-Teams sowie die Mitglieder des Business-Teams sollten mit Techniken der Anforderungsanalyse vertraut sein.

Da wir dieses Buch in erster Linie für Vertreter der Business-Community geschrieben haben, stellen wir Ihnen Release und Sprint-Planung nur kurz vor, um Ihnen eine Vorstellung davon zu geben, was sie sind.

Release-Planung

In Scrum wird das Design und die Programmierung von Software in Releases und Sprints unterteilt. Das Ziel eines Release ist es, dem Kunden verschiedene Sets von nutzbaren Features oder Funktionalitäten zu liefern. Ein Release hat eine vorgegebene Länge, typischerweise einen Zeitrahmen von drei bis sechs Monaten, aber dies kann von einer Organisation zur nächsten variieren.

Viele Organisationen haben ihre eigenen Regeln, was die Freigabe ihrer Produkte an Kunden betrifft. Einige entscheiden sich dafür, die neue Funktionalität jedes Sprints freizugeben; andere fassen die Ergebnisse mehrerer Sprints in einem Release zusammen. In Continuous-Deployment- oder Continuous-Delivery-Umgebungen wird meistens jedes Feature freigegeben, sobald es fertiggestellt ist.

Wie wir bereits erwähnt haben, ist ein Lean/Agile-Teammitglied (in Scrum der Product Owner) für das Management der Erwartungen von Kunden, Anwendern und anderen Stakeholdern verantwortlich. Diese Person entscheidet, was entwickelt wird, wann es entwickelt wird und in welcher Reihenfolge. Als Product Owner benötigen Sie eine Release-Strategie und einen Release-Plan.

Während der Release-Planung ist der Product Owner für die geschäftliche Seite verantwortlich und arbeitet mit dem technischen

Team, das aus Entwicklern und Testern besteht, zusammen, um aus dem Product Backlog die Items zu extrahieren, von denen das Team glaubt, sie in einem Zeitrahmen von 3 bis 6 Monaten abschließen zu können (oder was auch immer die Organisation für den richtigen Zeitrahmen hält).

Die treibende Kraft ist in diesem Fall der Product Owner, der die Stakeholder Anforderungen (meistens in Form von User Stories) den Entwicklern präsentiert und mit ihnen verhandelt, was in dem vorgegebenen Zeitrahmen machbar ist. Im Falle von Scrum sind sowohl der Product Owner, die Entwickler als auch die Tester Teil des Agilen Teams.

Gemeinsam dekomponieren sie Epics, bewerten, analysieren und splitten (zerlegen) User Stories, um sie in diesen Release Plan einzupassen. Sie legen auch fest, wie sie die Validierung einer User Story vornehmen werden. In Scrum wird dies mit den „Akzeptanzkriterien" für User Stories erreicht, die die erfolgreichen Resultate einer User Story beschreiben.

User Stories oder Features, die für eine kommende Version ausgewählt wurden, werden im Release Backlog gespeichert, das lediglich eine Liste aller Aufgaben für dieses Release enthält. Es ist wie eine umfassende und vollständige To-Do-Liste. Wenn die Release-Planung abgeschlossen ist, ist das Agile-Team für den nächsten Sprint bereit.

Sprint-Planung

Ein Sprint ist üblicherweise eine Zeitspanne von zwei bis vier Wochen, in der ein potenziell freisetzbares Produktinkrement erstellt wird. In der Sprintplanung entscheidet das Scrum-Team, was innerhalb dieser Zeit erreicht werden kann. Ein neuer Sprint startet unmittelbar nach Abschluss des vorherigen Sprints. Ein Sprint liefert funktionierende Software, ein Release liefert eine Version des Produkts, die an Kunden versendet wird.

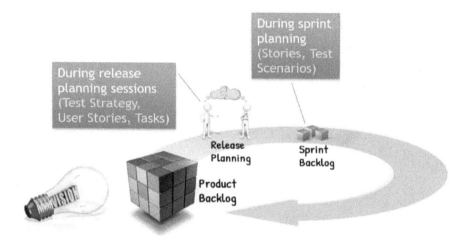

Das agile Team beginnt in der Regel mit einem Sprint-Planungsmeeting, in der die technischen Teams (Entwickler und Tester) User Stories aus dem Release Backlog auswählen, die sie in einem Sprint erledigen können. Die ausgewählten User Stories oder Features werden dann in das Sprint-Backlog übertragen. Die Sprint-Planung ähnelt der Release-Planung; der Unterschied liegt im Detail.

Da die User Stories aus dem Sprint-Backlog sich auf einem zu hohen Detaillierungsgrad befinden, werden die Entwickler zusammen mit dem Product Owner und der Business-Community diese User Stories oder Stakeholder-Anforderungen analysieren und die notwendigen Details erstellen, um den Aufwand abschätzen zu können. Dies ist nicht unbedingt der Detaillierungsgrad, den Programmierer benötigen, um Code zu schreiben.

Um zu verstehen, was die Endbenutzer erwarten, führen die Entwickler während eines Sprints bei Bedarf weitere Gespräche mit den Business-Teams, um einige Stories zu klären und die Akzeptanz-Kriterien zu erweitern.

Organisationen, die einen ATDD oder BDD Ansatz verfolgen, erstellen möglicherweise bereits Szenarien, Szenario-Gliederungen und Beispiele oder sie warten mit dieser Aufgabe, bis der erste Sprint begonnen hat. Damit sollen Entwickler und Endbenutzer in die Lage versetzt werden, nachzuweisen, dass die Anwendung das liefert, was die Business-Community benötigt.

Aktivitäten während des Sprints

Während eines Sprints arbeiten die Entwickler, der Product Owner und/oder der Stakeholder zusammen an einer oder mehreren User Stories. Häufig ist daran auch ein Business Analyst beteiligt der allerdings kein Mitglied des Agile-Teams, sondern Teil des Kunden- oder Business-Side-Teams ist.

In der Regel erfasst, analysiert, dokumentiert und validiert ein Business Analyst (BA) oder ein Requirements Engineer (RE) Business-, Stakeholder- und Solution-Anforderungen. Dies erfordert ein tiefes Verständnis des Unternehmens und seiner Kunden. Die Fähigkeit, die verschiedenen Perspektiven der Stakeholder zu analysieren, beinhaltet das Moderieren der Verhandlungen zwischen den Stakeholdern und dem Entwicklungsteam, um festzulegen, was entwickelt werden soll.

In den Anfängen der agilen Bewegung behaupteten „wahre Agilisten", dass die Rolle des BA nie wieder benötigt werde. Immer mehr Unternehmen erkennen jedoch, dass sie in ihren Lean- oder Agile-Teams jemanden mit Business Analyse-Fähigkeiten benötigen.

Um dieses Problem zu lösen, gibt es in den meisten Organisationen, mit denen wir zusammenarbeiten, für jedes Agile Team mindestens eine Person mit Kompetenzen in Business-Problemanalyse, Anforderungserhebung und -Analyse. Dies kann ein Fachexperte mit dem Titel Business Analyst oder, wie wir gerne sagen, „jemand, der den Business-Analyse-Hut trägt" sein. Es kann auch ein Product Owner, ein Projektmanager, ein Subject Matter Expert (SME) oder ein Endbenutzer mit BA- Kompetenzen sein, um nur einige zu nennen. Wir haben das Buch, das Sie gerade lesen, für genau diese Zielgruppe geschrieben.

Jeden Morgen beginnt das Agile-Team mit einem täglichen Scrum, bei dem jedes Mitglied etwa 15 Minuten Zeit hat, um zu berichten, was es gestern getan hat und mit welchen Hindernissen es konfrontiert war.

In der agilen Terminologie ist ein Hindernis alles, was einen Entwickler daran hindert, eine Arbeit in einem bestimmten Zeitrahmen zu erledigen. Es ist die Aufgabe des Product Owners, alle Hindernisse zu beseitigen. Wenn es keine sofortige Lösung gibt, gehen die Entwickler zur nächsten User Story über, bis das Hindernis beseitigt ist.

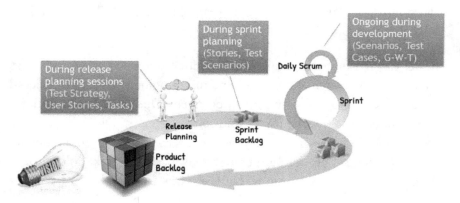

Genau wie in einer Release Planungssitzung arbeitet das gesamte Team während des täglichen Scrum zusammen, um sicherzustellen, dass sie jede User Story vor der Kodierung klar verstehen.

Dies könnte zusätzliche Business-Analysetechniken wie Prozess-Analyse, Datenmodellierung, Timing-Analyse, Story Decomp / Feature Drill-down und viele andere beinhalten. Falls noch nicht geschehen, erstellt das Agile Team in Zusammenarbeit mit der Business Community und dem Product Owner GEGEBEN-WENN-DANN-Szenarien, Szenario-Gliederungen und Beispiele, um nach-zuweisen, dass die Features und User Stories korrekt implementiert sind.

Dies war ein Blick aus der Vogelperspektive auf die Planung von Releases und Sprints in einer schlanken und agilen Welt. Als Business Analyst brauchen Sie nicht mehr über diese Aktivitäten zu wissen, außer wann Sie welche Analysetechniken anwenden sollten.

Lean/Agile Business-Analyse

Das war ein Beispiel für das Timing der Anforderungsanalyse in schlanken und agilen Umgebungen. Unabhängig davon, ob Sie glauben, dass die Business-Analyse in Lean/Agile-Methoden nicht mehr benötigt wird oder nicht, ihre Analyseergebnisse sind immer noch notwendig, auch wenn wir dem gesamten Prozess einen anderen Namen geben. In agilen oder schlanken Umgebungen müssen Sie immer noch entscheiden, ob Sie Ressourcen für die Lösung eines bestimmten Problems einsetzen oder eine Opportunität nutzen wollen.

Historisch gesehen war die strategische Business-Analyse in einer Wasserfallumgebung die Vorarbeit zu Beginn eines Projekts oder einer Initiative. Das Ergebnis der strategischen Business-Analyse bestand manchmal darin, das Projekt zu annullieren, zu anderen Zeiten darin, es in mehrere Projekte aufzuteilen. Auf jeden Fall wurden high-level Business- und Stakeholder-Anforderungen erstellt.

Bei schlanken/agilen Ansätzen benötigen Sie immer noch die **Ergebnisse** der strategischen Business-Analyse, die in Form von User Stories, High-Level-Features oder einfachen Textanforderungen vorliegen können. Diese werden Ihr Product Backlog füllen.

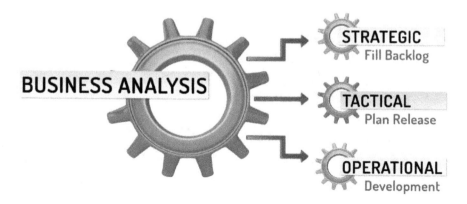

Auf der nächsten Detailebene haben wir die taktische Business-Analyse. Während der Backlog-Verfeinerung, der Release-Planung und der Sprint-Planung werden die User Stories und andere Anforderungen auf eine niedrigere Detailebene verfeinert. Einige Organisationen gehen eine weitere Ebene hinunter bis zur operativen Business-Analyse. Das sind dann technische Details, die normalerweise nur Entwickler interessieren. Diese Ebene wird oft auch als Systemanalyse bezeichnet.

Reduzierung von Ambiguität zur Beschleunigung der Release-Planung

Eine einheitliche Auslegung der User Stories innerhalb des Teams ist entscheidend für ihre erfolgreiche Umsetzung. Jeder, vom Autor der User Story über die Business-Community und das technische Team bis hin zu den Testern, muss mit allen Aspekten der Story einverstanden sein. Jede Zweideutigkeit und/oder Subjektivität in einer User Story gefährdet dieses Verständnis.

Mehrdeutigkeit (Ambiguität) und Subjektivität sind der Hauptgrund für das Scheitern von IT-Initiativen. Die meisten Missverständnisse darüber, was das Produkt tun sollte, werden durch mehrdeutige und/oder subjektive User Stories verursacht. Wie kann man Mehrdeutigkeit und Subjektivität erkennen und was kann man tun, um sie zu reduzieren, bevor sie kostspielig werden?

Mit traditionellen Entwicklungsmethoden wie „Wasserfall" versuchten wir zu Beginn des Projekts so viel Mehrdeutigkeit und Subjektivität wie möglich aus allen Anforderungen zu entfernen. Infolgedessen wurden ohnehin knappe Ressourcen zusätzlich verschwendet.

In einigen Publikationen wird behauptet, dass allein der Umstieg auf schlanke und agile Softwareentwicklung die meisten Mehrdeutigkeiten aufgrund der kurzen Iterationen von 2 bis 4 Wochen beseitigt. Unserer Erfahrung nach trifft dies nicht zu. Darüber hinaus glauben wir nicht, dass User Stories absichtlich mehrdeutig sein sollten, damit sie verhandelbar bleiben. Es gibt andere Wege, dieses Ziel viel einfacher und besser zu erreichen.

Wie wir bereits erwähnt haben, sollten Sie keine Zeit damit verschwenden, Ambiguität und Subjektivität zu klären, während Sie ein Product Backlog füllen oder eine Feature Liste erstellen. Zu diesem Zeitpunkt haben Sie keine Ahnung, ob diese User Stories es jemals in ein zukünftiges Release schaffen werden. Mehrdeutigkeit zu diesem Zeitpunkt zu klären, würde gegen die Lean-Prinzipien verstoßen.

Es spart jedoch viel Zeit bei Konversationen mit den Agile- und Business-Teams, wenn in Ihren User Stories möglichst wenig Mehrdeutigkeit und Subjektivität vorhanden ist.

Der richtige Zeitpunkt, um Unklarheiten und Subjektivität zu reduzieren oder sogar zu eliminieren ist, wenn Sie User Stories für die nächste Iteration vorbereiten oder auch während der Release- und Sprint-Planung.

Stellen Sie sich vor, der Product Owner würde zusammen mit einigen Fachexperten oder Endbenutzern zweideutige User Stories bereinigen, während sie diese für die nächste Iteration vorbereiten. Das Ergebnis? Das Entwicklungsteam würde keine Zeit damit vergeuden, mehrdeutige Wörter und Sätze zu verstehen. Das wäre LEAN!

Wer braucht schon Klarheit?

Wir könnten sagen: „Eine User Story muss für alle Zielgruppen klar sein", aber diese Formulierung an sich ist mehrdeutig. Was ist Klarheit und wer ist das Zielpublikum?

Klarheit ist ein gegenseitiges Verständnis oder die einheitliche Auslegung einer User Story, eines Features, eines Szenarios oder einer Stakeholder Anforderung. Es ist schwierig, Übereinstimmung zu erreichen, weil bei der Anforderungserhebung Menschen beteiligt sind - viele Menschen und jeder mit seiner eigenen Wahrnehmung und Perspektive. Sie alle sind Stakeholder einer User Story und wie wir bereits erwähnt haben, sind Stakeholder mehr als nur Endbenutzer.

Das Erstellen von User Stories ist nichts für schwache Nerven. Die Übereinstimmungen, die Sie zwischen so vielen verschiedenen Stakeholdern und Gruppen erzielen müssen, sind oft überwältigend. Lassen Sie uns einen Blick auf die Vielfalt von Stakeholdern werfen, die eine Einigung erzielen müssen.

Sie und die User-Community

Zuerst müssen **Sie** und **alle Endbenutzer** mit der Bedeutung einer User Story übereinstimmen. Es liegt in Ihrer Verantwortung sicherzustellen, dass sich alle Anwender einig sind, was sie brauchen und wollen.

Sie müssen auch herausfinden, wie die Benutzergemeinschaft wissen kann, dass die implementierte User Story alles korrekt macht. Dazu müssen End-User sich auf Akzeptanzkriterien und/oder Szenarien einigen.

Sie und die Entwickler

Wenn Sie das Produkt in-house entwickeln, müssen **Sie** dann ein gegenseitiges Verständnis mit den **Entwicklern** erreichen. Diese sind oft nicht mit der Terminologie der Geschäftswelt vertraut. Der

Business Analyst muss sicherstellen, dass die Entwickler und die Fachexperten dasselbe meinen mit einer User Story oder einem Szenario, damit sie genau das liefern können, was die Benutzer wollen.

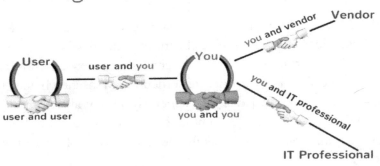

Clarity = <u>Common</u> Understanding and Agreement between:

Sie und externe Anbieter

Noch komplexer wird es, wenn Sie die Softwareentwicklung auslagern. **Sie** fügen einen weiteren Stakeholder hinzu. Der **Anbieter** muss nun auch dasselbe Verständnis teilen. Und natürlich wird das Leben ein wenig schlüpfrig, wenn die Muttersprache Ihres Anbieters nicht Englisch ist (z.B., wenn Sie nach Indien outsourcen).

Um in dieser Situation ein gegenseitiges Verständnis zu erreichen, ist größte Klarheit und Eindeutigkeit erforderlich. Ausländische Anbieter verstehen möglicherweise keine feinen Nuancen in einer Sprache. Sie müssen also sicherstellen, dass jedes Wort, jeder Begriff, jede Phrase in der User Story oder dem Szenario von Anfang bis Ende zu einem gegenseitigen Verständnis beiträgt.

Ambiguität und Subjektivität nähren Missverständnisse

Die Herausforderungen, auf die wir mit der Erstellung effektiver Anforderungen stoßen, sind ein Nährboden für gescheiterte digitale Lösungen. Mit unseren Beispielen haben wir nur an der Oberfläche gekratzt, wenn es um die verschiedenen Arten von Stakeholdern geht. Es gibt noch viel mehr und alle sprechen „ihre eigene Sprache". Die Kommunikation zwischen einer so vielfältigen Anzahl von Menschen ist eine spürbare Herausforderung, und Klarheit ist unsere einzige Waffe.

Wir sollten alles tun, was wir können, um das gegenseitige Einvernehmen von User Stories, Features, Szenarien und anderer Anforderungskommunikationen zu verbessern. Aber nicht vergessen!

Sie sollten nur User Stories oder Anforderungen klären, die im nächsten Release entwickelt werden.

Jetzt ist die nächste Frage - wie kann man also Mehrdeutigkeit und Subjektivität erkennen? Zunächst müssen wir den Unterschied zwischen den beiden verstehen.

Was sind Ambiguität und Subjektivität?

Ambiguität

Ambiguität oder Mehrdeutigkeit in User Stories ermöglicht, die Story auf mehrere Arten zu interpretieren. Dadurch kann man nie sicher sein was die ursprünglich beabsichtigte Bedeutung war.

Für Autoren von User Stories ist es schwierig, Mehrdeutigkeiten zu erkennen, weil sie einen Kontext vor Augen haben. Die Mehrdeutigkeit in einer Anforderung oder User Story ist oft nur für Stakeholder erkennbar, die den Kontext **nicht** kennen.

> *Eine der besten Möglichkeiten,*
> *Mehrdeutigkeit aus Ihren User Stories zu eliminieren,*
> *ist das Hinzufügen von Kontext.*

Zum Beispiel kann der Satz „I saw her duck" auf mehrere Arten interpretiert werden. Er kann bedeuten, dass Sie gesehen haben, wie sie (her) sich unter etwas geduckt hat, oder dass Sie ihr Haustier, die Ente (a „duck"), gesehen haben, oder dass auf sie (her) geschossen wird und sie sich duckt, um sicherzustellen, dass der Schuss sie verfehlt? Was ist hier wirklich gemeint? Ohne Kontext haben Sie keine Möglichkeit, die richtige Antwort zu finden.

I saw her duck!

Da es sich bei diesem Buch um eine Übersetzung handelt, haben wir uns an das englische Beispiel gehalten. Das Prinzip der Ambiguität gilt jedoch für jede Sprache und Sie können bestimmt Ihre eigenen deutschen Beispiele finden.

Subjektivität

Subjektivität hingegen besagt, dass die Bedeutung der Worte je nach individueller Lebenserfahrung unterschiedlich interpretiert werden kann.

Wie Sie auf diesem Bild sehen können, sehen alle drei denselben Baum. Die erste Person sieht nur den **Baum**. Die zweite Person denkt jedoch an **Obstbäume** und vielleicht sogar daran, wie großartig ein Apfel jetzt gerade schmecken würde. Die letzte Person sieht den Baum als **Investitionsmöglichkeit**. Sie könnte einen Gartenbaubetrieb planen. Wie Sie sehen, kann es zu Missverständnissen kommen, wenn Sie hier keine Beispiele hinzufügen.

Der beste Weg, Subjektivität zu eliminieren, sind konkrete Beispiele. Beispiele sind eines der wirkungsvollsten Mittel, um die Bedeutung Ihrer User Stories zu verdeutlichen. Als Szenarien und Beispiele ausgedrückte Akzeptanzkriterien für User Stories sind überaus populär geworden. Sie liefern konkrete Beispiele für die Ergebnisse einer User Story, bevor eine Codierung erfolgt.

Nehmen wir zum Beispiel diesen Satz:

„Die zunehmende Abhängigkeit von Krediten als Teil des Finanzhilfepakets gefährdet den zukünftigen Erfolg der heutigen Studenten."

Die Formulierungen „zunehmende Abhängigkeit", „zukünftiger Erfolg" und „Gefährdung" drücken alle die Meinung des Autors aus und sind subjektiv.

Fügen Sie dieses Beispiel hinzu:

„Laut einem Artikel der New York Times aus dem Jahr 2013 verließen 60 Prozent der Studenten, die 2011-2012 das College abschlossen, die Schule mit Schulden; die durchschnittliche Höhe der Schulden betrug 26.500 Dollar pro Student."

Und die Subjektivität des ursprünglichen Satzes wird geklärt.

Mehrdeutigkeit aufdecken und eliminieren

In der Systementwicklung gibt es Leute, die der Meinung sind, dass in einer schlanken Umgebung User Stories mehrdeutig sein müssen, weil Mehrdeutigkeit es ermöglicht, das User Story-Gespräch mit den Entwicklern flexibel zu gestalten. Einige Autoren gehen sogar so weit zu sagen, dass User Stories absichtlich mehrdeutig und absichtlich unvollständig sein sollten, damit das Agile Team während des Sprints alles diskutieren, klären und herausfinden kann.

Wie wir mehrfach erwähnt haben, verfolgen die Autoren eine andere Philosophie. Es liegt auf der Hand, dass Sie in schlanken und agilen Umgebungen keine Zeit damit verschwenden sollten, Mehrdeutigkeit und Subjektivität aus User Stories zu eliminieren, die möglicherweise nie umgesetzt werden.

Um jedoch zu vermeiden, dass während der Release-Planung oder während des Sprints Zeit verschwendet wird (insbesondere die Zeit des gesamten Agile Teams), sollten Sie vermeidliche Unklarheiten und Subjektivität beseitigen, wenn Sie sie für die nächste Iteration vorbereiten; spätestens jedoch, kurz bevor die Entwickler mit dem Codieren beginnen. Das ist, unserer Meinung nach, was Agile und schlanke Ansätze mit „Last Responsible Moment" meinen.

Vorhin haben wir erwähnt, dass Sie Mehrdeutigkeit mit zusätzlichem Kontext eliminieren können, während Sie Subjektivität durch konkrete Beispiele beseitigen können. Da sich die Subjektivität am besten mit Beispielen auflösen lässt, werden wir dies im Kapitel über Akzeptanztests mit Szenarien, Szenario-Gliederungen und Beispielen ausführlich behandeln.

Im weiteren Verlauf dieses Kapitels zeigen wir Ihnen einfache Techniken zur Vermeidung von Mehrdeutigkeit oder Ambiguität in Ihren User Stories.

Verwendung von Pronomen

Ein Pronomen ersetzt Personen oder Gegenstände („ich, „du", „er", „sie", „es"). Die missbräuchliche Verwendung von Pronomen ist eine der Ursachen für Mehrdeutigkeiten. Pronomen können bei jeder Art von Anforderung Kopfschmerzen verursachen, unabhängig davon, ob es sich um eine User Story, ein Feature, ein Szenario, ein Beispiel, eine Spezifikation oder eine Business Rule handelt. Wenn Sie ein Wort wie „es" oder „sie" verwenden, sollte es bei einem Stakeholder keine Verwirrung darüber geben, was Sie meinen.

Zum Beispiel,

Versicherungsanträge sollten von Underwritern innerhalb von 3 Werktagen bearbeitet werden, sonst werden sie zurückgeschickt.

Worauf bezieht sich das Pronomen „sie"? Bezieht es sich auf den Antragsteller? Bezieht es sich auf die Underwriter? Es ist nicht klar, was zu diesem Zeitpunkt zurückgeleitet wird. Die Änderung der Business Rules lautet,

---

Versicherungsanträge sollten von Underwritern innerhalb von 3 Werktagen bearbeitet werden, sonst werden die Anträge zurückgeschickt.

Sie haben die Mehrdeutigkeit reduziert. Verwenden Sie Pronomen sparsam, um keine Mehrdeutigkeiten in User Stories einzuführen. Eine User Story sollte nur eine mögliche Interpretation haben.

Generalverben und Substantive

Es gibt jedoch immer noch eine gewisse Mehrdeutigkeit in unserer Business Rules. Wie steht es mit dem Wort „verarbeitet"? Es gibt viele verschiedene Bedeutungen, die das Wort „verarbeitet" haben kann. Jeder Stakeholder kann eine mit generischen Verben oder Substantiven ausgedrückte User Story unterschiedlich interpretieren.

Betrachtet man nur einige der Synonyme des Verbs „verarbeiten", so kann es bedeuten: vorbereiten, umwandeln, behandeln, managen, handeln, verfeinern, nachdenken, verdauen, argumentieren, um nur einige zu nennen. Können Sie sich vorstellen, wie viele verschiedene Interpretationen Sie erhalten, wenn Sie „verarbeiten" in Ihrer User Story verwenden?

Eine der besten Möglichkeiten, diese Falle zu vermeiden, ist die Verwendung „starker" Verben. „Schwache" Verben sind allgemein und gelten für viele Sachlagen. Starke Verben sind präzise und gelten für begrenzte Umstände.

Zum Beispiel können wir die Mehrdeutigkeit in unserem vorherigen Beispiel weiter reduzieren, indem wir das Wort „verarbeitet" ersetzen. Wenn Underwriter einen Antrag „bearbeiten", nehmen sie ihn entweder an oder lehnen ihn ab. Um die Mehrdeutigkeit in dieser Business Rules noch weiter zu reduzieren, könnten Sie sie also neu formulieren,

---

Versicherungsanträge die von Underwritern innerhalb von 3 Werktagen weder angenommen noch abgelehnt werden, werden zurückgeschickt.

Seien Sie konkret! Vermeiden Sie Verben oder Substantive, die vom Leser falsch interpretiert werden können.

Manchmal werden Sie feststellen, dass sich hinter einem allgemeinen Wort in einer Story eine Epic oder eine größere User Story verbirgt. Wir werden dieses Thema im nächsten Abschnitt untersuchen, wenn wir über das Splitting von User Stories mit generischen Wörtern sprechen.

Kontext und Informationen hinzufügen

Wir haben den Kontext bereits mehrmals erwähnt, aber wir werden noch einmal kurz darauf eingehen, weil das Hinzufügen von Kontext einer der einfachsten Methoden ist Mehrdeutigkeit zu beseitigen.

Wenn Sie das Format User Story verwenden, ist das Hinzufügen von Kontext so einfach wie das Befolgen der Strukturrichtlinien für gute User Stories. Wenn Ihre Story eine Rolle hat (**Als Rolle**), und sie einen Business Value hat (**um dieses Ziel zu erreichen**), hat sie bereits viel Kontext. Rolle und Business Value tragen wesentlich dazu bei, Mehrdeutigkeit zu reduzieren.

Darüber hinaus fügen die Akzeptanzkriterien oder Testszenarien für eine User Story noch mehr Kontext hinzu. Die Verifizierung und das Testen von User Stories werden wir im nächsten Kapitel dieses Buches ausführlich behandeln.

Was ist, wenn Ihr Unternehmen Anforderungen in Satzform oder nur in Stichpunkten formuliert? Es ist völlig in Ordnung, Features in Satzform zu schreiben. Möglicherweise fehlen Ihnen jedoch die Rolle und der Geschäftswert. Für die Klarheit des Features wird es entscheidend, mehr Kontext hinzuzufügen, um Mehrdeutigkeit so weit wie möglich zu reduzieren.

Spezifität sorgt für mehr Klarheit

Eine präzisere Beschreibung eines Geschäftsbedarfs verringert auch die Mehrdeutigkeit. Zum Beispiel:

Versicherungsanträge die von Underwritern innerhalb von 3 Werktagen weder angenommen noch abgelehnt werden, werden zurückgeschickt.

Der Begriff „3 Werktage" kann mehrdeutig sein, es sei denn, Sie haben eine Business-Rule, eine Glossar-Definition oder verwenden einen für Ihre Organisation definierten Standardbegriff.

Angenommen, Sie haben nirgendwo eine Definition für „3 Werktage", dann müssen Sie Ihrer User Story einige klärende Informationen hinzufügen. Wenn Sie sagen würden:

Versicherungsanträge, die von den Underwritern bei Geschäftsschluss am 3. Werktag nach Erhalt weder angenommen noch abgelehnt werden, werden zurückgesandt.

Wir haben dreimal mit derselben Anforderung gearbeitet, und jedes Mal haben wir mehrdeutige Begriffe eliminiert. Dies könnte ewig so weitergehen, was allerdings gegen die Lean-Prinzipien verstoßen würde.

Wenn Sie eine gewisse Mehrdeutigkeit in einer User Story reduzieren, ersparen Sie sich und dem Rest des agilen Teams viel Zeit bei der Release- und Sprintplanung oder bei Kanban-Replenishment- oder

Commitment-Meetings. Streben Sie hier nicht nach Perfektion, sondern beseitigen Sie einfach so viel Mehrdeutigkeit wie möglich.

Undefinierte Akronyme

Und schließlich: Akronyme! Sie ersparen uns eine Menge Zeit. Sie passen definitiv zum Lean-Konzept. Akronyme sind eine phänomenale Idee. Sie können jedoch auch sehr schnell zu falschen Interpretationen führen. Wenn Sie ein Akronym verwenden, möchten Sie sicherstellen, dass das Akronym im Kontext der User Story nur eine einzige Bedeutung haben kann.

In den USA ist das Akronym FEMA ein wunderbares Beispiel. Wer in den USA eine Naturkatastrophe, wie z.B. einen Hurrikan erlebt (bereits 5-mal in unserem Leben), würde FEMA als Federal Emergency Management Agency interpretieren. Aber wenn Sie aus Indien sind, könnte FEMA auch der Foreign Exchange Management Act von 1999 sein. Wenn Sie ein Landwirt in den USA sind, dann könnte FEMA die Farm Equipment Manufacturers Association sein.

Federal Emergency Management Agency (US Government)

Facilities Equipment Maintenance Applications

Failure Effects & Mode Analysis

Farm Equipment Manufacturers Association

Federation of European Motorcyclists Association

Fire Equipment Manufacturers' Association, Inc.

Flavor and Extract Manufacturer's Association

Foreign Exchange Management Act (India)

Foreign Exchange Management Act, 1999 (India)

Wie Sie sehen, könnte das Akronym FEMA in vielerlei Hinsicht interpretiert werden, es sei denn, Sie wissen genau, dass es sich um einen nationalen Notstand in den Vereinigten Staaten, den Geldwechsel in Indien, die Landwirtschaft oder irgendeines der anderen Beispiele, die Sie oben sehen, handelt.

Die allgemeine Empfehlung lautet, jedes Akronym bei der ersten Verwendung zu erweitern, und es dann durchgehend weiter zu verwenden. Das funktioniert, wenn Sie mit traditionellen Anforderungsdokumenten zu tun haben. Wie können Sie jedoch in schlanken und agilen Umgebungen sicher sein, dass das Akronym FEMA von einem Release zum nächsten korrekt interpretiert wird?

Eine bessere Lösung für die Entwicklung von Lean und Agile ist es, alle Akronyme in einem Glossar zu erweitern. Eine noch bessere Lösung ist es, die Definition zu integrieren, indem Sie Rollovers, Popups oder Links für Ihre Akronyme verwenden. Wenn jemand wissen möchte, was ein Akronym bedeutet, kann er diese Information sofort erhalten.

Ein gemeinsames Verständnis fördern

Genauso wie es für einen Schriftsteller schwierig ist, sein eigenes Werk zu bearbeiten, kann es für den Autor einer User Story schwierig sein, Mehrdeutigkeit in seinen eigenen User Stories zu finden. Aus diesem Grund sollten andere Menschen unsere Stories daraufhin überprüfen, ob sie die beabsichtigte inhaltliche Aussage klar verstehen können.

Die verbleibenden Techniken zur Beseitigung von Mehrdeutigkeiten werden meist in traditionellen Entwicklungsumgebungen eingesetzt, aber wir sind der Meinung, dass sie ein wertvoller Beitrag zu Ihrer Trickkiste von Business Analyse Techniken sind, diese zu kennen. Sie wissen nie, wann Sie eine User Story erstellen müssen, wo Sie Schwierigkeiten haben, diese klar auszudrücken, und dann können diese Techniken nützlich sein.

Desk Checking

Eine einfache Technik zur Aufdeckung von Mehrdeutigkeiten ist das Desk-Checking. Obwohl das Konzept ursprünglich aus der Welt des Codierens stammt, kann es ein nützliches Werkzeug sein, um Mehrdeutigkeiten in User Stories, Features oder allem, was Sie geschrieben haben, aufzudecken.

Und so funktioniert es. Wenn Sie morgens eine User Story schreiben, lesen Sie sie am Nachmittag oder späten Abend noch einmal. Vielleicht interpretieren Sie sie anders. Wenn Sie sie am späten Nachmittag schreiben, warten Sie bis zum nächsten Morgen und lesen Sie sie, solange Sie noch gut ausgeruht sind.

Das erneute Lesen Ihrer Story an einem anderen Ort als dem, an dem Sie sie geschrieben haben, kann denselben Effekt haben. Wenn Sie sie am Arbeitsplatz geschrieben haben, lesen Sie sie auf Ihrer Heimfahrt (HAFTUNGSAUSSCHLUSS: nicht im Auto während der Fahrt, sondern nur wenn Sie mit Bus, Bahn oder Flugzeug unterwegs sind).

Sowohl der Standort als auch der Zeitablauf verändern die Wahrnehmung, die Sie nutzen können, um Mehrdeutigkeit zu reduzieren.

Peer Reviews und Revisionen

Peer Reviews sind ein weiteres großartiges Instrument, um Mehrdeutigkeit und insbesondere Subjektivität zu überprüfen. Geben Sie Ihre User Story einem anderen Stakeholder oder, falls Sie keinen finden, geben Sie sie einem Peer zum Lesen.

Finden Sie heraus, ob der Stakeholder oder Peer eine andere Interpretation hat als Sie. Diskutieren Sie über die Story oder das Feature und einigen Sie sich darauf, wie man es deutlicher machen kann. Wenn Sie sich einig sind, haben Sie eine viel bessere Chance, dass die Menschen in den Downstream-Bereichen es genauso verstehen werden.

Revision zur Beseitigung von Mehrdeutigkeit

Sie können sogar noch einen Schritt weiter gehen und einen Stakeholder oder einen Peer bitten, eine User Story mit ihren eigenen Worten neu zu schreiben. Dies ist eine hervorragende Technik zum Auffinden von Ambiguität und Subjektivität, die wir schon oft verwendet haben.

Leider kann dies zeitraubend sein. Um den Lean-Grundsätzen gerecht zu werden, sollten Sie es nur bei geschäftlichen Anforderungen einsetzen, die recht schwer zu kommunizieren sind. Zum Beispiel verwenden wir diese Technik gerne in User Story Discovery Workshops oder Replenishment Meetings, um komplexe Features oder außergewöhnlich große User Stories (Epics) zu definieren.

Die Person, die Ihre User Story oder Ihr Feature umschreibt, muss eine einfache Regel befolgen. Sie darf keines der Originalwörter verwenden, außer:

- ☑ Artikel (d.h. ein, einer, eines, der, die, das, usw.)
- ☑ Präpositionen (d.h. von, mit, für, usw.)
- ☑ Konjunktionen (d.h. und, oder, aber, usw.)

Dies zwingt zu kreativem Denken. Wenn das Wort „Kunde" verwendet wurde, kann es in der Neufassung nicht verwendet werden. Diese einfache Regel zwingt dazu, über ein Synonym oder eine Klärung des Begriffs „Kunde" im Zusammenhang mit dieser Story nachzudenken. Man könnte z.B. Wörter, wie „Käufer" oder „Abnehmer" beim Rewrite verwenden. Die neue Formulierung kann dazu führen, dass Sie überdenken, was Ihre User Story wirklich bedeutet.

Sie werden erstaunt sein, wie schnell Sie auf diese Weise Subjektivität in Ihren User Stories entdecken können. Wenn Sie ihre umgeschriebene Story oder ihr umgeschriebenes Feature lesen und Sie zustimmen, dass es Ihrer Interpretation entspricht - Fantastisch!

Das Rewrite wird Sie jedoch oft veranlassen, Ihre User Story in Frage zu stellen. Das ist ein Warnzeichen für Mehrdeutigkeit oder Subjektivität. Wir haben diese Technik in vielen Unternehmen eingesetzt. Um diesen Prozess zu veranschaulichen, teilen wir Ihnen eine dieser Erfahrungen mit.

Beispiel der Peer-Review oder Rewrite-Technik

Dies ist die ursprüngliche User Story, die wir auf der Grundlage eines Interviews mit dem Kunden geschrieben haben. Das Produkt war ein Reisebuchungssystem.

Als Telefonist kann ich in Spitzenzeiten mindestens 12 Reservierungen pro Stunde vornehmen, um die Wartezeiten für die Kunden zu verkürzen.

Wir gaben dies einer anderen Telefonistin und baten sie, es umzuschreiben. Dies ist das Rewrite:

Als Reservist bin ich in der Lage, während der verkehrsreichsten Zeit des Jahres mindestens ein Dutzend Anfragen für Reiseunterkünfte innerhalb von 60 Minuten zu bearbeiten, um die Anzahl der verlorenen Anrufe zu minimieren.

Klarstellung „Telefonist"

Wie Sie sehen können, hat sie den Begriff „Telefonist" in „Reservist" geändert. Da wir uns mit Reisereservierungen befassen, haben wir beschlossen, dass „Reservist" eigentlich ein viel besserer Begriff für diese Rolle ist, denn der „Telefonist" könnte jeder sein, der am Telefon antwortet, während „Reservist" jemand ist, der Reisen buchen kann.

Diese Neuformulierung war schon deshalb wertvoll, weil sie es uns ermöglichte, den richtigen Stakeholder für die Rolle der User Stories zu benennen.

Klarstellung „Spitzenzeiten"

Sie änderte den Satz „kann ich in Spitzenzeiten mindestens 12 Reservierungen pro Stunde vornehmen" in „bin ich in der Lage, während der verkehrsreichsten Zeit des Jahres mindestens ein Dutzend Anfragen für Reiseunterkünfte innerhalb von 60 Minuten zu bearbeiten".

Sie revidierte „pro Stunde" zu „innerhalb von 60 Minuten". In diesem Fall gab es keinen Unterschied zwischen einer Stunde und 60 Minuten. Was passiert jedoch, wenn die User Story für ein Terminplanungssystem ist?

Eine Stunde ist immer 60 Minuten, aber bedeutet die Angabe „pro Stunde", dass sie genau zu dieser Stunde beginnen muss, oder könnte es sich um ein beliebiges 60-Minuten-Intervall handeln (z.B. 8:00 bis 8:59 Uhr gegenüber 8:17 - 9:16 Uhr)? Wenn wir es mit einem Terminplanungsprodukt zu tun hätten, sollten wir vielleicht unsere User Story überdenken.

Die größte Offenbarung für uns war, dass sie „in Spitzenzeiten" mit „während der verkehrsreichsten Zeit des Jahres" revidierte. Unsere Bedeutung von „Spitzenzeiten" waren Abweichungen oder Unterschiede während des Tages. Der Gedanke, dass sich dies auf Jahreszeiten beziehen könnte, kam uns nicht in den Sinn. Aber beim Lesen der Neufassung machte es Sinn. Es wird viel mehr Reisende während der Ferienzeit, oder der Feiertage geben als zu anderen Zeiten. Nach weiteren Gesprächen mit Stakeholdern stellte sich heraus, dass „verkehrsreichsten Zeit des Jahres" das war, was sie wirklich meinten.

Klarstellung „Wartezeiten der Kunden"

Die letzte Neuformulierung betraf die Formulierung „um die Wartezeiten für die Kunden zu verkürzen". Es schien uns eine großartige Idee zu sein, über die Kundenperspektive nachzudenken. Aber in diesem Fall bestand der Business Value der Use Story darin, „verlorenen Anrufe zu minimieren". Die Organisation sah Gesprächsabbrüche als garantiert verlorenes Geschäft, während längere Wartezeiten einige Kunden frustrieren könnten, aber es handelt sich nicht unbedingt um Geschäftsverluste. Daher war die Neuformulierung die klarere User Stories.

Unterschiede der Menschen nutzen

Wenn Sie die Peer-Review oder Rewrite-Technik verwenden, finden Sie hier einige weitere Ideen, die sich in der Vergangenheit für uns bewährt haben. Für das Neuschreiben wählen Sie jemanden:

- ☑ mit abweichenden Ansichten,
- ☑ mit einem anderen Background als Ihrem, oder
- ☑ jemand vom anderen Geschlecht.

Wenn Sie Ihren besten Kumpel fragen, mit dem Sie viel gemeinsam haben, erhalten Sie mit dem Rewrite vielleicht nicht die Ergebnisse, die Sie brauchen.

Wenn Sie in Denkansätzen wie Meyers-Briggs oder ähnlichen Methoden geschult wurden, nutzen Sie dieses Wissen, um die richtigen Leute zu finden, die Sie um eine Neufassung bitten können. Sie werden wertvolleres Feedback von jemandem erhalten, der eine andere Art zu denken hat. Dies wird Ihnen ermöglichen, Diskrepanzen in Ihren User Stories und Features zu erkennen. Nutzen Sie die Tatsache, dass es unterschiedliche Denkstile gibt, um die Klarheit Ihrer User Stories und Features zu überprüfen.

Thomas and Angela Hathaway

Übung: Out-of-Box-Denken einsetzen, um Mehrdeutigkeit zu reduzieren

Diese Übung gibt Ihnen die Gelegenheit, die Peer-Review oder Rewrite-Technik auszuprobieren, um Mehrdeutigkeiten in Ihren User Stories, Features und Szenarien zu finden und zu reduzieren.

Anleitung:

Unten finden Sie zwei User Stories. Schreiben Sie sie um, ohne die Substantive, Verben, Adverbien oder Adjektive zu verwenden. Ihre Version sollte Ihrer Ansicht nach die gleiche Absicht wie das Original zum Ausdruck bringen.

User Story 1:

Als Passagier kann ich den Standort meines Gepäcks auf jedem Gerät, das mit dem Internet verbunden ist, einsehen.

User Story 2:

Um die Wartezeit am Terminal zu verkürzen, können Passagiere eine elektronische Bordkarte an jedes Gerät übermitteln, das unsere Scanner lesen können.

Feedback User Story 1: Wie würden Sie die Story umschreiben: „Als Passagier kann ich den Standort meines Gepäcks auf jedem Gerät, das mit dem Internet verbunden ist, einsehen."

Mögliches Rewrite: Als Reisender kann ich die physische Position meines aufgegebenen Reisegepäcks auf jedem elektronischen Device überprüfen, der auf das World Wide Web zugreift.

Feedback User Story 2: Wie würden Sie die Story umschreiben: "Um die Wartezeit am Terminal zu verkürzen, können Passagiere eine elektronische Bordkarte an jedes Gerät übermitteln, das unsere Scanner lesen können"

Mögliches Rewrite: Um die Dauer der Abfertigung für einen Flug zu minimieren, können Fluggäste die entsprechenden Unterlagen für den Zugang zum Flugzeug auf ein lesbares elektronisches Produkt übertragen lassen.

Techniken des User Story Splittings

Außergewöhnlich große User Stories sind auch als Epics bekannt. Unabhängig davon, ob die Story als Epic oder einfach als zu groß für ein einzelnes Release oder einen Sprint angesehen wird, müssen Sie sie in mehrere, kleinere User Stories aufteilen. Dieser Vorgang wird als User Story Splitting oder auch User Story Slicing bezeichnet. Sie können Stories auch aufteilen, während Sie das Backlog pflegen (Backlog Refinement) aber spätestens müssen sie in Vorbereitung auf einen Sprint aufgeteilt werden.

Die gewünschte Größe hängt ganz von Faktoren wie der Erfahrung, Größe und Velocity des agilen Teams sowie der Iterationsdauer ab. Im Idealfall sind User Stories in der Regel so groß, dass das Team während einer Iteration etwa 5 bis 10 Stories bearbeiten kann.

User Stories Splitting ist eine entscheidende Kompetenz für jedes Agile Team aber auch für Mitglieder der Business-Community. Um effektiv zu sein, sollte das Splitten von Stories eine Gemeinschaftsarbeit sein.

Es folgen einige einfache Techniken zum Splitten von User Stories. Das Ziel jeder vorgestellten Technik ist es, den kürzesten Weg zu finden, um für die Business-Community einen Business Value zu generieren.

Splitting zur Verringerung der Komplexität

Manchmal verbirgt sich hinter einer komplexen User Story eine einfache User Story, die einen erheblichen Business Value für das Unternehmen darstellen würde, wenn sie in einem einzigen Release geliefert werden könnte.

Wenn diese einfache Story herausgetrennt wird, können die komplexen Aspekte der Story dann in späteren Iterationen oder Releases hinzugefügt werden. Als Beispiel (und lediglich, um Ihre Aufmerksamkeit zu sichern), werden wir das zielorientierte User Story-Format verwenden.

Um das Knowledge Sharing zu verbessern, können Schulungsleiter die Teilnehmer dynamisch in Gruppen einteilen, so dass jede Gruppe über ein Gleichgewicht an Kompetenzen verfügt, die zur Durchführung jeder Übung erforderlich sind.

Könnten Sie die Story teilen, um zunächst die Hauptfunktion zu entwickeln und sie später mit anderen Stories zu ergänzen? Wie wäre es mit:

Um Übungen durchzuführen, können Schulungsleiter den Teilnehmer erlauben, in Gruppen zu arbeiten.

Das ist eine einfache User Story, die einen erheblichen Business Value liefert. Sobald diese Feature implementiert ist, könnten folgende Iterationen die restlichen User Stories liefern:

⇨ **Um ein Gleichgewicht zwischen den für die Durchführung** einer Übung erforderlichen Kompetenzen herzustellen, können die Schulungsleiter die Zusammensetzung der Gruppen dynamisch ändern.

⇨ Um die Lernerfahrung zu optimieren, können Schulungsleiter, die für die Durchführung jeder Übung erforderlichen Kompetenzen definieren.

⇨ Um effektive Teams zu bilden, können Schulungsleiter die Kompetenzen erfassen, über die jeder Teilnehmer verfügt.

⇨ Um effektive Teams aufzubauen, können die Schulungsleiter die Kompetenzen jedes Teilnehmers an die Kompetenzen abgleichen, die für die Durchführung der Übung erforderlich sind.

Das Aufdecken von Komplexitäten in User Stories und Epics wird oft als vertikales Splitting (Slicing) der User Story bezeichnet. Vertikale Zerlegungen sind die bevorzugte Methode in Lean und Agile zum Splitten von User Stories, die Geschäftsanforderungen beschreiben.

Horizontales Splitting (horizontal Slicing) unterteilt eine Story nach Entwicklungsaufgaben. Eine horizontal zerlegte Story liefert dem Endkunden in der Regel keinen Wert. Entwickler verwenden das horizontale Splitting für technische User Stories, z.B. um die Architektur-Ebenen eines Systems (Datenbank, Netzwerk, Sicherheit, Interfaces, usw.) zu definieren. .

Einfache User Stories erhöhen das Verständnis

User Stories, die komplizierte Satzstruktur haben, verbergen oft unnötige Komplexität. Hier ist eine Lean-Technik, die Ihre Stories einfacher und gleichzeitig kleiner machen wird.

Sie können eine komplizierte Satzstruktur daran erkennen, dass der Satz Wörter, wie z.B., „wenn, und, aber, oder" enthält. Eine professionell geschriebene User Story vermeidet dieses Konstrukt.

Es gibt eine Ausnahme, und das ist das Wort „und". Es ist ein geläufiges Wort und hat eine Menge verschiedener Konnotationen. Es gibt Fälle, in denen die Verwendung des Wortes „und" in einer User Story **nicht** zu einem zu einem zusammengesetzten Satz führt und dann ist es akzeptabel.

Hier ist ein Beispiel für eine User Story:

Als Antragsteller kann ich zum Erfassungs-Screen navigieren, Personen- und Fahrzeugdaten eingeben und den Antrag online stellen, um Kfz-Versicherungsschutz zu beantragen.

Das erste „und" finden wir unter „Personen- **und** Fahrzeugdaten". Das ist zulässig, weil es sich um eine Liste handelt. Dann lesen wir „**und** den Antrag online stellen...". Diese Verwendung ist nicht in Ordnung, weil es sich hier um einen zusammengesetzten Satz also eine komplizierte Satzstruktur handelt.

Um daraus eine einfache User Story zu machen, schlagen wir vor, sie in mehrere Stories aufzuteilen. Eine User Story könnte sein,

---

Als Antragsteller kann ich zum Erfassungs-Screen navigieren, um Kfz-Versicherungsschutz zu beantragen.

Hier ist „um Kfz-Versicherungsschutz zu beantragen" der Business Value, den ein Antragsteller erhält, wenn er zum Erfassungs-Screen navigiert. Die zweite implizierte User Story ist:

Als Antragsteller kann ich persönliche und Fahrzeugdaten eingeben, um die Prämie zu berechnen.

Aufgrund der Eingabe von Personen- und Fahrzeugdaten erfährt der Antragsteller, wie viel die Versicherungsgesellschaft ihm für den Versicherungsschutz in Rechnung stellen würde. Und die dritte Geschichte ist:

Als Antragsteller kann ich online einen Antrag auf Kfz-Versicherungsschutz stellen.

Der Business Value für den Antragsteller besteht in diesem Fall darin, dass die Versicherungsgesellschaft erwägen kann, Ihnen die erforderliche Kfz-Versicherungsdeckung anzubieten.

As an applicant, I can navigate to the coverage screen, enter personal and vehicle data, and submit the application online to request automobile insurance coverage

Contains three distinct thoughts

As an applicant, I can navigate to the coverage screen to select the insurance coverage I need	As an applicant, I can enter personal and vehicle data to compare premiums	As an applicant, I can submit an application online to request automobile insurance coverage

Dies ist ein Beispiel dafür, wie man eine User Story einfacher machen kann, indem man sie splitted oder zerlegt. Auf diese Weise ist sie leichter verständlich und weniger interpretationsbedürftig.

Vermeiden Sie außerdem in Ihren User Stories die Verwendung qualifizierender Ausdrücke wie „außer", „mit Ausnahme", „es sei denn", oder „ohne". Wenn Sie diese Wörter sehen, ist das ein Zeichen dafür, dass diese Story möglicherweise zerlegt werden muss.

Zum Beispiel,

Als Underwriter kann ich eine Deckungsablehnung für einen Antragsteller außer Kraft setzen, um unseren Kundenstamm zu erweitern, es sei denn, die Ablehnung war auf einen schlechten Kredit zurückzuführen; in diesem Fall kann ich die Ablehnung bestätigen, um das finanzielle Risiko zu minimieren.

Das Wort „es sei denn" macht eine User Story sehr viel komplizierter. Dies ist ein idealer Kandidat für Splitting. Wenn Wörter wie „es sei denn" verwendet werden, ist es glücklicherweise einfach, die Story zu zerlegen. In diesem Fall gibt es zwei implizierte User Stories.

Als Underwriter kann ich eine Deckungsablehnung für einen Antragsteller außer Kraft setzen, um unseren Kundenstamm zu erweitern.

UND

Als Underwriter kann ich eine Deckungsablehnung für einen Antragsteller mit schlechtem Kredit bestätigen, um das finanzielle Risiko zu minimieren.

Wie Sie sehen können, hat das Erstellen von zwei User Stories zu einer wesentlichen Vereinfachung geführt. Darüber hinaus ist jede von ihnen jetzt so detailliert, dass ein Entwickler sie wahrscheinlich in ein paar Tagen programmieren könnte.

Bislang sind die Techniken des User Story Splittings recht einfach. Bevor wir komplexere Techniken zum Splitten oder Zerlegen von User Stories untersuchen, hier einige weitere „vereinfachte" oder „gesplittete" rollen- und zielorientierte Beispiele:

⇨ **Um Geld zu sparen, können Websitebesucher den günstigsten Flug auswählen, der ihren Reisebedürfnissen entspricht.**

⇨ **Als Websitebesucher kann ich mir alle verfügbaren Flüge, die meinen terminlichen Constraints entsprechen, anzeigen lassen, um den am besten geeigneten Flug auszuwählen.**

⇨ **Als Versicherungsnehmer kann ich die Kontostände aller meiner Policen einsehen, um meine finanziellen Verpflichtungen zu verwalten.**

⇨ **Zur Planung ihrer beruflichen Laufbahn können Studenten alle Klassen einsehen, die die notwendigen Schulungsthemen für die kommenden 6 Monate anbieten.**

Diese User Stories wären ein geeigneter Anfang für ein Gespräch zwischen dem Entwickler und dem Autor der Story.

Splitting basierend auf Datentypen

Manchmal wird die Komplexität in einer User Story durch die Vielfalt der Datentypen verursacht, um die es geht. Bei der Konzeption einer Anwendung, die Golfplatzprofis bei der Auswertung von Turnieren unterstützt, stießen wir zum Beispiel auf diese User Story:

**Als Organisator eines Golfturniers kann ich
die Scores (Spielerergebnisse) der Spieler berechnen,
um die Gewinne genau zu verteilen.**

Wenn man diese User Story als Außenstehender betrachtet, so hört es sich einfach an. Zuerst erfassen Sie die individuelle Loch-für-Loch-Punktzahl pro Spieler, dann summieren Sie sie, sortieren sie und berechnen, wie viel für jeden Platz zu zahlen ist.

Erst wenn Sie mehr über Golfturniere erfahren, werden Sie feststellen, dass es einige knifflige Variationen (Lochspiel, Stableford, Scramble, Best Ball, usw.) bei der Berechnung der Spielergebnisse gibt.

In seiner einfachsten Spielvariante, dem Lochspiel, ist der Score einfach die Anzahl der Schläge, die jeder Spieler benötigt, um den Golfball vom Abschlagplatz ins Loch zu befördern. In diesem Fall ist es genau so einfach, wie wir ursprünglich angenommen haben.

Aber selbst beim Lochspiel berechnen einige Golfturniere 2 Gewinner. Einen für die Bruttoergebnisse (Gesamtzahl der Schläge) und einen für die Nettoergebnisse (angepasst an die Vorgabe jedes einzelnen Spielers).

Brutto- und Nettoergebnisse sind zwei verschiedene Ergebnisse (oder Datenvariationen), die jeder Spieler am Ende eines Amateurturniers erhält. Die Berechnung von Bruttoergebnissen ist recht einfach. Komplexer wird es bei der Nettoberechnung, da hier die Vorgabe des

Spielers eine Rolle spielt. Nebenbei bemerkt, verdient die Berechnung der Vorlage eines Spielers eine eigene User Story (oder, realistischer, einen Epic), da sie aufgrund persönlicher Erfahrungen außerordentlich komplex ist.

Dieses Wissen könnte Sie dazu veranlassen, die User Story zu splitten in:

Als Organisator eines Golfturniers kann ich das Bruttoergebnis eines Spielers berechnen, um seine **Bruttoplatzierung** im Turnier zu ermitteln.

UND

Als Organisator eines Golfturniers kann ich das Nettoergebnis eines Spielers berechnen, um seine **Nettoplatzierung** im Turnier zu ermitteln.

In unserem Beispiel gehen wir davon aus, dass die Vorgaben der einzelnen Spieler bekannt sind, was bedeutet, dass deren Ermittlung außerhalb unseres Projekt-Scopes liegt.

Wir könnten diese Stories bei Bedarf durch weitere Datenvariationen splitten. Zum Beispiel bei der Stableford-Zählweise wird Ihre Vorgabe auf die einzelnen Löcher verteilt, bei Vorlage -18 sind das also ein Vorgabenschlag pro Loch.

Es gibt auch Team-Turniere, die auf den Punkten für ein 2-4 Spieler Team basieren, wobei diese aggregiert werden können oder nur die besten 1-3 Lochergebnisse verwendet werden. Matchplay ist ein Format, bei dem es nur darauf ankommt, wer an jedem Loch die niedrigste Punktzahl hat. Und es gibt noch viele andere.

Jedes Scoring-System und jedes Turnierformat erfordert einen anderen Datenalgorithmus für die Berechnung der Turniersieger. Das macht die Splittung einfach. Jeder der verschiedenen Datenalgorithmen zur Ermittlung der Gewinner führt zu einer neuen User Story.

Diese Arten von Datenvariationen sind häufig anzutreffen. Wenn die User Story zu umfangreich ist (d.h. in einem einzigen Sprint nicht mehr machbar ist), splitten Sie sie, damit das Agile Team eine einfache Version liefern kann, und erstellen Sie dann neue User Stories für die anderen Punkte- oder Scoring-Systeme.

Splitting anhand Business Rules

Die Umsetzung von Business Rules kann sich als schwierig erweisen, insbesondere wenn es mehrere Regeln für eine bestimmte Sachlage gibt, die miteinander in Konflikt stehen können. Die Implementierung einer User Story, die alle Regeln korrekt durchsetzt, kann enorm sein. Betrachten Sie zum Beispiel die User Story:

Um die Zahl der Anmeldungen zu unseren Online-Kursen zu erhöhen, gewähren wir Veteranen einen Rabatt von 30 %, Studenten aus Florida einen Rabatt von 20 %, Studenten von außerhalb des Bundesstaates Florida einen Rabatt von 10 % und ausländischen Austauschstudenten einen Rabatt von 5 %.

Schon ein flüchtiger Blick auf diese Story zeigt, dass es mehrere unterschiedliche Business Rules gibt, die ändern, wie viel wir einem neuen Schüler für einen Kurs berechnen. Das macht die User Story ziemlich verwirrend und komplex. Es verbirgt sich jedoch eine einfache User Story darin, nämlich:

Um die Zahl der Anmeldungen für Online-Kurse zu erhöhen, können Rabatte eingeräumt werden.

Angenommen, das Agile-Team könnte diese Story in einem einzigen Release implementieren, könnten Sie später die User Stories hinzufügen,

> **Um Veteranen zur Anmeldung zu unseren Kursen zu motivieren, wird ein Veteranenrabatt gewährt.**

> **UND**

> **Um die Zahl der Registrierungen innerhalb eines Bundesstaates zu erhöhen, gibt es einen Sonderrabatt.**

Und so weiter. Die verschiedenen Rabattbeträge können im Business Rules Repository angepasst werden.

Sie haben jetzt mehrere Business Rules, die potenziell miteinander interferieren könnten. Zum Beispiel, basierend auf der ursprünglichen User Story, wie hoch ist der Rabatt für einen Veteran aus Florida, 30%, 20%, 50% (30% + 20%) oder 44% ((X * .30) * .20)? Sie benötigen eine neue User Story, in der erklärt wird, wie die Business Rules angewendet werden sollen, z.B.:

> **Um eine einheitliche Rabattpolitik zu gewährleisten, erhalten neue Studenten den höchsten Rabatt, der ihnen zusteht.**

Splitting mit Hilfe von Workflows

Das Splitting einer User Story oder eines Epic nach Schritten in einem Arbeitsablauf ist sehr beliebt, aber es kann schwierig sein, sie gut zu splitten. Es ist nicht sinnvoll, jeden Schritt des Arbeitsablaufs zu einer User Story zu machen, **es sei denn, der Schritt bietet einen Wert für den Endbenutzer.**

Um eine User Story anhand des Workflows zu splitten, müssen Sie die geringste Anzahl von Workflow-Schritten finden, die einen Business Value schaffen. Sie können die verbleibenden Schritte des Workflows in zukünftige Releases oder Sprints verschieben. Für einfache Workflows reicht eine als „Sequence of Events" (Reihenfolge der Ereignisse) bekannte Technik aus. Für komplexere Epics sollten Sie ein detailliertes Workflow Diagramm entwickeln.

Sequence of Events Splitting

Dies ist eine unserer bevorzugten Techniken und so funktioniert sie:

Bitten Sie Ihre Endbenutzer, die Aktivitäten im Geschäftsumfeld zu beschreiben, die mit dieser User Story behandelt werden sollen. Sagen Sie ihnen, dass es keine Rolle spielt, ob die Schritte sequenziell sind oder nicht, Sie möchten sie alle hören.

Als Veranstaltungs-Manager
kann ich alle Facilities online arrangieren,
um die Veranstaltung optimal zu gestalten.

Unser Stakeholder könnte den Arbeitsablauf wie folgt beschreiben:

„Ich muss alle Vorkehrungen für Konzerte von populären Künstlern treffen. Das beginnt damit, dass ich mit den Künstlern Kontakt aufnehme, um ihre Wünsche für den Veranstaltungsort und die Termine zu erfahren. Sobald ich ihre Anforderungen kenne, kontaktiere ich alle Veranstaltungsorte, die den Anforderungen der Künstler entsprechen, wähle den am besten geeigneten Ort aus, buche den Veranstaltungsort für die geplanten Termine, richte die Veranstaltung auf EventBrite ein, um Tickets zu verkaufen, und überwache den Ticketverkauf, um eine maximale Besucherzahl zu gewährleisten.“

Diese Erklärung zeigt die folgenden Arbeitsschritte auf:

1. Kontaktiere Performer (Künstler)
2. Erfasse Anforderungen an den Veranstaltungsort der Darsteller
3. Recherchiere potenzielle Veranstaltungsorte
4. Vergleiche Verfügbarkeit, Kosten und Features von Veranstaltungsorten
5. Wähle den am besten geeigneten Veranstaltungsort
6. Terminiere die Veranstaltung
7. Füge den Event zu EventBrite hinzu
8. Überwache den Ticketverkauf

Man könnte für jeden Arbeitsschritt eine User Story erstellen und beurteilen, ob sie einen ausreichenden Wert für eine eigenständige Story bietet.

⇨ **Als Event-Manager kann ich von den Künstlern die Anforderungen an den jeweiligen Veranstaltungsort einholen, damit die von mir gebuchten Facilities für sie geeignet sind.**

⇨ Als Event-Manager kann ich alle Veranstaltungsorte kontaktieren, die den Anforderungen der Künstler entsprechen, so dass ich den besten auswählen kann, der während des geplanten Zeitrahmens verfügbar ist.

⇨ Als Event-Manager kann ich den ausgewählten Veranstaltungsort so terminieren, dass er für die Veranstaltung verfügbar ist.

⇨ Als Event-Manager kann ich eine Veranstaltung auf EventBrite erfassen, um Tickets zu verkaufen.

⇨ Als Event-Manager kann ich den Ticketverkauf auf EventBrite überwachen, um einen Überverkauf von Tickets zu vermeiden.

Wenn die Business-Community entscheidet, dass jede dieser User Stories Business Value liefert, dann würden die Stories eine sinnvolle Splittung ergeben. Nach der Implementierung aller Stories, wäre die ursprüngliche User Story vollständig. Jetzt müssen Sie nur noch gemeinsam mit der Business-Community Prioritäten für diese User Stories setzen.

Detailliertes Workflow Splitting

Manchmal müssen Sie tiefer in den Arbeitsablauf eintauchen, um User Stories zu entdecken, die in einer einzigen Iteration geliefert werden können. Wie wir bereits erwähnt haben, lassen sich Workflows unter Umständen nur schwer aufteilen, da es schwierig ist, eine Workflow-Scheibe (Slice) zu erstellen, die dem Endbenutzer einen Mehrwert bietet.

Das Workflow-Splitting für außerordentlich komplexe User Stories erfordert Erfahrung in der Prozessmodellierung. Sie sollten wissen, wie man Aktivitäts- oder Swimlane-Diagramme, Datenflussdiagramme oder andere Formen von Prozessmodellen erstellt. Wenn Sie eine dieser Techniken kennen, finden Sie hier einen kurzen Überblick über das fortgeschrittene Workflow-Splitting.

Das Splitting von User Stories nach Workflow-Schritten ist ein 3-Teile-Prozess:

1. Erstellen Sie ein Prozess Modell, das den Arbeitsablauf definiert, um den Business Value der User Story zu erzielen, d.h. welche Arbeitsschritte erforderlich sind, um den Business Value der Story zu liefern.

2. Identifizieren Sie essenzielle Schritte (Main Flow) oder Arbeitsabläufe, d.h. Schritte, die in diesem Arbeitsablauf unter allen Umständen ausgeführt werden müssen, im Gegensatz zu denen, die nur manchmal benötigt werden (Fehler- und Ausnahme-Flows). Möglicherweise stellen Sie fest, dass die Bereitstellung der wesentlichen Arbeitsschritte den größten Teil des Mehrwerts liefert. Implementieren Sie die einfachste Version des Main Flow und planen für manuelle Eingriffe in Fehler- und Ausnahmesituationen.

3. Liefern Sie in dem kommenden Release nur diesen begrenzten Business Value oder Mehrwert (**essenzielle Schritte oder einfachster Ablauf**). Der Rest der Workflow-Schritte sind „Value-Added Operations", die Sie in zukünftigen Releases oder Sprints liefern werden.

Mithilfe von Workflow-Diagrammen können Sie den komplexesten Workflow als eine Reihe von Aktionen und Entscheidungen darstellen. Durch die Sichtbarkeit der Schritte und ihrer Beziehungen untereinander können Sie oft erkennen, welche Schritte einen intrinsischen Wert haben und welche Abhängigkeiten bestehen.

Im Einklang mit den Lean-Prinzipien schlagen wir **nicht** vor, ein ausgeklügeltes Geschäftsprozessmodell zu erstellen, das für immer aktuell gehalten werden muss. Was wir empfehlen, ist die Verwendung der einfachsten Modelle oder Diagramme, die die Aufgabe erfüllen.

Sie können zum Beispiel mit dem Product Owner, Fachexperten oder Autor der User Stories zusammenarbeiten, um ein schnelles Aktivitätsdiagramm auf einem Flipchart zu zeichnen. Die Visualisierung des Arbeitsablaufes durch das Diagramm führt häufig zu Fragen und Klärungen, die auf einfachere Lösungen schließen lassen. Das einfache Zeichnen von Kreisen um Prozesse und Funktionen, die essenziell sind und solche, die einen Wertzuwachs (Value-Add-On) darstellen, kann dazu beitragen, ein Epic auf eine Teilmenge von User Stories zu reduzieren.

Wenn die Datentransformation ein wichtiger Aspekt der User Stories ist, zeigt ein Datenflussdiagramm-Fragment oft einfachere Lösungsansätze auf, um Business Value zu liefern. Workflow-Analyse und Prozessmodellierung gehen weit über den Umfang dieses Buches hinaus.

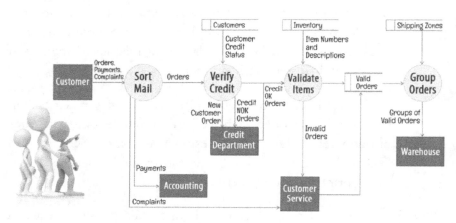

Wenn Sie daran interessiert sind, mehr zu erfahren, lesen Sie unser Buch: „Data Flow Diagrams - Simply Put! Process Modeling Techniques for Requirements Elicitation and Workflow Analysis" (erhältlich bei Amazon - English only for now).

Wenn Sie einen Online-Kurs bevorzugen, den gibt es unter demselben Namen auf Udemy.com allerdings auch nur in Englisch.

Splitting nach Use Case Paths

Wenn Sie mit Use Cases vertraut sind, ist eine der einfachsten Methoden eine User Story zu splitten, sie entlang der Use-Case-Abläufe aufzuteilen. Wenn Sie Use Cases zur Darstellung komplexer Interaktionen erstellt haben, ist jeder Ablauf (Path) in einem Use Case eine eigenständige Story.

Wenn Sie derzeit keine Use Cases haben, aber ein Epic oder eine übermäßig komplexe User Story splitten müssen, könnte die Ausarbeitung eines high-level Business Use Cases die beste Wahl sein.

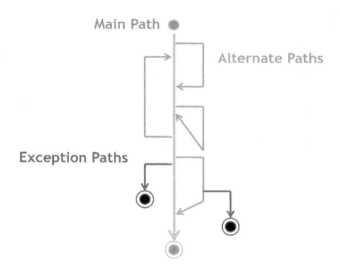

Erstellen Sie einen Use Case für das Epic oder die User Story und schreiben Sie dann eine User Story für den Standardablauf (Main Path) und je eine für den Alternativ- und den Ausnahme-Ablauf (Alternate and Exception Path). Wenn die Abläufe für die nächste Iteration zu groß sind und weiter aufgeteilt werden müssen, verwenden Sie die Workflow-Analyse, die wir in der Workflow-Splitting-Methode beschrieben haben.

Use-Case-Modellierung ist zu komplex, um im Rahmen dieses Buches vermittelt zu werden, aber wenn Sie oder Ihr Entwickler sich mit Lean

Use-Case-Modellierung auskennen, ist es eine großartige Technik zum Splitten von Epics oder komplexen User Stories.

Sie können lernen, wie man einen Use Case erstellt in unserem Online-Kurs: „**Lean / Agile Business Analysis: Writing BUSINESS Use Cases**" (https://bit.ly/lean-use-cases).

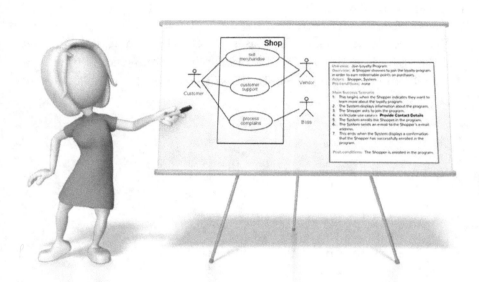

Anforderungsspezifikationen: Die Business-Perspektive

Während der laufenden Iteration muss eine User Story manchmal in Funktionen oder Functional Items (Solution Requirements in IIBA-Terminologie) zerlegt werden, damit sie kodiert werden kann. In Scrum bevorzugen beispielsweise viele agile Entwickler Sprint-Backlogs, bei denen User Stories in Funktionen unterteilt sind.

Um eine Softwarelösung zu entwickeln, die den definierten Anforderungen, User Stories oder Features entspricht, brauchen die Entwickler die Mithilfe des Fachbereich, um den richtigen Detaillierungsgrad zu erreichen und die besten Entscheidungen für das Systemdesign zu treffen.

Story Decomp oder Feature Drill-down ist eine Technik, die Requirements Engineers oder Systemanalysten in einer Wasserfall-Methodologie als Tool für Design-Entscheidungen verwenden. Zu Beginn des Projekts definieren sie funktionale und nicht-funktionale Anforderungen für den gesamten Umfang (Scope) des Projekts. Offensichtlich ist das Timing in einer schlanken Umgebung anders.

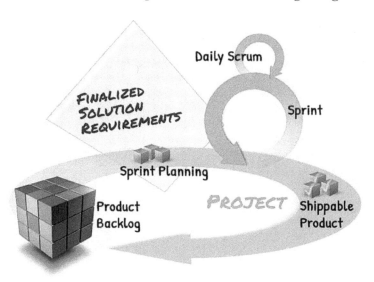

Schlanke Praktiken erfordern, dass Sie Designentscheidungen im letzten verantwortlichen Moment treffen, was bedeutet, dass Sie keine funktionalen Anforderungsspezifikationen für User Stories definieren sollten, die sich noch im Product Backlog befinden.

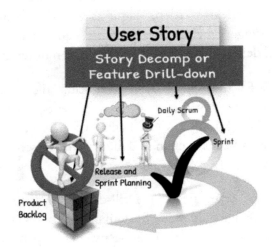

Solution Requirements
(Lösungsanforderungen)

Solution Requirements oder Lösungsanforderungen bieten den Detaillierungsgrad, den Entwickler beim Entwurf eines Produkt-Features benötigen. Aber was genau sind Lösungsanforderungen?

In der schlanken und agilen Welt umfasst eine Funktionsanforderung die Funktionen und zugehörigen Daten, die die Lösung bereitstellen wird. Qualitätsanforderungen definieren die Eigenschaften und Merkmale, die die digitale Lösung aufweisen soll. Constraints sind absolute Einschränkungen, Regeln, Gesetze, Vorschriften und Umweltfaktoren, die bei der Lösung berücksichtigt werden müssen.

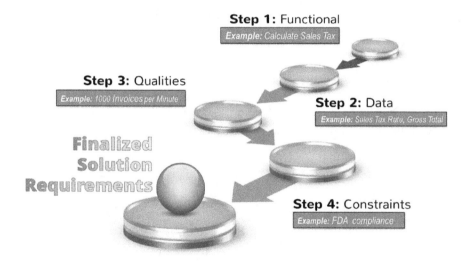

Der grundlegende Unterschied zwischen **Qualitätsanforderung** und **Constraints** besteht darin, was passiert, wenn sie nicht umgesetzt werden. Wenn eine Qualitätsanforderung nicht erfüllt wird, ist der Stakeholder mit der Lösung höchstwahrscheinlich unzufrieden. Wenn ein Constraint verletzt wird, kann die Lösung nicht umgesetzt werden. Aufgrund dieser Unterscheidung sollten Sie sich darauf konzentrieren, so viele Constraints wie möglich so früh wie möglich zu entdecken, um Korrekturen oder Fehlschläge zu vermeiden.

Funktionsanforderungen umfassen Funktionen und Daten

Der Ausgangspunkt für die Erstellung digitaler Lösungen liegt in der Festlegung, was die Software tun muss. Wenn Sie eine User Story in ihre funktionalen Komponenten zerlegen, können Sie herausfinden, welche Schritte oder Funktionen die Anwendung oder das Produkt ausführen muss, um die User Story zu ermöglichen.

Sobald Sie wissen, was das Produkt tun soll (Funktionen), sehen Sie sich die Daten an. Stellen Sie Fragen wie:

◈ Welche Daten benötigt die Anwendung, um zu funktionieren?
   Was ist der Input?

◈ Was ist das Resultat der Story?
   Was ist der Output?

Um diese Idee zu veranschaulichen, ist hier ein Beispiel für ein Feature „Bestellungen eingeben" mit seinen Ein- und Ausgaben.

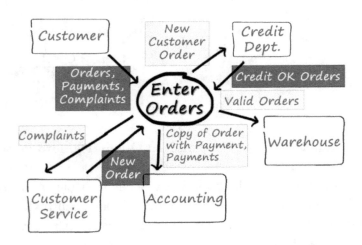

Sobald Sie die Funktionen und zugehörigen Daten einer User Story kennen, können Sie leicht Szenarien erstellen, die beweisen, dass die Story korrekt funktioniert. Wie das geht, zeigen wir Ihnen im Kapitel zur Identifizierung von Szenarien anhand von Funktions-anforderungen.

Funktionelle Dekomposition

Um dies zu veranschaulichen, werden wir eine zielorientierte User Story aus einer unserer Fallstudien als Beispiel verwenden:

„Um verantwortungsbewusste finanzielle Entscheidungen treffen zu können, benötigt der Chief Financial Officer (CFO) das projizierte Netto-Income (PNI) für den kommenden 12-Monatszeitraum."

Unser Ziel ist es, diese Story mittels Feature Drill-down/Decomp in ihre funktionalen und nicht-funktionalen Anforderungen zu zerlegen.

Wenn wir die Story lesen, dann erkennen wir, dass wir eine Funktion, die den PNI berechnet brauchen, weil der CFO ein projiziertes Netto-Income (PNI) benötigt. Diese Funktion benötigt das „projizierte Bruttoeinkommen" und die „projizierten Ausgaben" sowie das „heutige Datum", um den PNI für einen bestimmten Zeitrahmen zu berechnen. Darüber hinaus benötigt die Funktion einen User View, der dem CFO den PNI anzeigt.

F231: Berechnen des projizierten Nettoeinkommens oder PNI **(Funktion)**

D987: Projiziertes Bruttoeinkommen **(Data)**

D994: Projizierte Ausgaben (**Data**)

D011: Tagesdatum (**Data**)

U895: Cash-Prognose-Window (**User View**)

Der Ausdruck „für den kommenden 12-Monatszeitraum" bezieht sich auf eine Business Rule, bei der es sich um eine rollende 12-Monatsperiode handelt, was bedeutet, dass sie nicht vom 1. Januar bis 31. Dezember dauert. Sie beginnt an einem bestimmten Datum und projiziert ab diesem Datum 12 Monate in die Zukunft.

Es gibt auch eine Security-Anforderung, die wir ableiten können. Der Zugang zum PNI oder zu dieser Benutzerschnittstelle muss auf den Chief Financial Officer beschränkt sein. Bislang haben wir:[1]

F231: Berechnen des projizierten Nettoeinkommens oder PNI (**Funktion**)

D987: Projiziertes Bruttoeinkommen (**Data**)

D994: Projizierte Ausgaben (**Data**)

D011: Tagesdatum (**Data**)

U895: Cash-Prognose-Window (**User View**)

BR687: rollende 12-Monatsperiode (**NFR - Business Rule**)

S681: Zugriff auf CFO beschränken (**NFR – Security-Anforderung**)

...

Diese Liste ist offensichtlich unvollständig, da Sie viele andere Funktionsanforderungen und nicht-funktionale Anforderungen aus dieser User Story erstellen könnten. Unser Beispiel dient hier nur zur Veranschaulichung des Detaillierungsgrades, den viele Agile Entwicklungsteams (je nach Erfahrung) benötigen, um Code zu schreiben.

---

[1] Legend: F = Funktion, D = Data, U = User View, BR = Business Rule, S = Security

Funktionsanforderungen erfassen

Funktionen sind das Herz und die Seele jeder digitalen Lösung. Solange die Software nichts tut, hat sie keinen Wert. Sie können jede Funktionsanforderung in der Form „Objekt-Verb" benennen. Wenn Sie die Funktion auf diese Weise benennen, drückt der Name aus, was die Funktion tut, wie z.B.:

⇨ Umsatzsteuer berechnen
⇨ Bestellung überprüfen
⇨ Anrufer identifizieren

In einer User Story werden oft eindeutige Aussagen gemacht oder Funktionen impliziert. Zum Beispiel:

Um Fehler bei der Bestellungserfassung zu reduzieren, können Kunden nur Artikel auswählen, die auf Lager sind.

In dieser Story finden Sie abgeleitete und explizit genannte **Funktionen**:

⇨ Artikel auswählen (explizit angegeben)
⇨ Artikelbestand prüfen (abgeleitet)
⇨ Bestellten Artikel reservieren (abgeleitet)
⇨ Fehler bei der Bestellungserfassung verfolgen (abgeleitet)

Hier ist ein weiteres Beispiel:

„Als Underwriter kann ich einen Prämienrabatt für sichere Fahrer berechnen, um mehr Versicherungspolicen zu verkaufen."

Diese Story drückt explizit die Funktion „Prämienrabatt berechnen" aus, sie ist also ein guter Ausgangspunkt. Suchen Sie als nächstes nach nicht so offensichtlichen oder impliziten Funktionen. Per Definition ist ein Rabatt ein Prozentsatz, der von einem Basisbetrag abgezogen wird. Das bedeutet, dass die Anwendung die Prämie kennen muss, um einen „Prämienrabatt berechnen" zu können.

Darüber hinaus bezieht sich die Story auf „sichere Fahrer" als eine Gruppe von Personen, die für diesen Prämienrabatt in Frage kommen. Wie kann die Anwendung einen „sicheren Fahrer" erkennen? Wenn man dies mit dem Fachexperten bespricht, stellt man fest, dass ein sicherer Fahrer ein Fahrer ist, der seit 3 Jahren keinen Unfall oder Verkehrsverstoß hatte.

Aufgrund dieser Auskünfte erkennen Sie, dass Sie eine Funktion benötigen, um den Driving-Record (Einträge im Verkehrs-strafenregister) des Bewerbers zu evaluieren, ergo die Funktion „Driving-Record evaluieren".

Bevor wir uns mit der Datenseite der Lösungsanforderungen befassen, ist es Zeit für eine kleine Übung, um Ihr Verständnis zu testen. In der folgenden Übung haben Sie die Gelegenheit, Funktionsanforderungen aus User Stories zu extrahieren.

Übung: Funktionelle Dekomposition

Hier haben Sie die Gelegenheit, auszuprobieren, was Sie lesen. Sie werden das Beste aus diesem Buch herausholen, wenn Sie die Übung machen, bevor Sie unsere Antworten lesen.

Denken Sie daran, dass es keine richtige oder falsche Antwort gibt. Die Übungen erlauben Ihnen lediglich, die vorgestellten Konzepte und Techniken auszuprobieren.

Anleitung:

Identifizieren Sie für jede Frage auf der nächsten Seite so viele Funktionen wie möglich (Aussagen darüber, was die Anwendung oder die Benutzer tun müssen, um die gewünschten Ergebnisse zu erzielen).

Drücken Sie jede Funktion in der Form „Objekt-Verb" aus, z.B. „Waren bestellen", „offene Rechnungen bezahlen", usw.

Thomas and Angela Hathaway

Aufgabe 1:

Identifizieren Sie für jede User Story mindestens 5 Funktionen, die die Lösung zur Implementierung der User Story umsetzen müsste:

User Story 1:

> „Als Underwriter kann ich alle Schadensersatzansprüche
> anzeigen, die in den letzten 3 Jahren
> gegen eine Police eingereicht wurden."

User Story 2:

> „Als Versicherungsnehmer kann ich den Status meiner
> ausstehenden Schadensersatzansprüche einsehen."

User Story 3

> „Um die Einhaltung der Unternehmensrichtlinien
> zu gewährleisten, können Schadenbearbeiter
> für jeden Kunden eine Liste aller Schadenfälle
> zu bestehenden und früheren Policen abrufen."

Antwort User Story 1: Als Underwriter kann ich alle Schadensersatzansprüche anzeigen, die in den letzten 3 Jahren gegen eine Police eingereicht wurden.

Beispiele von extrapolierten Funktionen:

⇨ Underwriter identifizieren (abgeleitet)

⇨ Ansprüche auswählen (abgeleitet)

⇨ Gültigkeitsdatum eingeben (abgeleitet)

⇨ Schadensersatzansprüche anzeigen (angegeben)

⇨ Schadensersatzansprüche nach Police filtern (abgeleitet)

⇨ 3-Jahres-Zeitraum berechnen (abgeleitet)

⇨ Schadensersatzansprüche nach Datum filtern (abgeleitet)

⇨ ...

Antwort User Story 2: Als Versicherungsnehmer kann ich den Status meiner ausstehenden Schadensersatzansprüche einsehen.

Beispiele von extrapolierten Funktionen:

⇨ Versicherungsnehmer identifizieren

⇨ Policen nach Versicherungsnehmer auswählen

⇨ Ansprüche nach Status „Pending" filtern

⇨ Ansprüche auflisten

⇨ Relevante Antragsdaten auswählen

⇨ Anmeldedaten des Versicherungsnehmers bestätigen

Antwort User Story 3: Um die Einhaltung der Unternehmensrichtlinien zu gewährleisten, können Schadenbearbeiter für jeden Kunden eine Liste aller Schadenfälle zu bestehenden und früheren Policen abrufen.

Beispiele von extrapolierten Funktionen:

⇨ Bestätigen der Benutzer-Zugangsdaten

⇨ Auf Rollenzuständigkeiten zugreifen

⇨ Schadensersatzansprüche mit Policen verknüpfen

⇨ Schadenfall auswählen

⇨ Zusammengehörige Policen finden

⇨ Schadenfälle nach Police auflisten

⇨ ...

Daten- und Informationsanforderungen

Funktionale Anforderungen haben eine Funktionsperspektive und eine Datenperspektive. In dem Beispiel, das wir zu Beginn dieses Abschnitts verwendet haben,

---

„Um verantwortungsbewusste finanzielle Entscheidungen treffen zu können, benötigt der Chief Financial Officer (CFO) das projizierte Netto-Income (PNI) für den kommenden 12-Monatszeitraum.",

---

berechnet die Funktion das projizierte Netto-Income (PNI). Das PNI sind Daten, die die Funktion benötigt.

Es gibt zwei verschiedene Datentypen. Der eine ist ein User View (z.B. Berichte, Bildschirme, Windows, Webseiten, Audiodateien, Videodateien, Textdateien, Datenbanken), und der andere Typ ist ein individuelles Datenelement.

Ein **Datenelement** sind atomare Daten, d.h. Daten in ihrer einfachsten Form, wie z.B. ein Kundenname, eine Straßenadresse, ein Ort usw.

Ein **User View** ist einfach eine Sammlung von Datenelementen. Zum Beispiel besteht ein User View der „Kundenadresse" in den Vereinigten Staaten typischerweise aus einer Straßenadresse, einem Ort, einem Bundesstaat und einem Zip-Code. Die „Kundenadresse" ist ein User View, der es jedem ermöglicht, einen Kunden geografisch zu finden. Es ist die Kundenadresse, d.h. der User View, der den Business Value darstellt, den der Anwender benötigt.

Customer Address *(User View)*

> **Customer Name** *(Data Element)*
>
> **Street Address** *(Data Element)*
>
> **City, State, and Zip Code**
> *(each a Data Element)*

Um User Views und Datenelemente zu definieren, müssen Sie für jede Funktion zwei einfache Fragen stellen:

- ◈ Welche Daten liefert die Funktion, wenn sie ausgeführt wird?

- ◈ Welche Daten benötigt die Funktion, um das Outcome (Resultat) zu liefern?

Beispiel: Extrahieren von Daten

Die Funktion „Prämie berechnen" könnte eine Unmenge an Datenelementen und User Views erfordern, aber für die Zwecke unseres Beispiels nehmen wir an, dass die Funktion das Geburtsdatum (DOB) des Antragstellers benötigt - da die Kfz-Versicherung für jüngere Fahrer in der Regel wesentlich höher ist.

Und wenn die Police eine Vollkaskoversicherung beinhaltet, benötigt die Funktion auch Fahrzeugdaten, wie das Alter des Fahrzeugs, den aktuellen Wert des Fahrzeugs, den Wiederbeschaffungswert usw.

User Story: Als Underwriter kann ich einen Prämienrabatt für sichere Fahrer berechnen, um mehr Versicherungs- policen zu verkaufen.
Funktion: Prämie berechnen
Daten: Geburtsdatum des Antragstellers
User View: Fahrzeug-Daten

Diese Datenelemente sind möglicherweise nicht so offensichtlich wie das vorherige Beispiel, sodass sie möglicherweise etwas zusätzliche analytische Arbeit als auch Domänenwissen erfordern.

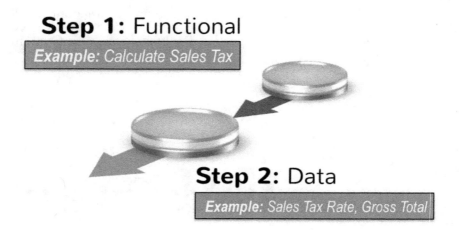

Übung: Daten Dekomposition

Hier ist Ihre Chance, auszuprobieren, was Sie gelesen haben. Sie werden das Beste aus diesem Buch herausholen, wenn Sie die Übung machen, bevor Sie unsere Antworten lesen.

Es gibt keine richtigen oder falschen Antworten. Die Übungen erlauben Ihnen lediglich, die vorgestellten Konzepte und Techniken auszuprobieren.

Anleitungen:

Machen Sie anhand einer Liste von Funktionen ein Brainstorming der Datenelemente, das jede aufgelistete Funktion benötigt oder erstellt.

Frage 1:

Welche Daten benötigt die Funktion „Schadenfälle nach Police auflisten" und welche Daten erzeugt sie?

Frage 2:

Welche Daten benötigt die Funktion "Anmeldedaten des Versicherungsnehmers bestätigen" und welche Daten erzeugt sie?

Frage 3:

Welche Daten benötigt die Funktion "Schadensersatzansprüche nach Datum filtern" und welche Daten erzeugt sie?

Antwort Frage 1: Welche Daten benötigt die Funktion „Schadenfälle nach Police auflisten" und welche Daten erzeugt sie?

⇨ Claim ID (Schadenfall ID)
⇨ Claim Datum (Schadenfall Datum)
⇨ Policen ID

Und Sie könnten noch viele weitere nennen, wenn Sie bedenken, welche Daten den Endbenutzern angezeigt werden müssen.

Antwort Frage 2: Welche Daten benötigt die Funktion "Anmeldedaten des Versicherungsnehmers bestätigen" und welche Daten erzeugt sie?

⇨ Name des Versicherungsnehmers
⇨ Versicherungsnehmer-ID
⇨ Police
⇨ Regeln für die Bestätigung

Und auch hier könnten Sie noch viele weitere nennen, wenn Sie bedenken, welche Daten den Endbenutzern angezeigt werden müssen.

Antwort Frage 3: Welche Daten benötigt die Funktion "Schadensersatzansprüche nach Datum filtern" und welche Daten erzeugt sie?

⇨ Einreichdatum des Schadenfalls
⇨ Datum der Anspruchszahlung
⇨ Startdatum
⇨ Enddatum

Und viele andere.

Datengenauigkeit und Algorithmen

Nochmals, die entscheidende Erkenntnis in einer schlanken und agilen Welt: **Verschwenden Sie keine Zeit und Ressourcen**! Sie könnten eine riesige Anzahl von Datenelementen entdecken, und die Definition jedes einzelnen könnte eine gigantische Aufgabe sein.

> *Nur das **gesamte Lean oder Agile Team** kann beurteilen, ob ein Story-Drill-down bis auf die Funktions- und Datenebene ein schlanker Ansatz für die laufende Iteration ist.*

Selbst wenn das Team entscheidet, dass Story Decomp der richtige Ansatz ist, suchen Sie zuerst nach anderen Datenquellen. Viele moderne Unternehmen haben zum Beispiel eine Gruppe „Datenadministration", die für Firmendaten zuständig ist. Andere Organisationen haben Datenanalytiker, deren alleinige Verantwortung darin besteht, konsistente Definitionen aller Datenelemente zu gewährleisten.

Die Anzahl und Vielfalt der Attribute, die jedes Datenelement definieren, sind zu zahlreich, um sie hier aufzuführen. Wir möchten jedoch zwei kritische Attribute erwähnen, die die Business-Community definieren muss (entweder der Product Owner / Fachexperte oder die jeweilige Datengruppe). Es handelt sich dabei um Algorithmen für Datenelemente und ihre jeweilige Genauigkeit.

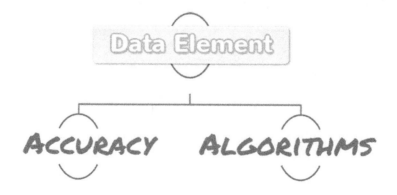

Algorithmen für ableitbare Daten

Programmierer müssen den angewendeten Algorithmus für jedes Datenelement kennen, das Ihre Anwendung berechnet (in der Fachsprache „**Ableitbare Daten**").

Beispielsweise kann APPLICANT_AGE aus dem Geburtsdatum des Antragstellers und dem heutigen Datum abgeleitet werden. Diese Berechnung ist einfach, aber wenn Sie sie nicht in der Definition des Datenelements APPLICANT_AGE angeben, können die Entwickler ihre eigene Interpretation haben. Wir haben beispielsweise mit Organisationen zusammengearbeitet, die gesetzlich verpflichtet sind, das Alter zu berechnen, indem sie es aufrunden, wenn der nächste Geburtstag weniger als 6 Monate in der Zukunft liegt. Das wirft die Frage auf: „Wie alt sind Sie wirklich?"

Ein Beispiel von unserer früheren User Story:

Als Underwriter kann ich einen Prämienrabatt für gute Fahrer berechnen, um mehr Versicherungspolicen zu verkaufen.

Der Algorithmus für den **ableitbaren** RABATTBETRAG ist:

Rabattbetrag = Prämie X Rabattprozentsatz

Daten-Genauigkeit und Aktualität

Die Stakeholder müssen spezifizieren welcher Grad an Genauigkeit erforderlich ist und wie aktuell Daten sein müssen, um die Geschäftsanforderungen zu erfüllen.

Aktualität der Daten

In der Welt der Daten ist der Begriff „Aktualität" ein Zeitmaß. Er misst, wie schnell Datenänderungen aus der Geschäftsperspektive verfügbar sein müssen. Wenn ein Autohändler ein Fahrzeug verkauft, wie schnell muss der Bestand angepasst werden? Daten haben eine Lebensdauer, die mit der Erstellung eines Datenelements beginnt und endet, wenn die Werte des Datenelements irrelevant werden. Aktualität bedeutet auch zu wissen, wann die Information veraltet ist.

Damit beispielsweise die „On-Hand-Quantität" in einer Inventarkontrollanwendung aktuell ist, müssen Sie den Wert möglicherweise verringern, sobald ein Verkauf abgeschlossen ist, und erhöhen, sobald die Warenannahmeabteilung eine Sendung mit diesem Item erhalten hat.

Ein weiteres Beispiel: In einer Buchhaltungs-Anwendung reicht es in der Regel aus, wenn die Konten monatlich aktualisiert werden, während es in einem Cash-Prognose-Modell aktuell genug sein kann, wenn die Daten die Einnahmen aus dem letzten Quartal widerspiegeln.

Präzision der Daten

Genaue Daten sind auf dem Präzisionsniveau, das das Unternehmen benötigt. Wenn Sie mit Finanzdaten für die Buchhaltung zu tun haben, müssen Sie diese bis auf 2 Stellen hinter dem Komma genau angeben.

Wenn Sie andererseits mit Finanzdaten zur Umsatzprognose zu tun haben, ist es möglicherweise gut genug, wenn Sie diese bis auf die nächsten Tausend Dollar (3 Stellen vor dem Komma) angeben, denn alles, was genauer ist, wäre unbedeutend.

Zusammenfassend lässt sich sagen, dass die erforderliche Präzision von dem in der Entwicklung befindlichen Produkt abhängt.

⇨ Buchhaltungssysteme sind in der Regel auf den nächsten Cent genau (d.h. zwei Stellen nach dem Komma).

⇨ Produktionsanwendungen können Daten erfordern, die auf das nächste Gramm, Pfund, Kilo oder Tonne genau sind, was natürlich davon abhängt, was und in welchen Mengen hergestellt wird.

⇨ Anwendungen zur Cash-Prognose erfordern möglicherweise eine Genauigkeit auf die nächste Million Dollar.

Die Bestimmung des Genauigkeitsgrades für jedes Datenelement ist eine kaufmännische Entscheidung. Zu wissen, wann die berechneten Ergebnisse zu runden und wann sie abzuschneiden sind, ist der Schlüssel zum Erreichen des erforderlichen Präzisionsniveaus.

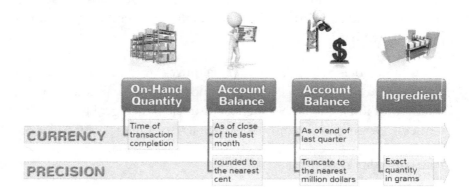

Wenn Sie bereits die Genauigkeit und Aktualität einer Funktion, die dieses Datenelement verwendet hat, definiert haben, vergewissern Sie sich bei Ihrem Fachexperten, dass sich die Antworten nicht geändert haben. Auf diese Weise können Sie, falls verschiedene Funktionen unterschiedliche Genauigkeits- oder Aktualitätsangaben erfordern, dies schnell feststellen und eine entsprechende Resolution von der Business-Community erhalten.

Nichtfunktionale Anforderungen, Qualitätsanforderungen und Constraints

Sie haben nun die Funktionsanforderungen identifiziert, d.h. Dinge, die die Software tun wird (Funktionen) und Informationen, die sie benötigt oder erzeugt (Daten). Nun werden wir den anderen Teil der Anforderungen auf Lösungsebene untersuchen, nämlich die nicht-funktionalen Anforderungen (NFR). Manchmal werden diese als Qualitätsanforderungen, Qualitäten und Constraints bezeichnet.

Fehlende und missverstandene NFRs sind allzu oft die Ursache für das Scheitern von Produkten und Projekten. In den Annalen der IT-Projekte gibt es eine Vielzahl von Beispielen, bei denen Anwendungen jede einzelne Anforderung umgesetzt haben. Sie erfüllten sie jedoch nicht einmal annähernd gut genug, um die Anforderungen der Kunden zu erfüllen.

Jeder, der den Obamacare Website Crash miterlebt hat, kann sich mit dieser Realität identifizieren. Die Website stürzte ständig ab, und wenn sie verfügbar war, wurden die Wartezeiten oft in Stunden gemessen.

Das ist ein Beispiel dafür, was passiert, wenn man der Qualitätsdimension nicht genügend Aufmerksamkeit schenkt. Die Obamacare Website konnte die Anträge bearbeiten, sobald sie eingegeben wurden; es hat nur viel zu lange gedauert, bis es soweit war.

NFRs, die für das gesamte Produkt relevant sind, sollten zu Beginn einer Initiative definiert werden. NFRs, die für eine User Story oder ein Feature einzigartig sind, sollten während der laufenden Iteration definiert werden. Bevor wir Ihnen zeigen, wie man tiefer in eine User Story einsteigen kann, um NFRs zu identifizieren, geben wir Ihnen eine kurze Einführung.

Grundsätzlich definiert ein NFR Kriterien, Eigenschaften oder Bedingungen, die eine einzelne Funktion oder die gesamte Anwendung erfüllen muss, bevor sie für die Business-Community oder die Endbenutzer-Community akzeptabel ist.

Das folgende ist ein legitimes Beispiel für ein NFR oder eine Qualitätsanforderung:

Der Radioaktivitätsmonitor des Kernkraftwerks muss rund um die Uhr verfügbar sein.

Es impliziert, dass die Funktion niemals versagen darf. Angesichts des Ernstes der Sachlage, sollte sie jemals scheitern, ist dies wahrscheinlich eine ziemlich vernünftige Anforderung seitens der Business-Community.

Ein weiteres NFR wäre:

Nur Personal mit Gehaltsstufe E8 und höher kann die Andromeda-Datei aktualisieren.

Das nächste Beispiel ist technischer Natur, da es auflistet, welche spezifischen Technologien zur Durchsetzung der Zugangskontrolle eingesetzt werden sollen.

Der Zugang wird mit Netzhautscan, Fingerabdruck- und Spracherkennung kontrolliert.

Qualitäten und Constraints betreffen nicht nur Funktionen. Sie können sich auch auf die Daten auswirken, wie Sie in dieser Anweisung sehen können.

Eine Kunden-ID muss eine eindeutige
(d.h. nicht wiederholende), **15-stellige** *(die spezifische Länge)*,
positive *(darf nicht unter 0 liegen)*, **echte Zahl**
(darf keine irrationale oder imaginäre Zahl sein) **sein,**
die einen einzelnen Kunden identifiziert.

Dies sind Beispiele für nicht-funktionale (Qualitäts-) Attribute, die eine Anwendung realisieren muss.

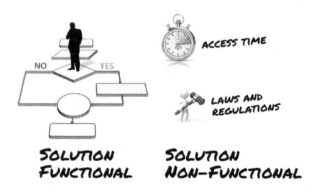

Verschiedene NFR-Varianten

Um Ihnen den Einstieg in die Definition von NFRs anhand von User Stories und Features zu erleichtern zu erleichtern, stellen wir zunächst vier allgemein übliche Varianten von NFRs mit Beispielen für jeden vor. Wir werden Beispielfragen vorschlagen, die wir oft in unseren JAD- oder Requirements-Workshops verwendet haben. Diese Fragen haben sich für uns als ein idealer Einstieg zur Entdeckung kritischer nicht-funktionaler Anforderungen bewährt.

Hier sind vier gängige Typen von NFRs:

- ☑ Externe Constraints
- ☑ Performance Requirements (Leistungsanforderungen)
- ☑ Anforderungen an die Benutzererfahrung
  (User Experience Requirements)
- ☑ IT-Architektur Kapazitäten (Architectural Capabilities)

Externe Constraints

Digitale Lösungen existieren nicht in einem Vakuum. Es gibt viele externe Faktoren, die Ihr Produkt beeinflussen oder einschränken können. Jeder von ihnen ist ein externes Constraint. Wir werden einige allgemeine Gruppierungen vorstellen, über die es nachzudenken gilt.

Das Ignorieren externer Constraints ist bei jedem Produkt oder jeder Initiative ein Rezept für eine Katastrophe, und Sie sollten sie so früh wie möglich definieren, um vergeudete Arbeit zu vermeiden. Einige Beispiele für externe Constraints sind:

Von der Natur erzwungene Grenzen

Physikalische Grenzen wie die Lichtgeschwindigkeit sind grundlegende Constraints. Wenn Sie zum Beispiel eine App für das

Web entwickeln, die einen Satellitenzugang erfordert, müssen Sie die Latenz berücksichtigen, d.h. die Zeit, die ein Signal benötigt, um vom Sendegerät zum Satelliten und wieder zurück zum Empfangsgerät zu gelangen.

Weitere physikalische Grenzen sind die Temperatur und die Umgebung, in der die App funktionieren muss. Wenn Sie beispielsweise eine Anwendung entwickeln, die in einem Kühlraum, einem keimfreien Raum oder ähnlichen Umgebungen eingesetzt werden muss, handelt es sich dabei um Environmental Constraints. Diese Art von nicht-funktionalen Anforderungen sind in Realzeit-Systemen kritisch.

Gesetze und gesetzliche Vorschriften

Gesetze und Vorschriften sind eine allgemein übliche Form von Constraints, die oft übersehen wird. Wir schlagen vor, dass Sie sich mit den relevanten Gesetzen und Vorschriften vertraut machen, wenn Sie ein Fan Ihrer persönlichen Freiheit sind. Ganz im Ernst: Sie sollten sich jeder Institution bewusst sein, die befugt ist, Ihrer Anwendung rechtliche Beschränkungen aufzuerlegen, da es sich dabei um wichtige Constraints handelt.

Fragen Sie alle Stakeholder: „Welche Gesetze und Vorschriften gelten für dieses Produkt, diese Funktion, Anforderung oder Anwendung?" Sie sind an jeder regulatorischen Instanz interessiert, die befugt ist, Regeln festzulegen oder anzuordnen, die Ihre digitale Lösung befolgen muss.

Denken Sie daran, dass Constraints externe Auflagen sind, die einschränken, was jede Lösung tun oder nicht tun kann. „Extern" bedeutet, dass niemand im Projektteam die Autorität hat, zu bestimmen, ob sie implementiert werden oder nicht.

Organisatorische Richtlinien und Regeln

Business Rules und Policies sind unternehmensinterne Constraints und Ihr Team ist nicht befugt, diese zu ändern. Es handelt sich dabei um externe Constraints für Ihr Projekt, es sei denn, Ihr Projekt ist direkt an der Definition, Aufrechterhaltung und/oder Durchsetzung von Business Rules und Richtlinien beteiligt.

Die Erstellung von Business Rules erfolgt innerhalb Ihrer Organisation, aber normalerweise nicht innerhalb Ihres Projekts. Wenn die Business Rules in Ihrer Organisation dokumentiert sind, müssen Sie Zugang zu ihnen erhalten, damit Sie sie in Ihre Anwendung integrieren können.

IT-Security: Zugang und Datensicherheit

Eine der Komponenten der IT-Security ist der autorisierte Zugriff. Zugangskontrolle ist in den letzten Jahren zu einem Thema für Schlagzeilen geworden, da immer mehr Daten über immer mehr Personen an immer mehr Orten gespeichert werden.

Datenverletzungen werden zu einem täglichen Thema in den Nachrichten, und wir bezweifeln, dass es noch irgendjemanden auf der Welt gibt, der in den letzten 5 Jahren auf das Internet zugegriffen hat und bei dem keine sensiblen Daten offengelegt wurden. In dem Maße, wie unser Appetit auf Daten wächst, muss auch die Robustheit unserer Geräte zum Schutz persönlicher Daten vor unbefugtem Zugriff zunehmen.

Um Security-Constraints aufzudecken, stellen Sie Fragen wie:

- ◈ Wer sollte Zugang zu der Anwendung haben?
- ◈ Wer kann die Daten hinzufügen, ändern oder löschen?
- ◈ Was sind die Risiken einer unautorisierten Nutzung?
- ◈ Wie vertraulich sind die Daten?
- ◈ Was sind die Kosten, wenn diese Daten gehackt werden?

Speicherort von Funktion und Daten

Die Distribution ist eine weitere Art von Constraints. Sie befasst sich mit dem Ort der Funktionalität (**wo werden Dinge erledigt**) und der Daten (**wo werden Daten gepflegt**). Aus Leistungsgründen benötigen große Unternehmen CDNs (Content Delivery Networks) und VPNs (Virtual Private Networks), um rechtzeitig und sicher auf Kundenanfragen reagieren zu können.

Da die Organisationen immer größer und komplexer werden, gewinnt diese Variante zunehmend an Bedeutung. Alles, was mit der Funktionsfähigkeit einer digitalen Lösung in einem dezentralen Umfeld zu tun hat, fällt unter diese Art von Constraints.

Performance Requirements (Leistungsanforderung)

In der Kategorie Performance sind der Geschwindigkeit und Effizienz der Anwendung und der gesamten Geschäftslösung Grenzen gesetzt. Das Hauptproblem bei der Leistung ist nicht die Schwierigkeit, sie zu erreichen, sondern die Kosten. Moderne Anwendungen können erstaunliche Leistungsniveaus erreichen, wenn sie notwendig sind und das Unternehmen bereit ist, dafür zu bezahlen.

Frequenz: Wie oft wird ein Feature genutzt?

Die Frequenz ist eines der wichtigsten Leistungsprobleme. Die Frequenz ist ein Maß dafür, wie oft eine Feature in einem bestimmten Zeitrahmen benötigt wird (pro Sekunde, pro Minute, pro Tag usw.).

Nehmen Sie beispielsweise an, Sie entwickeln eine Anwendung, die die Umsatzsteuer für eine Rechnung kalkuliert. Wenn Sie es mit einem Unternehmen zu tun haben, das eine Handvoll Rechnungen pro Tag produziert (z.B. ein LKW-Händler oder ein hochbezahlter Berater), wäre es keine kluge Investition, Tausende von Euro auszugeben, um die Bearbeitungszeit auf die kleinste Nanosekunde zu reduzieren. Wenn die Anwendung andererseits Millionen von Rechnungen pro Minute verarbeitet, könnten diese Tausende von Dollar eine entscheidende Investition sein.

Möglicherweise müssen Sie herausfinden, wodurch diese Funktion ausgelöst wird, um die Frage zu beantworten, wie oft sie aufgerufen wird. Es könnte Sie auch interessieren, ob Transaktionen auf einen Schlag, ad hoc oder zu Spitzenzeiten durchgeführt werden; gibt es eine Variation in der Häufigkeit, wie z.B. manchmal ist sie gering und manchmal hoch.

Dringlichkeit: Response-Zeit vs. Update-Zeit

Dringlichkeit ist eine weitere Dimension der Leistung. Die Dringlichkeit hat zwei Seiten. Die am häufigsten diskutierte ist die **Response Time**, d.h. die Zeit, die eine Person auf eine Antwort von der Anwendung warten kann, bevor sie ihre Arbeit nicht mehr ausführen kann.

Man könnte Response Time auch als ein Maß für die Zeit ansehen, die ein typischer User bereit ist, auf Daten aus der Anwendung zu warten, bevor sie oder er frustriert genug ist, die Anwendung zu umgehen und die Arbeit anders zu erledigen.

Die andere Seite der Dringlichkeit ist die **Update-Zeit**, d.h. wie lange die Anwendung auf Eingaben von einem externen Akteur (z.B. einem Endbenutzer) warten kann, bevor die Anwendung fehlschlägt.

Nehmen wir zum Beispiel an, Ihre Anwendung schaltet den Kernreaktor ab, wenn im Kontrollraum ein Radioaktivitäts-schwellenwert festgestellt wird. Wahrscheinlich möchten Sie die Anwendung nicht so gestalten, dass sie auf Eingaben eines Menschen wartet, der ihr mitteilt, dass der Schwellenwert erreicht ist. Dies ist eine Sachlage, die eindeutig ein Echtzeitsystem benötigt, das seinen Input direkt von Geräten erhält, die die radioaktiven Werte erfassen, und sofort reagiert.

Um die Response-Zeit der Endbenutzer zu ermitteln, fragen Sie: „Wann müssen die Daten verfügbar sein?" Die Frage nach der Update-Zeit lautet: „Wie lange kann das System auf neue Daten warten?".

Datenvolumen der Information

Diese Leistungsdimension befasst sich mit Daten. Wie viele Daten benötigt eine Funktion und wie viele Daten erzeugt sie bei jeder Ausführung?

Es liegt auf der Hand, dass die Verarbeitung immenser Datenmengen länger dauert als die Verarbeitung einzelner Bits, so dass High-Volume-Anwendungen effizienter sein müssen. Selbst wenn eine Anwendung nur selten genutzt wird (d.h. mit niedriger Frequenz), kann ein hohes Datenvolumen ein Grund für die Investition in höhere Effizienz sein.

Um Probleme mit Datenmengen aufzudecken, stellen Sie für jede Funktionsanforderung die folgenden Fragen:

◈ Wie viele Informationen (Seiten, Bildschirme, Datensätze, Transaktionen usw.) werden produziert?

◈ Wie viele Daten müssen erfasst werden?

Die Datenfrage ist kritisch. Wenn eine Anwendung riesige Datenmengen verarbeiten muss, müssen Entwickler mehr Zeit darauf verwenden, sicherzustellen, dass sie effizient ist und die Daten in der vorgesehenen Zeit verarbeitet werden können.

Präzision und Aktualität der Information

Wir haben bereits im Abschnitt „Daten- und Informations-anforderungen" erläutert wie man die Präzision und Aktualität von Daten definiert. Hier wollen wir nur deshalb nur erwähnen, dass Datengenauigkeit und Aktualität nicht-funktionale Anforderungen (Constraints) sind die entweder für das gesamte Produkt oder für jede Feature einzeln definiert werden müssen.

User Experience (Benutzererfahrung)

Die User Experience ist eine nicht-funktionale Dimension, die mit dem Einzug des Internet immer kritischer geworden ist. Hier trifft die Technologie auf reale Menschen und kann, wie jeder Berührungspunkt zwischen Gegensätzen, knifflig sein.

Viele Ihrer nicht-funktionalen Anforderungen werden aus dieser Kategorie stammen. Sie könnten Anforderungen an die Benutzererfahrung in Bezug auf die Fähigkeiten Ihrer Benutzer, ihren Standort (wo werden sie die Anwendung verwenden), ihre Schulungsbedürfnisse oder vielleicht auch ihre kulturellen Bedürfnisse und Wünsche entdecken.

Grad der Interaktion

Einige Anwendungen bieten eine immersive Erfahrung, während andere nur für eine schnelle Referenz wertvoll sind. Zum Beispiel brauchen Suchmaschinen Einfachheit und Geschwindigkeit, während Spiele einfach Spaß machen müssen, um die Aufmerksamkeit des Benutzers zu sichern.

Um dieses NFR zu definieren, müssen Sie wissen, wie Ihre Benutzer mit dem von Ihnen entwickelten Produkt interagieren werden. Hier sind ein paar Ideen zum Nachdenken:

oberflächlich (schnelles Ein- und Aussteigen, nur eine Information suchen)

großflächig (Durchsuchen verschiedener User Views, die nicht vorherbestimmt werden können)

ausführlich (Drill-Down-Funktionen, einschließlich Funktionen wie Breadcrumbs, damit der Benutzer nicht verloren geht)?

Unternehmens- und Personenkulturen

Kultur ist ein Aspekt der Benutzererfahrung oder User Experience, mit der internationale Organisationen täglich zu tun haben. Wir sind der Ansicht, dass dies nicht nur nationale Identitäten, sondern auch Unternehmenskulturen umfasst.

Jede Gruppe von Menschen ist einzigartig; jede Organisation ist einzigartig; den Sweet Spot der Interaktion zwischen beiden zu finden, ist eine ständige Herausforderung für jeden, der an der Definition, dem Design oder der Bereitstellung digitaler Lösungen beteiligt ist.

Große Unternehmen haben Lokalisierungs- oder Globalisierungsgruppen, deren einzige Aufgabe darin besteht, die Bedürfnisse jedes

Zielmarktes zu definieren und sicherzustellen, dass ihre Produkte und Dienstleistungen der Kultur der Kunden und Interessenten entsprechen.

IT-Architektur Kapazitäten

Wenn die Anwendung webbasiert ist, ist es notwendig, dass sie auf jedem Device funktioniert, das ein Benutzer verwenden könnte, wie z.B. ein Smartphone, Tablet, PC, Laptop usw.? Auch hier ist die Antwort schlicht und einfach eine Frage des Geldes, denn je mehr Geräte Ihre Anwendung unterstützen muss, desto mehr kostet sie.

Nichtfunktionale Anforderungen, die benötigte Architektur-Kapazitäten definieren, befassen sich mit der Reaktionsfähigkeit der Anwendung auf Veränderungen in ihrem geschäftlichen und technologischen Umfeld. Dazu gehören Änderungen der Hardware-Kapazitäten, der Software, des Wettbewerbsumfelds oder einer Kombination dieser Faktoren.

Wartbarkeit (Maintainability) definiert, wie schnell Ihre Funktion oder Anwendung reagieren soll, wenn sich die Rahmenbedingungen ändern.

Bei der **Portabilität (Portability)** geht es darum, wie schnell Sie die Anwendung von einer Hardware-Plattform auf eine andere migrieren können.

Skalierbarkeit (Scalability) definiert, wie einfach es sein muss, dass die Anwendung mit der Zeit wächst.

Bei der **Verfügbarkeit (Availability)** geht es darum, wann die Anwendung für ihre Benutzer zugänglich ist.

Die **Zuverlässigkeit (Reliability)** gibt an, wie zuverlässig die Anwendung sein muss im Vergleich zu den potenziellen Kosten eines Ausfalls. Diese Dimension wird üblicherweise in den beiden Metriken „Mean Time Between Failures (MTBF)" und „Mean

Time to Repair (MTTR)" definiert. Sie ist generell ein Faktor in lebenskritischen Echtzeit-Anwendungen wie Notaufnahme-Unterstützungssystemen, Kernkraftwerken, automatisierten Fertigungssystemen usw.

Minimum acceptable time?

Mean Time Between Failures

MTBF

Maximum acceptable time?

Mean Time To Repair

MTTR

Split Stories mit NFRs

Im letzten Kapitel haben wir über das Splitten von User Stories gesprochen. Hier ist noch eine Technik zu diesem Thema.

Einige User Stories beschreiben eine einfache Funktion, deren Entwicklung aufgrund von definierten Leistungsanforderungen oder Constraints (nicht-funktionale Anforderungen) eine technische Herausforderung darstellt. Wenn das der Fall ist, trennen Sie die User Story, die die einfache Kernfunktion ausdrückt, von denen, die die nicht-funktionalen Anforderungen betreffen.

Als IT-Security-Administrator kann ich Zugriffsrechte für bestimmte User-Rollen erteilen, die innerhalb von 10 Sekunden für alle betroffenen User in Kraft treten.

Eine Leistungsanforderung wie diese kann für die Zufriedenheit der User-Community entscheidend sein. Die meisten von uns haben Anwendungen erlebt, die ewig brauchen, um auf neue Zugriffsrechte zu reagieren - leider kann es eine Herausforderung sein, kurze Response-Zeiten zu erhalten.

Die Funktion umzusetzen, könnte einfach sein, aber die gewünschte Performance bzw. Leistung zu erreichen, könnte schwierig werden. Erwägen Sie eine Aufteilung der User Story in:

Als IT-Security-Administrator kann ich den User-Rollen Zugriffsrechte auf Anwendungen gewähren.

---

und die Leistungsanforderung:

Änderungen der Zugriffsrechte werden innerhalb von 10
Sekunden für alle betroffenen Benutzer wirksam.

Das würde es dem agilen Team ermöglichen, die Funktionalität zu liefern und dann alle erforderlichen Maßnahmen zu ergreifen, um die Einhaltung der Leistungsanforderungen zu gewährleisten.

Damit ist das Thema Lösungsanforderungen abgeschlossen.

Functional and Non-Functional
SOLUTION REQUIREMENTS

IV. LEAN ACCEPTANCE TESTING: DIE BUSINESS-PERSPEKTIVE

Testen ist für jede Softwareentwicklungsmethode (SDM) von entscheidender Bedeutung, egal ob sie einem schlanken (z.B. Kanban), agilen (z.B. Scrum), DevOps (z.B. Continuous Delivery) oder einem traditionellen (Wasserfall oder RUP) Ansatz folgt. Leider ist das Testen sehr zeitaufwendig. Studien von IT-Projekten haben gezeigt, dass das Testen bis zu 45 % des Aufwands für die Realisierung einer digitalen Lösung ausmacht.

In traditionellen Software-Entwicklungsumgebungen beginnen die Abnahmetests spät. Tests werden oft erst nach dem Entwurf entwickelt, manchmal erst nachdem die Codierung abgeschlossen ist.

Unit Testing konzentriert sich auf den Nachweis, dass der Code funktioniert, während Acceptance Testing beweisen soll, dass die Anwendung den versprochenen Business Value liefert. Erschwerend kommt hinzu, dass End-User-Akzeptanztests aus Zeit- und Budgetgründen oft vernachlässigt wurden in traditionellen Methoden. Unit-Tests werden ausschließlich von Entwicklern durchgeführt. Da dieses Buch in erster Linie für die Business-Community bestimmt ist, werden wir uns ausschließlich mit Akzeptanztests befassen.

In diesem Kapitel behandelte Themen

In diesem Kapitel lernen Sie das neue Testkonzept ATDD (Acceptance Test-Driven Development) und/oder BDD (Behavior-Driven Development) kennen, das mit der schlanken und agilen Softwareentwicklung einhergeht. Wir werden Ihnen ATDD/BDD vorstellen, erklären, was es ist und warum es wichtig ist.

Wie wir bereits erwähnt haben, ist ein kritischer Teil jeder User Story ihre Akzeptanzkriterien. In der Anfangszeit wurden diese auf die Rückseite einer User Story-Karte geschrieben. Wenn ein Unternehmen

ATDD/BDD eingeführt hat, sind die Akzeptanzkriterien in Form von Szenarien, Szenario-Gliederungen und Beispielen aufgeführt. Darüber hinaus stellen wir Ihnen das GEGEBEN-WENN-DANN-Schema von Gherkin zur Darstellung von Szenarien vor.

Um das Outcome einer User Story zu beurteilen, benötigen Sie zusätzlich Datenwerte oder Testdaten. Szenarien und Szenario-Gliederungen beschreiben die Schritte, die zum Business Value Ihrer User Stories führen. Wir zeigen Ihnen anhand von Szenario-Gliederungen zusammen mit Beispielen, wie Sie Testdaten erstellen. Um Verschwendung zu reduzieren und die Anzahl der Szenarien oder Beispiele zu minimieren, zeigen wir Ihnen mehrere Testdaten-Engineering-Methoden.

Bei ATDD/BDDD ist die Automatisierung von Tests die letzte und dringend empfohlene Stufe. Das Thema Testautomatisierung ist jedoch zu umfangreich, um es in diesem Buch zu behandeln. Darüber hinaus gibt es bereits viele gute Bücher und Kurse. Der größte zeitliche Aufwand ist das Finden und Schreiben von GEGEBEN-WENN-DANN-Szenarien und Szenario-Gliederungen. Das ist der Schwerpunkt dieses Kapitels.

Das neue Akzeptanz Test Paradigma

Mit der schlanken und agilen Softwareentwicklung hat sich ein neues Testparadigma entwickelt, das aber auch für traditionelle Ansätze der Softwareentwicklung sehr effektiv ist. ATDD (Acceptance Test-Driven Development) und/oder BDD (Behavior-Driven Development) stellen eine bedeutende Veränderung im Denken gegenüber früheren Entwicklungsmethoden dar, da sie von den Geschäfts- oder Testingenieuren verlangen, Akzeptanztests zu entwickeln, bevor die Entwickler die Anwendung programmieren. ATDD und BDD konzentrieren sich auf die Verbesserung der Qualität des zu entwickelnden Softwareprodukts.

Bei der schlanken und agilen Entwicklung müssen die User Stories Akzeptanzkriterien (aka Conditions of Satisfaction) haben. Diese definieren Funktionsanforderungen, Daten und Business Rules, die das Feature erfüllen muss, um von den Stakeholdern akzeptiert zu werden. Sie bestimmen, wann eine User Story abgeschlossen ist und korrekt funktioniert.

Akzeptanzkriterien können in natürlicher Sprache, in Aufzählungs-listen, Tabellen, GEGEBEN-WENN-DANN (Given-When-Then) Szenarien oder anderen von Ihrer Organisation gewählten Standards geschrieben werden.

Viele schlanke und agile Teams verwenden die GEGEBEN-WENN-DANN -Szenarien von Gherkin, weil der Übergang zu automatisierten Tests viel einfacher wird. Wenn Ihr Unternehmen ATDD/BDD eingeführt hat, gibt es User Stories, Features, Szenarien, Szenario-Gliederungen und Beispiele. Die Szenarien und Beispiele sind Ihre Kernanforderungen. Wir glauben, dass GEGEBEN-WENN-DANN-Szenarien die beste Form sind, um Akzeptanzkriterien für jeden Entwicklungsansatz auszudrücken.

Um es noch einmal zu wiederholen: Lean/Agile Ansätze erkennen an, dass die für Akzeptanztests entwickelten Szenarien die tatsächlichen

Anforderungen aus der Sicht der Entwickler sind. Aus diesem Grund entwickeln wir die Szenarien VOR dem Schreiben des Codes. Dies ist entscheidend für den Erfolg von agilen/schlanken Vorhaben.

Scenario: **Fred requests recommended training topics**

GIVEN **Fred is logged in to website**
     And **Fred has completed BASE**
     And **Fred has unfinished training topics**
WHEN **Fred requests training plan**
THEN **Fred's customized training plan is viewable**

Was ist ATDD/BDD?

Bei ATDD (Acceptance Test Driven Development - Abnahmetestgetriebene Entwicklung) und BDD (Behavior-Driven Development - verhaltensgetriebene Entwicklung) arbeiten das Team auf Business- oder Kundenseite und das technische Team bei Akzeptanztests oder Abnahmetests zusammen, bevor die Entwickler eine Zeile Code schreiben. Die Zusammenarbeit bei der Erstellung dieser Tests ist von entscheidender Bedeutung, damit in den anschließenden Akzeptanztests alle verschiedenen Perspektiven abgedeckt werden.

Diese gemeinsamen Gespräche werden oft als das Three Amigos Meeting bezeichnet. Die Teilnehmer vertreten drei unterschiedliche und gleichermaßen kritische Perspektiven:

⇨ **Kunden:** Was brauchen wir?
⇨ **Entwicklung:** Wie können wir liefern?
⇨ **Qualitätssicherung (aka Quality Assurance oder Testing):** Funktioniert das wirklich?

Entwickler verwenden diese Tests, um sich bei der Programmierung davon leiten zu lassen. Wenn der von den Entwicklern produzierte Code Ihren Akzeptanztest besteht, entspricht er den Anforderungen der Facharbeiter oder Kunden. Das legt die Verantwortung auf die Stakeholder, die die Akzeptanztests definieren, sicherzustellen, dass ihre Tests auch wirklich vollständig sind.

Ein entscheidendes Erfolgskriterium für effektive ATDD- oder BDD-Ansätze ist das Wissen, wie man Akzeptanztests erstellt, ohne genau zu wissen, wie das Produkt oder die Anwendung in Zukunft funktionieren wird. Dies ist einer der eher herausfordernden Schritte, die Sie unternehmen müssen, um sicherzustellen, dass die IT-Abteilung die Technologie liefert, die die Kunden benötigen.

Wie funktioniert ATDD/BDD?

ATDD und BDD haben ihre Wurzeln in einem Konzept namens Testgetriebene Entwicklung (TDD). TDD war eine Komponente eines Software-Entwicklungsansatzes namens eXtreme Programming (XP), der vor Agile entstand.

Das Konzept war so erfolgreich, dass die meisten agilen und schlanken Methoden es heute in ihren Ansätzen zur Softwareentwicklung verwenden. In den frühen Jahren wurde TDD ausschließlich für Unit-Tests verwendet. Auf der Grundlage der Benutzeranforderungen erstellten die Entwickler einfache Unit-Tests und erstellten dann den Code, um die Tests zu bestehen.

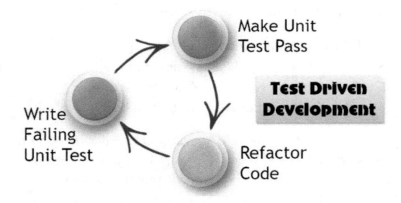

Sobald ein Test bestanden war, arbeitete der Entwickler am nächsten Unit-Test und arbeitete zyklisch weiter, bis der gesamte Code alle Unit-Tests bestanden hatte. Nach vielen erfolgreichen Stories wurde den Leuten klar, dass dies eine phänomenal effektive Technik war. Es gab ein Problem. Die Software-Entwicklung war in Bezug auf die Einbeziehung von Stakeholdern einen Schritt zurück gegangen. Die Interpretation der Geschäftsanforderungen lag wieder ausschließlich in den Händen der Entwickler. Dann kamen ATDD und BDD zur Rettung.

ATDD/BDDD beendet die schwierige Aufgabe für Entwickler, vage, wortreiche Benutzeranforderungen zu interpretieren, indem sie ihnen Akzeptanztests in der Form von „Szenarien" geben. Diese Szenarien sind die besten User-Requirements (Benutzeranforderungen).

Bei ATDD/BDD entwickeln Domänenexperten Szenarien oder Szenario-Gliederungen. Dann schreiben die Entwickler Code, der diese leicht verständlichen Akzeptanztests besteht, anstatt zu versuchen, schwer verständliche Textanforderungen zu interpretieren.

Der Domänenexperte (Fachexperte, Product Owner, Projektmanager, Linienmanager, Testingenieur usw.) mit Entwicklerführung (falls erforderlich) schreibt so viele „Failing Acceptance Tests" oder Szenarien, wie eine User Story oder ein Feature benötigt. Die Anzahl und Detailtiefe der Tests oder Szenarien hängt von der Komplexität der Story oder des Features und der Erfahrung der Entwickler ab.

Die Entwickler nehmen dann ein Szenario und schreiben „Failing Unit Tests" (Modultests) um die funktionalen Einzelteile des codierten Szenarios zu testen. Dann wiederholen sie den testgetriebenen Entwicklungszyklus (Write „Failing Unit Test", Make Unit Test Pass", „Refactor Code" usw.), bis alle Unit-Tests bestanden sind.

Sobald sie nachgewiesen haben, dass ihr Code alle Unit-Tests bestanden hat, wird das Szenario zurück-gegeben, damit ein Domain-

Experte es validieren kann („Make Acceptance Test Pass"). Wird das Szenario vom Domänenexperten akzeptiert, integrieren die Entwickler diesen Code in die Anwendung. Dies wird im Geek-Sprachgebrauch als „Refactoring" bezeichnet. Als diejenigen, die den Business Analyse-Hut tragen (dh jeder, der Anforderungen definiert), müssen wir nichts mehr über dieses Thema wissen.

Obwohl es mehrere verschiedene Ansätze für das Schreiben und die Strukturierung von Akzeptanztests gibt (z.B. unstrukturierte Akzeptanzkriterien für User Stories), sind wir in den meisten Organisationen auf Szenarien gestoßen, die im GEGEBEN-WENN-DANN-Syntax geschrieben wurden. Im nächsten Unterkapitel werden wir Gherkin-Szenarien und Szenario-Gliederungen ausführlich behandeln.

Die Zukunft der IT - DevOps oder Kontinuierliche Integration und Bereitstellung

Mit diesem Ansatz schaffen wir die Voraussetzungen für ein Konzept namens DevOps oder Kontinuierliche Integration und Bereitstellung (Continuous Delivery), das derzeit der heilige Gral der Informationstechnologie (IT) ist. Der Name spricht für sich selbst.

Kontinuierliche Integration und Bereitstellung bedeutet im Grunde genommen, dass die IT-Abteilung die Infrastruktur und Anwendungen jederzeit ändern oder Funktionalitäten hinzufügen kann. Sie warten das Produkt oder die Software kontinuierlich. Es bedeutet jedoch nicht, dass, wenn ein Benutzer einen Anwendungsfehler entdeckt, dieser heute behoben wird. Ein Verantwortlicher aus der Business-Community muss die Prioritäten für bevorstehende Korrekturen, Erweiterungen und Änderungen festlegen.

Nach unserer (den Autoren) Meinung ist dies die Zukunft der Software-Entwicklung, und eine wichtige Voraussetzung dafür ist die

Testautomatisierung. Einer der Schlüsselfaktoren für den Erfolg dieses neuen Ansatzes wird die Qualität der Szenarien und Akzeptanztests sein.

Akzeptanzkriterien in Form von GEGEBEN-WENN-DANN-Szenarien

Der Zweck der Akzeptanzkriterien besteht darin, zu verifizieren, dass der Code wie vorgesehen funktioniert. Wenn Sie z.B. testen wollten, ob die User Story „Bestellung aufgeben" in einer E-Commerce-Anwendung funktioniert, müssen Sie Akzeptanzkriterien definieren, d.h. Bedingungen, die erfüllt sein müssen, um die User Story als erfolgreich abschließen zu können.

In Agile / Lean Methods sind Entwickler, Geschäfts-/Domänen-Experten und Tester für die Erstellung von Szenarien (eine Form von User Story-Akzeptanzkriterien) verantwortlich, bevor sie überhaupt wissen, wie das Programm wirklich funktionieren wird.

Szenarien sind die ultimativen Anforderungen

Eine User Story ist keine „Anforderung", wie wir sie früher in der IT oder beim Requirements Engineering verstanden haben. Eine User Story ist der Auslöser für ein Gespräch zwischen User und Entwickler. Es ist keine Spezifikation. Wenn das technische Team und das Business-Team zusammenkommen, um über eine User Story oder ein Feature zu sprechen, versuchen sie sicherzustellen, dass alle Parteien die Anforderungen **wirklich** verstehen.

Entwickler, Tester, Fachexperten und der Product Owner, die möglicherweise einen Business Analyst hinzuziehen, kommen zusammen und diskutieren die Story. Da es viel einfacher ist, ein Beispiel zu nennen als ein abstraktes Geschäftsbedürfnis zu spezifizieren, dreht sich die Diskussion meistens um die Ergebnisse der User Story, die auch als Akzeptanzkriterien der Story bekannt sind.

Akzeptanzkriterien werden oft als Szenarien in der Gherkin-Syntax erstellt, die automatisiertes Testen unterstützt. Gherkin ermöglicht es den Business-Teams (z.B. Product Owner, Fachexperten,

Endbenutzer, Business Analysten usw.), Akzeptanztests in einer Sprache zu dokumentieren, die die Business-Community, Entwickler und Tester verstehen können. Das fördert die Zusammenarbeit und das gegenseitige Verständnis der benötigten Tests. Szenarien verwenden die GEGEBEN-WENN-DANN-Struktur, um die Geschäftslogik auszudrücken, und werden oft in einer Feature-Datei aufbewahrt.

Wie bereits erwähnt, sind automatisierte Akzeptanztests ein kritischer Erfolgsfaktor für einige der neuen Software-Entwicklungsphilosophien. Gegenwärtig haben viele Teams noch Schwierigkeiten, automatisierte Tests zu realisieren, aber dennoch verwenden schlanke und agile Teams Szenarien, um ihre Programmierarbeit zu steuern.

Während Szenarien die Schritte, Ereignisse und Interaktionen zwischen einem Benutzer und der Software beschreiben, beschreibt eine Szenario-Gliederung in Verbindung mit Beispielen verschiedene Datenwerte für ein Szenario. Das Neuschreiben von Szenarien mit vielen verschiedenen Datenwerten wird schnell mühsam und repetitiv. Szenario-Gliederungen zusammen mit Beispielen reduzieren diesen Aufwand erheblich.

Doch bevor wir über Szenario-Gliederungen und Beispiele sprechen, zeigen wir Ihnen anhand eines Beispiels aus einer unserer Produktentwicklungen - dem Management von Schulungskursen - wie Sie ein Szenario entwickeln können.

Szenarien

Szenarien beschreiben die Abläufe und Interaktionen zwischen einem Benutzer und der Software. Um aufzuzeigen, wie ein Szenario anhand eines typischen Vorgangs entwickelt werden kann, ist hier eine einfache zielorientierte User Story, die wir für ein Schulungszentrum erstellt haben.

Um ihre berufliche Entwicklung zu planen, können die SchulungsteilnehmerInnen die Kurse sehen, die sie aufgrund ihrer BASE-Scores noch belegen müssen.

Um diese Story zu verdeutlichen, müssen Sie wissen, dass BASE unsere Business Analysis Skills Evaluation ist. BASE-Scores sind die Bausteine für die Erstellung eines maßgeschneiderten Trainingsplans zur Business Analyse für jeden Teilnehmer basierend auf vorhandenen Kompetenzen.

Wenn Sie anfangen, darüber nachzudenken, welche Szenarien Sie benötigen, um die korrekte Implementierung dieser User Stories zu verifizieren, stellen Sie fest, dass es ein naheliegendes Szenario gibt: „Student (nennen wir ihn Fred) fragt nach dem Kurszeitplan". Das ist der ganze Zweck dieser User Story. Als nächstes wollen wir die Geschäftslogik im Format GEGEBEN-WENN-DANN ausdrücken.

GEGEBEN ist das Setup für dieses Szenario, d.h. alles, was eingerichtet werden muss, um die gewünschten Ergebnisse zu liefern. Wir könnten auch sagen, dass Sie die „Voraussetzungen" für dieses Szenario definieren. Wenn es mehr als eine Voraussetzung gibt, verwenden Sie den Konnektor „UND" in Gherkin.

Szenario:	**Fred fragt nach dem Kurszeitplan**
GEGEBEN	Fred ist auf der Website eingeloggt
	UND Fred hat BASE absolviert
	UND Fred hat unvollendete Kurse
WENN	Fred den Kursplan anfordert
DANN	wird Freds persönlicher Kurszeitplan angezeigt

In diesem Szenario ist Fred, unser Schulungsteilnehmer, auf der Website eingeloggt, er hat BASE absolviert, und er hat unvollendete Kurse.

Während GEGEBEN die Voraussetzungen beschreibt, löst das WENN (Fred den Kursplan anfordert) dieses Szenario aus. DANN spezifiziert das Outcome des Szenarios, was bedeutet, dass Freds persönlicher Trainingsplan angezeigt wird. Bevor wir zu den Szenario-Gliederungen übergehen, wollen wir kurz auf den Inhalt der einzelnen Statements eingehen.

In der GEGEBEN-Anweisung sollten Sie alle Arten von Setup-Daten ausdrücken, die für den Erfolg dieses Tests erforderlich sind. Dies umfasst sowohl Hardwarebedingungen als auch Daten, Dateien oder Datensätze, die eine bestimmte Bedingung erfüllen müssen, damit der Test durchgeführt werden kann.

Das WENN definiert alle Werte oder Aktionen, die zur Durchführung des Tests erforderlich sind. Es ist die Interaktion zwischen einem Stakeholder des Systems und dem System selbst. Wenn es sich z.B. um eine Website handelt, listet die WENN-Anweisung die Art der Benutzerinteraktion auf, wie z.B. „Werte eingeben", „auf eine Schaltfläche klicken", „Formular abschicken", usw. Handelt es sich jedoch z.B. um eine API, könnte die Interaktion mit Stakeholdern „auf einen Request antworten" lauten.

Durch DANN wird das Endresultat der beiden Bedingungen (GEGEBEN-WENN) definiert. Dies ist oft ein berechnetes Ergebnis mit einem bestimmten Wert, aber es kann auch ein beliebiger anderer Outcome sein.

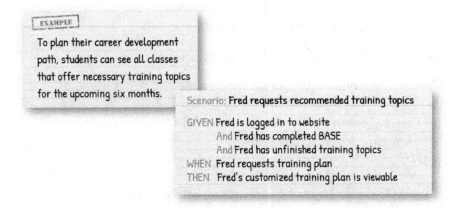

EXAMPLE

To plan their career development path, students can see all classes that offer necessary training topics for the upcoming six months.

Scenario: Fred requests recommended training topics

GIVEN Fred is logged in to website
    And Fred has completed BASE
    And Fred has unfinished training topics
WHEN Fred requests training plan
THEN Fred's customized training plan is viewable

Das ist das Grundkonzept der Szenarien in Gherkins GEGEBEN-WENN-DANN-Schema. Es gibt jedoch noch ein Konzept in Gherkin, das sehr nützlich ist – die Grundlage (Background).

Die Gherkin Grundlage (Background)

Manchmal stellt man fest, dass viele Szenarien die gleichen GEGEBEN-Anweisungen erfordern. Erfreulicherweise gibt es da eine einfache Lösung ein bisschen Zeit zu sparen.

Eine Grundlage ermöglicht es Ihnen, den nachfolgenden Szenarien einen Kontext oder Voraussetzungen hinzuzufügen. Sie wird verwendet, um eine GEGEBEN-Anweisung oder eine Reihe von GEGEBEN-Anweisungen zu definieren, die für alle Tests in einer Feature-File (Funktionalität-Datei) ausgeführt werden.

Sie dient dazu, eine Vorbedingung zu schaffen, die vor der Ausführung aller Szenarien erfüllt sein muss. Das bedeutet 2 Dinge:

1) Eine Feature-Datei (oder eine bestimmte Gruppe) von Szenarien kann nur **eine** Grundlage haben.

2) Die Grundlage muss allen Szenarien und Szenarien-Gliederungen vorausgehen.

Erweitern wir das Szenario, das Sie im vorigen Abschnitt definiert haben.

Grundlage

GEGEBEN Fred ist auf der Website eingeloggt
UND Fred hat BASE absolviert

Szenarien

SZENARIO 1: Fred fragt nach dem Kurszeitplan und hat unvollendete Kurse
GEGEBEN Fred hat unvollendete Kurse
WENN Fred den Kurszeitplan anfordert
DANN wird Freds persönlicher Trainingsplan angezeigt

SZENARIO 2: Fred fragt nach dem Kurszeitplan und hat <u>keine</u> unvollendeten Kurse

GEGEBEN Fred hat keine offenen Kurse

WENN Fred den Kurszeitplan anfordert

DANN wird Fred ein Abschluss-Zertifikat angeboten

Szenario-Gliederungen (Outlines)

Lassen Sie uns nun einen Schritt weiter gehen. In unserem Beispiel haben wir uns auf „Fred" konzentriert. Natürlich wird es nicht in jedem Szenario um Fred gehen. Was passiert, wenn wir ein Szenario mehrfach mit verschiedenen Testdaten testen wollen? Müssen wir für jeden Testdatensatz ein Szenario erstellen? Das wäre eine Menge vergeudete Mühe – mit Sicherheit nicht LEAN!

In Gherkin wird dies mit einem Konstrukt namens Szenario-Gliederung ermöglicht. Dieses verwendet auch das GEGEBEN-WENN-DANN-Format. Es verwendet jedoch Variablen anstelle von Konstanten. Es würde nicht von „Fred" die Rede sein, sondern von einem Kursteilnehmer, und dann würden Sie eine „Beispieltabelle" (mehr dazu später) mit mehreren Kursteilnehmern erstellen. Jeder Teilnehmer würde spezifische Testkriterien verifizieren.

In einem Szenario kann es viele Variablen geben. Nachfolgend ein allgemein übliches Beispiel für ein Szenario, mit dem viele vertraut sind: „Eine Person hebt Geld an einem Geldautomaten ab".

Szenario Gliederung:	Eine Person hebt Geld an einem Automaten ab
GEGEBEN	<Person> hat eine gültige Debitkarte UND der Kontostand ist <OriginalSaldo>
WENN	<Person> die Karte einschiebt UND <Abhebungsbetrag> abhebt
DANN	zahlt der Automat <Abhebungsbetrag> aus UND der Kontostand ist <NeuerSaldo> UND das Ergebnis ist <Outcome>

In der ersten Bedingung (GEGEBEN) sehen Sie die Kleiner-als und Größer-als Zeichen um das Wort <Person>. Das ist ein Platzhalter, der als Variable bekannt ist. Cucumber (ein Framework, welches die Gherkin Sprache unterstützt) speichert die Werte in Beispieltabellen (mehr dazu später), und ein Testautomatisierungsframework, das mit Cucumber kompatible ist, führt die einzelnen Szenario-Schritte der Gherkin Feature Files automatisch aus. Die eigentliche Automatisierung der Testschritte ist nicht die Aufgabe von Cucumber, sondern die des gewählten Testframeworks.

Diese Szenario-Gliederung hat eine zweite Bedingung, die mit einem „UND" ausgedrückt wird das lautet: „**UND** der Kontostand ist <OriginalSaldo>" (wiederum eine Variable).

In dieser Szenario-Gliederung gibt es zwei WENN-Aussagen:

> **WENN** <Person> die Karte einschiebt
> **UND** <Abhebungsbetrag> abhebt

In der DANN-Aussage finden wir drei Post-Bedingungen oder Outcomes für dieses Szenario:

> **DANN** zahlt der Automat <Abhebungsbetrag> aus
> **UND** der Kontostand ist <NeuerSaldo>
> **UND** das Ergebnis ist <Outcome>

Wie Sie sehen können, haben wir mehrere Variablen, die Teil dieser Szenario-Gliederung sind. Das führt uns zu der oben erwähnten Beispieltabelle.

> Scenario Outline: **A user withdraws money from an ATM**
>
> GIVEN <Name> has a valid Credit or Debit card
> And their account balance is <OriginalBalance>
> WHEN they insert their card
> And withdraw <WithdrawalAmount>
> THEN the ATM should return <WithdrawalAmount>
> And their account balance is <NewBalance>
> And the outcome is <Result>

Beispieltabellen (Examples)

Ein Beispiel zeigt konkrete, spezifische Outcomes, die das sich entwickelnde Produkt unterstützen muss, daher ist es nicht mehr notwendig, eine Anforderung zu verstehen oder zu interpretieren. Mehr darüber, wie man Beispiele erstellt, erfahren Sie im Kapitel über die Identifizierung von Szenarien.

Wenn Sie eine Beispieltabelle in Gherkin einrichten, listen Sie jede Variable in Ihrem Szenario (Person, OriginalSaldo, Abhebungsbetrag, NeuerSaldo und Outcome) als Spaltenüberschrift auf. Dabei repräsentiert jede Zeile ein bestimmtes Beispiel mit verschiedenen Datenwerten, die Sie testen möchten.

Person	Original Saldo	Abhebungs-Betrag	Neuer Saldo	Outcome
Tom	€125	€25	€100	ausbezahlt
Fred	€15	€25	€15	Betrag nicht verfügbar
Nancy	€10,287	€1,000	€10,287	Tägliches Limit überschritten
NoAccount	N/A	N/A	N/A	Karte retourniert

Ein Szenario kann eine beliebige Anzahl von Beispielen enthalten, die ausgeführt werden müssen, um zu verifizieren, dass die Anwendung unter allen zu testenden Umständen korrekt funktioniert.

Einige von Ihnen haben vielleicht schon die Flut von Beispielen erlebt, die für eine bestimmte Szenario-Gliederung identifiziert werden können. Deshalb werden Sie im nächsten Abschnitt verschiedene Techniken lernen, die es Ihnen ermöglichen, die Anzahl der Beispiele zu begrenzen. Wir nennen diese Techniken Testdaten-Engineering.

Um Gherkin-Szenarien zusammenzufassen:

- ☑ Ein Szenario hat Konstanten und KEINE Variablen.

- ☑ Mit einer „Grundlage" können Sie Redundanzen bei GEGEBEN-Anweisungen minimieren.

- ☑ Eine Szenario-Gliederung hat Variablen, die unter Verwendung einer Beispieltabelle in Gherkin erstellt werden.

- ☑ Ein Beispiel ist eine Instanz einer Szenario-Gliederung.

- ☑ Eine Szenario-Gliederung kann eine unbegrenzte Anzahl von Beispielen haben.

Um innerhalb der Leitsätze von Lean and Agile zu bleiben, ist es wichtig, eine minimale Anzahl von Beispielen zur Validierung eines Features, einer Funktion, oder einer User Story zu haben. Sie möchten die Datenwerte optimieren, damit Sie nicht mehrere Tests durchführen müssen, wenn ein Test ausreicht. Dies führt uns zum Testdaten-Engineering, das das Thema des nächsten Kapitels ist. Zunächst empfehlen wir jedoch die folgende Praxisübung.

Übung: Szenarien im GEGEBEN-WENN-DANN-Format erstellen

Hier ist Ihre Gelegenheit, das Gelesene auszuprobieren. Sie erhalten den größten Nutzen aus diesem Buch, wenn Sie die Übung machen, bevor Sie unsere Antworten lesen.

Denken Sie daran, dass es keine richtige oder falsche Antwort gibt. Die Übungen erlauben Ihnen lediglich, die vorgestellten Konzepte und Techniken auszuprobieren.

Anleitung:

Tests im Format GEGEBEN-WENN-DANN auszudrücken, erfordert eine etwas andere Denkweise. Erstellen Sie ein oder mehrere Szenarien zur Validierung der folgenden User Story.

Frage 1:

Welche Szenarien können Sie identifizieren, um diese User Story zu testen?

Als Websitebesucher kann ich alle für mein Reisedatum und mein Reiseziel verfügbaren Flüge anzeigen, um die beste Option auszuwählen.

Antwort Frage 1: Welche(s) Szenario(s) können Sie identifizieren, um diese User Story zu testen: "Als Websitebesucher kann ich alle für mein Reisedatum und mein Reiseziel verfügbaren Flüge anzeigen, um die beste Option auszuwählen".

Einige potenzielle Antworten:

Grundlage

GEGEBEN Websitebesucher befindet sich auf der Page „Verfügbare Flüge anzeigen" der BP Air Website

Szenarien

SZENARIO 1: Websitebesucher wählt Abflughafen, Zielflughafen und Reisedaten aus
WENN Websitebesucher nach verfügbaren Flügen fragt
DANN sieht Websitebesucher alle Flüge für die ausgewählten Daten und Flughäfen

SCENARIO 2: Websitebesucher möchte Flüge von alternativen Abflughäfen zum Zielort sehen
UND es gibt keine Flüge für das Abreisedatum vom gewünschten Abflughafen
WENN Websitebesucher nach anderen Abflughäfen fragt
DANN kann Websitebesucher einen anderen Abflughafen selektieren

Natürlich gibt es noch viele weitere Szenarien, die Sie finden könnten und die Sie auch gründlich testen müssten. Je mehr Szenarien Sie identifizieren, desto wahrscheinlicher ist es, dass die Funktion genau die von Ihnen gewünschten Ergebnisse liefert. Um jedoch in einer schlanken und agilen Welt ein brauchbares Werkzeug zu sein, müssen Sie **so viele Akzeptanztests wie nötig, aber so wenige wie möglich** durchführen. Im nächsten Kapitel lernen Sie Techniken kennen, mit denen Sie sicherstellen können, dass Sie die kleinste Anzahl von Beispielen oder Szenarien haben, aber dennoch die gewünschte Testabdeckung (Test Coverage) erreichen.

Thomas and Angela Hathaway

Agiles Testdaten-Engineering

Der Zweck des Testdaten-Engineering ist es:

- ☑ die Anzahl der Beispiele zu minimieren
- ☑ den Prozess des Testens wiederholbar zu machen
- ☑ Regressionstests zu unterstützen

Abgesehen von der Zeitersparnis durch die Entwicklung möglichst weniger Szenarien ist das Regression Testing ein weiterer Grund, weshalb wir Testdaten-Engineering benötigen. Wie funktionieren Regressionstests?

Beim Regression Testing werden Szenarien wiederholt ausgeführt. Jedes Mal, wenn ein Entwickler eine Änderung an der Anwendung vornimmt, werden alle verifizierten Szenarien, die zum Testen des Produkts oder der Anwendung bereits verwendet wurden, erneut durchlaufen. Dieser Prozess wird als Regression Testing bezeichnet. Er beweist, dass wir nicht nur die neue Funktionalität korrekt hinzugefügt haben, sondern dass wir auch sonst nichts kaputt gemacht haben. Das ist ein kritisches und oft übersehenes Ziel von Akzeptanztests.

Beim Testdaten-Engineering geht es darum, die besten Datenwerte für Ihre Szenarien und Beispiele zu ermitteln. Wenn Sie Dateneingabewerte nach dem Zufallsprinzip auswählen, werden Sie am Ende eine unüberschaubare Menge von Szenarien erhalten. Sie haben keine Ahnung, ob Sie die kritischsten Outcomes abgedeckt haben. Testdaten-Engineering macht den Testprozess schlank und wiederholbar, was zu effektiven Regressionstests führt.

Datentypen für Testdaten-Engineering

Das GEGEBEN-WENN-DANN-Format gibt Auskunft darüber, welche Arten von Testdaten Sie beim Testdaten-Engineering berücksichtigen müssen.

Das GEGEBEN umfasst alle Daten, Dateien, Datensätze, Datenbanken, Hardwarezustände und alles, was sich vor der Ausführung des jeweiligen Szenarios in einem bestimmten Zustand befinden muss. Überprüfen Sie, ob die Daten, die Sie eingerichtet haben, optimal für die Funktion oder das Szenario sind.

Das WENN spezifiziert Daten, die alle Werte oder Aktionen definieren, die zur Durchführung des Tests erforderlich sind. Wenn Sie es beispielsweise mit einer Website zu tun haben, betrifft dies Ihre Dateneingabe und die entsprechenden Aktionen. Und auch hier wollen Sie die Daten so optimieren, dass ein Test ausreicht (mehr dazu später in diesem Kapitel).

Das DANN ist das Ergebnis oder Outcome des GEGEBEN und des WENN und kann seinen eigenen Satz von Datenwerten haben.

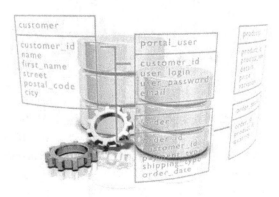

Minimieren von Szenarien und Beispielen

Es kann sehr frustrierend sein, die richtige Testabdeckung zu definieren. Wie viele Tests oder Szenarien mit unterschiedlichen Datenwerten sind eigentlich genug, um eine User Story oder ein Feature zu verifizieren? Unserer Erfahrung nach kann es für den Erfolg Ihres neuesten Releases genauso schädlich sein, eine zu große Anzahl von Szenarien zu haben, wie nicht genug zu haben.

In unseren Schulungen werden wir oft gefragt: „Wie können wir die besten Werte für Szenarien oder Beispiele auswählen?" Wir werden unsere Antwort anhand einer User Story aus einer unserer Fallstudien veranschaulichen.

Um die Anzahl der Versicherungsanträge zu erhöhen, können Underwriter einen Rabatt für sichere Fahrer gewähren

---

Diese User Stories umfasst mehrere Szenarien für Akzeptanztests. Zur Demonstration des Testdaten-Engineering wählten wir das folgende Szenario, das sich auf einer funktionalen Detailebene befindet.

Szenario	**Berechnen Sie den Prämienrabatt für sichere Fahrer**
GEGEBEN	Eine Prämie von €1500 UND einem Rabattprozentsatz von 5% UND Versicherungsnehmer ist rabattberechtigt
WENN	Versicherungsnehmer einen Rabatt beantragt
DANN	Rabattbetrag = €75 UND Neue Prämie = €1425

Jedes Mal, wenn dieser Test läuft, kommt er mit einem Rabatt von €75 und einer neuen Gesamtprämie von €1425 zurück, andernfalls hat die getestete Anwendung einen Fehler. Warum diese Testzahlen? Warum €1500, warum nicht 2 Millionen Euro oder ein Euro? Warum beträgt der Rabattprozentsatz 5%? Wie viele Testdaten-Beispiele bräuchten wir, um alle potenziellen Ergebnisse abzudecken?

Wenn Sie die Anwendung gründlich testen möchten und sicherstellen möchten, dass später beim Regressionstest durch eine neue Änderung keine Probleme aufgetreten sind, sollten Sie mehrere Testdaten-Beispiele für das Szenario verwenden.

Wir können jedoch nicht alle möglichen Eingabewerte testen, da die Anzahl der Szenarien oder Beispiele riesig wäre. Wie können wir eine unendliche Anzahl von Beispielen auf eine endliche Anzahl reduzieren und gleichzeitig sicherstellen, dass die ausgewählten Beispiele noch alle möglichen Datenwerte wirksam abdecken? Hier setzt das Konzept des Testdaten-Engineering an.

Testdaten-Engineering umfasst drei spezifische Konzepte:

- ☑ **Äquivalenzklassenaufteilung**
  (Equivalence Class Partitioning)

- ☑ **Grenzwertanalyse**
  (Boundary Value Analysis)

- ☑ **Identifizierung wahrscheinlicher Fehler**
  (Probable Error Identification)

Diese drei Techniken zur Identifizierung von Datenwerten minimieren die Anzahl Ihrer Szenarien und Beispiele.

Aufteilen nach Äquivalenzklassen

Bei dieser Technik werden Dateneingaben in Gruppen eingeteilt, von denen Sie ein ähnliches Verhalten erwarten, d.h. wenn eine funktioniert, funktionieren sie alle. Um die Gesamtzahl der Szenarien zu reduzieren, wählen Sie eine Eingabe aus jeder Gruppe aus und erstellen ein Szenario oder Beispiel dafür.

Wenn Sie zum Beispiel die Gültigkeit eines Eingabedatums prüfen wollen, das einen numerischen Monat anzeigt, wie viele Szenarien wären dann ausreichend? Benötigen Sie 12 Szenarien, um die 12 Monate zu testen? Benötigen Sie eine weitere Unmenge von Szenarien, um auf ungültige Monate zu testen? Glücklicherweise nicht! Alles, was Sie brauchen, sind vier Szenarien oder Beispiele, um eine optimale Testabdeckung zu erreichen. Und wie funktioniert das?

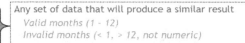

Equivalence class
(Don't test the same old, same old over and over)

Any set of data that will produce a similar result
Valid months (1 - 12)
Invalid months (< 1, > 12, not numeric)

Zunächst teilen Sie die Outcomes in gültige und ungültige Ergebnisse ein. In unserem numerischen Monatsbeispiel haben Sie ein gültiges Outcome (valid month), das im Bereich von 1-12 liegt, und ein ungültiges Outcome (invalid month), das ein Monat ist, der kleiner als 1, größer als 12 oder nicht numerisch ist. Damit haben wir vier Äquivalenzklassen:

Valid months (1 – 12)
Invalid months (< 1, > 12, not numeric)

Als nächstes wählen Sie einen Vertreter aus jeder Äquivalenzklasse aus und erstellen vier Szenarien.

Zum Beispiel:

Gültiges Outcome	**5**
	(eine Zahl zwischen 1 und 12)
Ungültiges Outcome	**-1**
	(eine Zahl kleiner als 1)
Ungültiges Outcome	**43**
	(eine Zahl größer als 12)
Ungültiges Outcome	**Nicht numerisch**
	(alphanumerisch)

Sie könnten jedoch eine noch bessere Testabdeckung erzielen, wenn Sie diese Monatswerte optimieren würden. Sie können Ihre Beispiele verfeinern, indem Sie die Grenzwertanalyse anwenden.

Grenzwertanalyse

Äquivalenzklassen und Grenzwerte sind miteinander verknüpft und können zusammen oder einzeln verwendet werden. Ein Grenzwert ist jeder Wert am Rand einer identifizierten Äquivalenzklasse. Erfahrungsgemäß befinden sich die meisten Defekte an den Rändern einer Klasse.

Jede Grenzkante einer Äquivalenzklasse hat einen **gültigen** Grenzwert und einen **ungültigen** Grenzwert. Wenn Sie zum Beispiel eine numerische Monatseingabe bestätigen, sind die Zahlen 1 und 12 Grenzwerte für gültige Outcomes. 0 und 13 sind Grenzwerte für ungültige Outcomes.

Boundary values
(Edges are much more dangerous than flat surfaces)

On, above, or below the edges of equivalence classes
Valid months (1, 12)
Invalid months (0, 13, XX)

In der folgenden Tabelle sehen Sie, wie die Grenzwertanalyse die Testdatenwerte verändert hat, die wir mit der Technik der Äquivalenzklassen-Partitionierung ermittelt haben.

Gültiges Outcome	**~~5~~ 1** *(eine Zahl zwischen 1 und 12, jedoch an der unteren Grenzkante)*
Gültiges Outcome *(added using Boundary Analysis)*	**12** *(eine Zahl zwischen 1 und 12, jedoch an der oberen Grenzkante)*
Ungültiges Outcome	**~~-1~~ 0** *(eine Zahl kleiner als 1, aber an der unteren Grenzkante)*
Ungültiges Outcome	**~~43~~ 13** *(eine Zahl größer als 12, aber an der oberen Grenzkante)*
Ungültiges Outcome	**Nicht numerisch** *(alphanumerisch, keine Änderung)*

Es gibt jedoch keine feste Regel, nur eine Eingabe von jeder Äquivalenzklasse zu testen. Basierend auf Ihren Bedürfnissen und früheren Erfahrungen sollten Sie die Eingaben festlegen.

Äquivalenzklassenaufteilung und Grenzwertanalyse sind großartige Tools zur Erstellung von Gherkin-Beispieltabellen oder individuellen Szenarien, die Testdatenwerte benötigen, aber sie sind nicht idiotensicher. Vertrauen Sie immer Ihrem eigenen Gespür und Ihren Erfahrungen. Fügen Sie bei Bedarf weitere Szenarien mit anderen Testdaten hinzu.

„Wahrscheinliche" Fehleridentifikation

Die Identifikation von wahrscheinlichen Fehlern basiert auf der Idee, dass Sie auf Dinge testen, die in der Vergangenheit schiefgelaufen sind. Es wird davon ausgegangen, dass aufgrund der Tatsache, dass sie in der Vergangenheit schiefgelaufen sind, eine höhere Wahrscheinlichkeit besteht, dass sie erneut fehlschlagen.

Anstatt beispielsweise eine Zahl im Monatsfeld zu verwenden, lassen Sie das Feld leer. Eine andere Idee ist, dass Sie, anstatt es leer zu lassen, eine Zahl hinzufügen und diese dann löschen, was sich als mögliche Null herausstellt, statt als Leerzeichen. Systeme können auf eine Null anders reagieren als auf ein Leerzeichen.

Die Zahlen 99 und 100 könnten „wahrscheinliche" Fehler sein, auch wenn Sie es mit 1 bis 12 versuchen. Darüber hinaus ist der Februar wegen der 28 oder 29 Tage immer ein sehr seltsamer Monat. Das könnte ein „wahrscheinlicher" Fehler sein, den Sie für ein Szenario in Betracht ziehen sollten. Ein weiterer „wahrscheinlicher" Fehler könnte darin bestehen, eine einzelne Ziffer in das Monatsfeld einzugeben oder ein Leerzeichen davor oder dahinter einzufügen. Jeder von ihnen könnte ein Szenario oder Beispiel sein.

Probable error
(If it's happened before, it'll happen again. Unfortunately!)

Situations more likely to find a bug based on experience (yours or someone else's)
(Blank, null, 99, 00, _1, 1_)

Mit Hilfe der Identifizierung „wahrscheinlicher" Fehler haben wir zusätzliche Szenarien gefunden, die die meisten Fehler beim Testen einer Datumeingabe finden werden. Äquivalenzklassen, Grenzwerte und Wahrscheinlicher Fehler sind einfache Techniken, um die Anzahl der Szenarien und Beispiele zu minimieren und gleichzeitig die Wahrscheinlichkeit der Fehlererkennung zu maximieren. Testdaten-Engineering ist besonders effektiv, wenn ein großer Pool von Eingabekombinationen vorhanden ist.

Testdaten-Engineering ist schlank

In unserem Beispiel haben wir etwa acht verschiedene Szenarien oder Beispiele identifiziert. Diese acht werden die häufigsten Fehler beim Testen eines numerischen Monats finden. Angesichts der Tatsache, dass Sie ein winzig kleines Eingabefeld „numerischer Monat" testen, scheinen acht Szenarien/Beispiele viel zu sein. Aber stellen Sie sich die Anzahl der Szenarien/Beispiele vor, die Sie am Ende erhalten würden, wenn Sie keine Grenzwerte, Äquivalenzklassen und Tests auf wahrscheinliche Fehler angewendet hätten.

Mit Testdaten-Engineering werden Sie die Anzahl der Szenarien/Beispiele, die Sie benötigen, auf ein Minimum reduzieren. Darüber hinaus ist es sogar wahrscheinlich, dass Testdaten-Engineering mehr Bugs und Defekte in der Software findet.

Übung: Testdaten-Engineering

Hier ist Ihre Chance, das Gelesene auszuprobieren. Sie profitieren am meisten von diesem Buch, wenn Sie die Übung machen, bevor Sie unsere Antworten lesen.

Denken Sie daran, dass es keine richtige oder falsche Antwort gibt. Diese Übung testet Ihre Fähigkeit, Äquivalenzklassen, Grenzwerte und Wahrscheinliche Fehler anzuwenden, um Testdaten zu erstellen.

Anleitungen:

Lesen Sie die Beschreibung für den Geschäftsprozess „Darlehen Beantragen". Beantworten Sie dann die folgenden Fragen.

„Darlehen Beantragen"

Wenn die derzeitige Schuldenlast des Kunden zuzüglich des beantragten Kredits mehr als das Vierfache des Bruttoeinkommens beträgt, lehnen Sie den Antrag ab, es sei denn, der Kredit ist ausgezeichnet und der Kunde hat seit mehr als 5 Jahren die gleiche Tätigkeit ausgeübt. Wenn dies der Fall ist, genehmigen Sie den Kreditantrag, verlangen aber einen Mitunterzeichner.

Wenn die gesamte Neuverschuldung weniger als das Vierfache des Bruttoeinkommens beträgt und die Kreditwürdigkeit ausgezeichnet oder gut ist, genehmigen Sie den Kreditantrag.

Wenn der Kunde über gute Kreditwürdigkeit verfügt und weniger als 5 Jahre im derzeitigen Beruf tätig ist, genehmigen Sie den Kreditantrag mit einem Mitunterzeichner. Andernfalls lehnen Sie den Kreditantrag ab.

Frage 1:

Was sind die **Äquivalenzklassen** im Prozess „Darlehen Beantragen"?

Frage 2:

Welche **Grenzwerte** können Sie im Prozess „Darlehen Beantragen" identifizieren?

Frage 3:

Welche **„wahrscheinlichen" Fehler** können Sie im Prozess „Darlehen Beantragen" finden?

Antwort Frage 1: Was sind die Äquivalenzklassen im Prozess „Darlehen Beantragen"?

- ☑ Personen, deren Schulden einschließlich des beantragten Kreditbetrags das Vierfache ihres Bruttoeinkommens übersteigen
- ☑ Personen, deren Schulden einschließlich des beantragten Kreditbetrags unter dem 4-fachen Bruttoeinkommen liegen.
- ☑ Personen, die seit über 5 Jahren in diesem Beruf tätig sind.
- ☑ Personen, die weniger als 5 Jahre erwerbstätig sind.
- ☑ Personen mit ausgezeichneter Kreditwürdigkeit (Bonität).
- ☑ Personen mit guter Kreditwürdigkeit.

ANMERKUNG: Was ist mit Personen, deren aktuelle Verschuldung zuzüglich des Betrages der Anfrage genau das Vierfache ihres Bruttoeinkommens beträgt oder Personen, die seit genau 5 Jahren in dem Beruf tätig sind? Dies sind Fragen, die die Business-Community klären muss, bevor Sie sie einer Äquivalenzklasse zuordnen können.

Antwort Frage 2: Welche Grenzwerte können Sie im Prozess „Darlehen Beantragen" identifizieren?

- ☑ Neuverschuldung = 4-mal Bruttoeinkommen
  Neuverschuldung = (4-mal Bruttoeinkommen + $1)
  Neuverschuldung = (4-mal Bruttoeinkommen - $1)

- ☑ im Beruf = 5 Jahre
  im Beruf = 5 Jahre + 1 Tag
  im Beruf = 5 Jahre - 1 Tag

ANMERKUNG: Diese Grenzen gehen davon aus, dass das Verhältnis von Bruttoeinkommen zu Neuverschuldung auf den nächsten Euro genau berechnet wird und die Dauer der Beschäftigung am selben Arbeitsplatz auf den Tag genau bestimmt wird. Sie müssen diese Annahmen mit der Business-Community bestätigen, bevor Sie fortfahren.

Antwort Frage 3: Welche „wahrscheinlichen" Fehler können Sie im Prozess „Darlehen Beantragen" finden?

- ☑ Personen, deren aktuelle Schulden zuzüglich des Betrages der Anfrage 1 Dollar weniger oder mehr als ihr aktuelles Einkommen beträgt.

- ☑ Personen mit ausgezeichneter Kreditwürdigkeit, die einen Kredit beantragen, der das Vierfache des Bruttoeinkommens übersteigt und die den Antrag am 5. Jahrestag ihrer Beschäftigung stellen.

- ☑ Personen mit schlechter Bonität.

- ☑ Personen, die noch keine Bonität haben.

Thomas and Angela Hathaway

Szenarios identifizieren

Wo beginnen Sie mit der Identifizierung von Szenarien? Wie wir in früheren Kapiteln besprochen haben, sollten Sie User Stories, eine Feature-Liste oder Anforderungslisten erstellt haben oder zumindest Zugriff darauf haben. Bei einer Scrum (Agile)-Initiative beispielsweise befinden sich User Stories für die Szenarien erstellt werden müssen entweder im Release- oder Sprint-Backlog. In anderen Vorgehensweisen finden Sie die User Stories auf dem Kanban-Board oder in einer Feature-Liste.

Die richtigen Szenarien für Akzeptanztests zu finden, ist eine der Herausforderungen, die es zu bewältigen gilt. In diesem Abschnitt zeigen wir Ihnen verschiedene Techniken zum Erstellen von Szenarien basierend auf einer Vielzahl von Quellen, einschließlich User Stories, Features, Entscheidungstabellen, Problemstellungen, Use Cases (Anwendungsfällen) und anderen Artefakten.

Wir werden Ihnen auch zeigen, wie Sie Szenarien mit Hilfe von Funktionsanforderungen und NFRs aus den Ergebnissen des Story Decomp (Feature Drill-down) erstellen können, eine Technik, die Sie in einem früheren Kapitel gelernt haben. Unserer Erfahrung nach ist diese Technik ein ideales Tool zur Identifizierung von Szenarien, die bereits für einen Sprint geplant sind und bei denen die Entwickler sie besser verstehen müssen.

Von User Stories zu Szenarien

Wir werden mit der allgemein üblichen Methode beginnen, nämlich der Erstellung von Szenarien anhand einer User Story. Gute User Stories beantworten (in irgendeinem Format) drei grundlegende Fragen:

- ☑ WER braucht was?
- ☑ WAS wird gebraucht?
- ☑ WARUM wird es gebraucht?

Zurück zum Beispiel, dass wir in der letzten Übung verwendet haben:

Als Websitebesucher kann ich mir alle verfügbaren Flüge, die meinen zeitlichen Constraints entsprechen, ansehen, um den am besten geeigneten auszuwählen.

In dieser User Story ist das „WER" deutlich angegeben - ein Websitebesucher. „WAS" er braucht, ist eine Auswahl von Flügen, die in seinen Zeitplan passen. Der letzte Teil des Satzes „um den besten Flug auszuwählen" beantwortet die Frage „WARUM" (Business Value) und gibt Ihnen die endgültigen Kriterien für einen Endbenutzer-Akzeptanztest. Die Herausforderung besteht nun darin, wie man Szenarien aus dieser User Story extrapolieren kann, ohne zu wissen, wie die Entwickler sie programmieren werden.

Hier ist ein einfacher, schrittweiser Ansatz zur Entdeckung von Szenarien auf der Grundlage einer User Story, die sich in der Vergangenheit bestens für uns bewährt hat.

Step 1: Verwenden Sie das „WARUM" in der User Story

Beginnen Sie am Ende - dem Business Value (die „WARUM"-Anweisung). Führen Sie 5 Minuten lang ein Brainstorming durch und listen Sie alle erdenklichen Bedürfnisse des Websitebesuchers auf, die bestätigen würden, dass das Produkt den versprochenen Wert liefert.

Als Websitebesucher kann ich mir alle verfügbaren Flüge, die meinen zeitlichen Constraints entsprechen, ansehen, um den am besten geeigneten auszuwählen.

Zum Beispiel lautet die „WARUM"-Anweisung in dieser User Story: „um den am besten geeigneten auszuwählen". Dies bedeutet, dass ein Flug gefunden werden muss, der den Websitebesucher vom Ausgangsort zum gewünschten Zielort bringt, mit einem gewissen Vorbehalt. Basierend auf der Flugerfahrung würden wir die folgenden Szenarien in Betracht ziehen:

Für einen Websitebesucher kann am besten passen:

1. den billigsten Flug, der so schnell wie möglich verfügbar ist.
2. den billigsten Flug innerhalb der nächsten 3 Monate.
3. der Flug mit den wenigsten Zwischenlandungen.
4. der Flug, der kurz vor oder nach einer angegebenen Zeit startet.
5. der frühestmögliche Flug für ein bestimmtes Abflugdatum.
6. der letztmögliche Flug für ein bestimmtes Ankunftsdatum.
7. …

Bewerten Sie jedes Item auf der Liste mit dem Team, um zu bestimmen, ob es ein Szenario werden soll. Bleiben Sie LEAN! Erstellen Sie nicht einfach ein Szenario, nur weil Sie es können. Fragen Sie sich immer: Wenn ich dieses Szenario erstelle, bringt es einen

Mehrwert? Spielt es eine Rolle, ob dieses Szenario scheitert oder erfolgreich ist? Wie wichtig ist es? Wenn diese Sachlage z.B. nur einmal alle 10 Jahre vorkommt, ist es vielleicht kein Szenario wert.

Wenn Sie diese Entscheidung getroffen haben, schreiben Sie ein Szenario für jedes ausgewählte Item. Wenn Sie z.B. entschieden haben, dass #3 (der Flug mit den wenigsten Zwischenlandungen) ein geeigneter Kandidat ist, könnten Sie folgendes Szenario erstellen:

Szenario	**Fred will die Flüge mit den wenigsten Zwischenlandungen sehen**
GEGEBEN	Fred ist auf der Buchungsseite der Website
WENN	Fred nach Flügen mit den wenigsten Zwischenlandungen fragt
DANN	sieht Fred Flüge sortiert nach Anzahl der Stopps

Step 2: Verwenden Sie das „WAS" in der User Story

Betrachten Sie als nächstes die Geschäftstätigkeit (die „WHAT"-Anweisung). Machen Sie ein 5-minütiges Brainstorming und listen Sie alle verschiedenen Optionen auf, die Ihnen einfallen, die bestätigen würden, dass das Produkt all das tut, was es tun sollte.

Als Websitebesucher kann ich mir alle verfügbaren Flüge, die meinen zeitlichen Constraints entsprechen, ansehen, um den am besten geeigneten auszuwählen.

Beispielsweise impliziert „Flüge, ..., ansehen", dass verschiedene Websitebesucher die Angebote auf unterschiedliche Weise sehen wollen. Auch hier würden wir aufgrund unserer Erfahrung die folgenden verschiedenen Optionen in Betracht ziehen.

Als Websitebesucher kann ich:

1. eine E-Mail mit einer Liste geeigneter Flüge sortiert nach Abflugzeit erhalten.
2. eine Liste der Flüge anzeigen, sortiert nach Preis (niedrig bis hoch oder umgekehrt).
3. die Liste auf meinem PC anzeigen.
4. die Liste auf meinem Mobile Device anzeigen.
5. ...

Und noch einmal, bleiben Sie LEAN! Das Team sollte entscheiden, welche Items zu Szenarien werden sollen. Hier ist ein weiteres Beispiel. #1 scheint ein vernünftiger Kandidat zu sein, also könnte das Team das Szenario erstellen:

Szenario	**Fred fordert eine E-Mail mit einer Liste geeigneter Flüge sortiert nach Abflugzeit an**
GEGEBEN	Fred ist auf der Buchungsseite der Website
WENN	Fred wählt die E-Mail-Option aus
DANN	Fred erhält eine E-Mail mit einer nach Abflugzeit sortierten Liste

Step 3: Verwenden Sie die Qualifier in der User Story

Analysieren Sie schließlich alle Qualifier (Einschränkungen) für das „WAS" und das „WARUM". Fügen Sie weitere Ideen hinzu, die Ihnen in 3 - 5 Minuten einfallen und die bestätigen, dass die Story dem qualifizierten Business Outcome entspricht.

Als Websitebesucher kann ich mir alle verfügbaren Flüge, die meinen zeitlichen Constraints entsprechen, ansehen, um den am besten geeigneten auszuwählen.

Der erste Qualifier in unserer User Story ist „alle verfügbaren";

„alle verfügbaren" Flüge sollten einschließen:

1. von meinem ausgewählten Abflughafen sind keine Flüge verfügbar.
2. es gibt zwei oder 3 Flüge vom selben Flughafen.
3. es gibt Flüge von mehreren Abflughäfen.
4. Flüge zu mehreren Zielflughäfen.
5. Flüge mit verfügbaren Sitzplätzen.
6. Flüge mit Standby-Sitzplätzen.
7. ...

ANMERKUNG: Hier müsste ich eine Diskussion mit meinen Fachexperten führen, um zu sehen, ob „alle verfügbaren" Charterflüge, Privatjet-Service, Militärflüge usw. einschließen sollte. Die Antwort darauf könnte die Anzahl der Szenarien erheblich steigern.

Der zweite Qualifier in unserer User Story ist „die meinen zeitlichen Constraints entsprechen".

Als Websitebesucher kann ich mir alle verfügbaren Flüge, die meinen zeitlichen Constraints entsprechen, ansehen, um den am besten geeigneten auszuwählen.

„die meinen zeitlichen Constraints entsprechen" könnte beinhalten:

1. Flüge, die eine Ankunft am Ziel innerhalb einer vorbestimmten Zeit ermöglichen (d. H. Die Teilnahme an einem Meeting um 10 Uhr in New York City), würden Spielraum für den Transport vom Flughafen zum Meeting-Ort beinhalten).
2. aus religiösen Gründen kann ich an bestimmten Feiertagen nicht fliegen.
3. …

Von Business-Rules zu Szenarien

Wir haben Business-Rules (Geschäftsregeln) bereits mehrfach angesprochen. Um Szenarien aus Business-Rules zu extrapolieren, müssen wir tiefer in sie eintauchen.

In ihrer einfachsten Definition sind Business Rules Richtlinien, die Geschäftsaktivitäten definieren (oder einschränken). Business-Rules sind ein integraler Bestandteil der Anforderungsanalyse. Sie beschreiben die Abläufe, Definitionen und Constraints, die für eine Organisation gelten. Sie können sich auf Menschen, Prozesse, Unternehmensverhalten und Computersysteme beziehen und werden aufgestellt, um der Organisation zu helfen, ihre Ziele zu erreichen.

Was ist der Unterschied zwischen einer Business-Rule, einem Business Requirement (Geschäftsanforderung) und einem Szenario?

⇨ **Business-Rules** geben Ihnen die Kriterien und Bedingungen für eine Entscheidung.

⇨ Eine **Geschäftsanforderung** ermöglicht die Umsetzung und Einhaltung einer Business Rule.

⇨ **Szenarien** dienen zur Validierung, ob die Business Rule oder die Geschäftsanforderung korrekt implementiert ist.

Business-Rules sind eine Form von Anforderungen, die unabhängig von der Technologie implementiert werden müssen und die die Business-Community jederzeit ohne großen Aufwand ändern kann.

Wenn die Marketing-Abteilung beispielsweise Studenten, die in Florida leben, einen saisonalen Rabatt von 10 % gewähren will, möchte sie dies ohne Einbeziehung eines Programmierers tun können. Das Marketing muss in der Lage sein, diese Änderungen spontan vorzunehmen, um sich an die aktuellen Marktveränderungen anzupassen und wettbewerbsfähig zu bleiben. Business-Rules geben ihnen diese Fähigkeit. Leider können Business-Rules recht komplex und daher schwer zu entziffern sein. Hier ist ein Beispiel für eine schlecht gestaltete Business-Rules:

Business-Rule:
Genehmigung von Darlehensanträgen

Wenn die derzeitige Schuldenlast des Kunden zuzüglich des Kreditantrags mehr als das Vierfache seines Bruttoeinkommens beträgt, lehnen Sie den Antrag ab, es sei denn, der Kredit ist ausgezeichnet und der Kunde hat mehr als 5 Jahre Berufserfahrung. Ist dies der Fall, genehmigen Sie den Antrag, verlangen aber einen Co-Signer. Wenn die gesamte Neuverschuldung weniger als das Vierfache ihres Bruttoeinkommens beträgt und ihre Kreditwürdigkeit ausgezeichnet oder gut ist, genehmigen Sie den Antrag. Wenn sie nur über eine gute Kreditwürdigkeit verfügen und seit weniger als 5 Jahren in ihrem derzeitigen Beruf tätig sind, genehmigen Sie den Antrag mit einem Co-Signer. Andernfalls lehnen Sie den Antrag ab.

Diese Business-Rule kann leicht zu mehreren Szenarien führen. Sie könnten Szenarien definieren, die alle möglichen Outcomes abdecken, um sicherzustellen, dass die neue Software diese Bedingungen richtig berücksichtigt. Es ist jedoch äußerst schwierig, die verschiedenen möglichen Outcomes aus diesem Text zu extrapolieren.

Mit Entscheidungstabellen (Decision Tables) können Sie komplexe Business-Rules ausdrücken, die Kombinationen von Bedingungen erfordern, um sicherzustellen, dass Sie auf relevante Kombinationen testen. Zu erklären, wie Entscheidungstabellen erstellt werden, geht über den Rahmen dieses Buches hinaus. Es sind jedoch viele Kurse online verfügbar, in denen Sie erfahren, wie Sie eine Entscheidungstabelle erstellen. Als Nächstes zeigen wir Ihnen, wie Sie die Entscheidungstabelle zur Identifizierung von Szenarien verwenden können.

Hier ist eine Entscheidungstabelle, die die Business-Rule von der letzten Seite veranschaulicht. Denken Sie daran, dass „Neuverschuldung" der bestehende Schuldenbetrag plus die beantragte Kreditsumme ist.

Bedingungen							
Neuverschuldung > 4X Bruttoeinkommen	J	J	J	N	N	N	N
Berufserfahrung > 5 Years	J		N	J	J	N	N
Kreditwürdigkeit ausgezeichnet	J	N		J	N	J	N
Kreditwürdigkeit gut				J			
Outcomes							
Darlehen genehmigen	✓			✓	✓	✓	
Co-Signer anfordern	✓				✓		
Darlehen ablehnen		✓	✓				✓

Die Entscheidungstabelle listet alle relevanten Bedingungen in den oberen 4 Zeilen und alle möglichen Outcomes in den unteren 3 Zeilen auf. Die Checkmarken geben an, welche Kombination von Bedingungen zu den einzelnen Outcomes führt.

Sobald Sie eine Entscheidungstabelle erstellt haben, ist es einfach, kritische Szenarien oder Szenarien-Gliederungen zu identifizieren.

Jede Spalte in einer Entscheidungstabelle ist mindestens EIN Szenario!

In der ersten Spalte der Entscheidungstabelle für die Genehmigung von Darlehensanträgen finden wir 3 x die Antwort „J". Das sind die Bedingungen (GEGEBEN) eines neuen Szenarios. Der Antragsteller:

- ☑ hat eine Neuverschuldung die mehr als das Vierfache des Bruttoeinkommens beträgt
- ☑ ist seit mehr als fünf Jahren in diesem Beruf tätig
- ☑ die Kreditwürdigkeit ist ausgezeichnet

Die untere Hälfte der Entscheidungstabelle (in derselben Spalte) zeigt Ihnen die Outcomes (DANN) Ihres neuen Szenarios. In diesem Fall ist der Antrag:

☑ genehmigt und
☑ erfordert einen Co-Signer

Betrachten Sie nun Spalte 2. Wir sehen die Bedingungen - ein „Ja" und ein „Nein". Das führt zu einem GEGEBEN - Der Antragsteller hat:

☑ eine Neuverschuldung die mehr als das Vierfache des Bruttoeinkommens beträgt, und
☑ Kreditwürdigkeit ist NICHT ausgezeichnet

Bedingungen							
Neuverschuldung > 4X Bruttoeinkommen	J	J	J	N	N	N	N
Berufserfahrung > 5 Years	J		N	J	J	N	N
Kreditwürdigkeit ausgezeichnet	J	N		J	N	J	N
Kreditwürdigkeit gut				J			
Outcomes							
Darlehen genehmigen	✓			✓	✓	✓	
Co-Signer anfordern	✓				✓		
Darlehen ablehnen		✓	✓				✓

In diesem Fall ist es uns egal, ob der Antragsteller seit mehr als fünf Jahren in diesem Beruf tätig ist. Wenn der Kredit nicht ausgezeichnet ist und die Schulden mehr als das Vierfache des Bruttoeinkommens betragen, werden wir:

☑ das Darlehen ablehnen

Diese Entscheidungstabelle zeigt sieben Kombinationen von Bedingungen (Spalten), von denen jede zu einer oder mehreren Szenarien führt.

Zur Veranschaulichung dieses Aspekts zeigen wir Ihnen hier ein paar Szenarien für diese Entscheidungstabelle. Um Zeit zu sparen verwenden wir die Grundlage-Technik (siehe Kapitel IV: Die Gherkin Grundlage).

Bedingungen							
Neuverschuldung > 4X Bruttoeinkommen	J	J	J	N	N	N	N
Berufserfahrung > 5 Years	J		N	J	J	N	N
Kreditwürdigkeit ausgezeichnet	J	N		J	N	J	N
Kreditwürdigkeit gut					J		
Outcomes							
Darlehen genehmigen	✓			✓	✓	✓	
Co-Signer anfordern	✓				✓		
Darlehen ablehnen		✓	✓				✓

GRUNDLAGE

GEGEBEN Die Neuverschuldung beträgt mehr als
das 4-fache des Bruttoeinkommens *(3 Spalten haben ein „J")*

SZENARIO 1: Kunde beantragt Darlehen (Spalte 1)
GEGEBEN Antragsteller hat mehr als 5 Jahre
Berufserfahrung.
UND Kreditwürdigkeit ist ausgezeichnet
WENN der Antragsteller einen Kreditantrag einreicht
DANN Darlehen genehmigen
UND Co-Signer anfordern

SZENARIO 2: Kunde beantragt Darlehen (Spalte 2)
GEGEBEN Kreditwürdigkeit ist NICHT ausgezeichnet
WENN der Antragsteller einen Kreditantrag einreicht
DANN Darlehen ablehnen

SZENARIO 3: Kunde beantragt Darlehen (Spalte 3)
GEGEBEN Antragsteller hat weniger als 5 Jahre
Berufserfahrung
WENN der Antragsteller einen Kreditantrag einreicht
DANN Darlehen ablehnen

GRUNDLAGE

GEGEBEN Die Neuverschuldung beträgt **nicht** mehr als
das 4-fache des Bruttoeinkommens *(2 Spalten haben ein „N")*
UND Antragsteller ist seit mehr als 5 Jahren beschäftigt
(2 Spalten haben ein „J")

SZENARIO 4: Kunde beantragt Darlehen (Spalte 4)
GEGEBEN Kreditwürdigkeit ist ausgezeichnet
WENN der Antragsteller einen Kreditantrag einreicht
DANN Darlehen genehmigen

SZENARIO 5: Kunde beantragt Darlehen (Spalte 5)
GEGEBEN Kreditwürdigkeit ist gut
WENN der Antragsteller einen Kreditantrag einreicht
DANN Darlehen genehmigen
UND Co-Signer anfordern

GRUNDLAGE

GEGEBEN Die Neuverschuldung beträgt **nicht** mehr als
das 4-fache des Bruttoeinkommens *(2 Spalten haben ein „N")*
UND Antragsteller ist seit weniger als 5 Jahren beschäftigt
(2 Spalten haben ein „N")

SZENARIO 6: Kunde beantragt Darlehen (Spalte 6)
GEGEBEN Kreditwürdigkeit ist ausgezeichnet
WENN der Antragsteller einen Kreditantrag einreicht
DANN Darlehen genehmigen

SZENARIO 7: Kunde beantragt Darlehen (Spalte 7)
GEGEBEN Kreditwürdigkeit ist nicht ausgezeichnet
WENN der Antragsteller einen Kreditantrag einreicht
DANN Darlehen ablehnen

Sie könnten die Testabdeckung mit Hilfe der Grenzwertanalyse (Boundary Value Analysis) und Szenario-Gliederungen erweitern, wenn dies für Ihre User Story oder Funktion sinnvoll wäre.

So finden Sie Szenarien mittels eines effizienten Tools namens Entscheidungstabelle. Das Schöne an diesem Ansatz ist, dass sehr oft die Personen, die Business-Rules definieren, oder die Entwickler selbst eine Entscheidungstabelle erstellen, um sicherzustellen, dass ihre Spezifikationen vollständig sind. Möglicherweise müssen Sie nicht einmal derjenige sein, der die Tabelle erstellt. Wenn Sie Zugriff auf eine Entscheidungstabelle haben, ist sie ein phänomenales Tool, um Szenarien zu finden.

Von Problemen / Symptomen zu Szenarien

Wir haben die Problemanalyse als ein Tool zum Erstellen von User Stories im Kapitel über User Story- und Feature-Discovery eingeführt. Während der Problemanalyse haben wir die „wirklichen Probleme" von den Symptomen getrennt, was zu einer Liste „Probleme und zugehörige Symptome" führte.

Wenn Sie diesen Ansatz gewählt haben, können Sie die Resultate jetzt verwenden, um Szenarien zu erstellen. Der primäre Test jeder implementierten User Story oder Funktion besteht darin, dass die Probleme und die damit verbundenen Symptome verschwinden, wenn die Anwendung korrekt funktioniert.

Um nachzuweisen, dass ein bestimmtes Symptom verschwunden ist, verwenden Sie einen dreistufigen Prozess, um ein GEGEBEN-WENN-DANN-Szenario oder eine Szenario-Gliederung zu erstellen. Beantworten Sie für jedes Symptom oder Problem auf Ihrer Liste die folgenden Fragen.

1 Finden Sie das GEGEBEN
Um Ihre Setup-Daten (GEGEBEN) zu erstellen, fragen Sie:

⬦ Was hat das Problem verursacht?

⬦ Welche Geschäftssituation muss vorliegen, damit das Symptom sichtbar wird?

Verwenden Sie die Antworten, um das GEGEBEN für Ihr Szenario zu erstellen.

2 Finden Sie das WENN
Zur Formulierung Ihrer WENN-Frage:

⬦ Welche Aktionen muss ich ergreifen, um dieses Problem auszulösen?

◈ Welche Ereignisse finden statt,
wenn dieses Problem auftritt?

Die Antworten auf diese Fragen werden Ihr WENN sein.

3 Finden Sie das DANN

Um Ihr DANN zu formulieren, fragen Sie:

◈ Was ist das richtige Outcome der Aktionen?

◈ Wie würde ich erkennen, dass die Probleme gelöst sind?

Die Antworten auf diese Fragen werden Ihr DANN sein.

Probleme, mit denen die Business-Community konfrontiert ist, haben in der Regel den höchsten Schmerzpunkt (Pain-Point). Wenn Sie die Szenarien auf der Grundlage der Ergebnisse der Problemanalyse testen, haben Sie den Beweis, dass der Schmerzpunkt verschwunden ist. Sie werden der Held sein.

Die angewandte Technik

Wir werden ein Beispiel einer Case Study aus einem unserer Seminare verwenden. Das Symptom ist:

Rabatte für sichere Fahrer werden falsch berechnet, wenn sie mit Ermäßigungen für Hauseigentümer kombiniert werden.

Eines der Szenarien, die wir erstellen könnten, ist,

Szenario: KFZ-Prämie berechnen für einen Kunden, der Anspruch auf einen Hausbesitzer-Rabatt und einen Rabatt für sicheres Fahren hat.

Was ist hier der Setup-Zustand oder das GEGEBEN?

Um einen sicheren Fahrerrabatt anzuwenden, benötigen wir einen Prämienbetrag, auf den wir ihn anwenden können. Das führt uns zu folgender GEGEBEN-Aussage:

> **GEGEBEN:** Eine Police mit einer Jahresprämie
> von € 1.500 pro Jahr

Da der Kunde einen Rabattanspruch als Hauseigentümer hat und einen Rabatt als sicherer Fahrer erhält, soll die Funktion (wie wir von unseren Business Rules wissen), den größeren der beiden Rabatte anwenden, der für diese Police zur Verfügung steht. Das führt uns zu folgender WENN-Aussage:

> **WENN** der Versicherungsnehmer Anspruch auf 7% Rabatt
> für sicheres Fahren hat

> **UND** der Versicherungsnehmer Anspruch auf 5%
> Hausbesitzer-Rabatt hat

Um zum DANN zu gelangen, rechnen wir etwas nach. Wenn die Prämie € 1500 und der Safe-Driver-Rabatt 7% beträgt (der größere der beiden Rabatte), beträgt der gesamte Rabattbetrag € 105. Daher lautet das DANN:

DANN: beträgt der Rabatt für sichere Fahrer € 105

Dies ist ein Beispiel dafür, wie man schnell und mit minimalem Aufwand von der Problemanalyse durch Symptomreduktion in das GEGEBEN-WENN-DANN-Szenario gelangt. Mit dieser Technik erhalten Sie bessere Testszenarien, da Sie nachweisen können, dass dieses Szenario ein Geschäftsproblem löst.

Erstellen einer Szenario-Gliederung

Möglicherweise benötigen Sie mehr als ein Szenario, um verschiedene Datenwerte zu testen. Wir haben bereits erklärt, wie man von einem Szenario zu einer Szenario-Gliederung mit zugehörigen Beispielen gelangt. Zur Auffrischung werden wir dieses Szenario jedoch in eine Szenario-Gliederung umwandeln.

Ersetzen Sie einfach alle Werte in Ihrem Szenario durch Variablen, wie z.B.:

Szenario Gliederung: KFZ-Prämie berechnen für einen Kunden, der Anspruch auf einen Hausbesitzer-Rabatt und einen Rabatt für sicheres Fahren hat.

> **GEGEBEN** Eine Police mit einer Prämie von <Prämie> pro Jahr
> **WENN** der Versicherungsnehmer für einen <sicheren Fahrerrabatt> qualifiziert ist
> **UND** der Versicherungsnehmer einen Anspruch auf <Hauseigentümerrabatt> hat
> **DANN** ist der gesamte Rabatt für sicheres Fahren <Rabattbetrag>

Erstellen Sie dann eine Beispieltabelle mit ausgearbeiteten Testdaten (Äquivalenzpartitionierung, Grenzwertanalyse und Wahrscheinlicher Fehler), wie wir im Kapitel über Testdaten-Engineering beschrieben haben.

Von Use Cases zu Szenarien

Ein Use Case ist ein weiteres phänomenales Tool, um zu Szenarien zu gelangen. Es ist ein einfacher Übergang. Doch genau wie bei den Entscheidungstabellen in einem der früheren Kapitel ist „wie man einen Use Case erstellt" zu komplex, um es in diesem Buch zu erklären. Wir bieten einen Use-Case-Kurs auf Udemy.com an, und ein Buch ist ebenfalls in Vorbereitung.

Wir werden Ihnen jedoch einen kurzen Überblick darüber geben, was Use Cases sind. Vielleicht werden sie Ihr Interesse wecken, mehr über dieses fantastische Tool zu erfahren. Überspringen Sie den Abschnitt „Was ist ein Use Case", wenn Sie bereits mit dem Konzept vertraut sind.

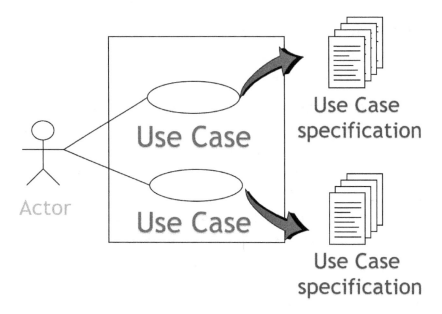

Was ist ein Use Case?

Grundsätzlich verdeutlichen Use Cases (Anwendungsfälle) und Use Case-Diagramme (Anwendungsfalldiagramme) die funktionalen Anforderungen an ein Produkt. Ein Use Case beschreibt die Interaktionen zwischen einem Akteur (Benutzer) und der Software. Die Teile eines Use Cases sind:

☑ Ein **Name**, der den Use Case identifiziert und den Hauptzweck beschreibt.

☑ Eine **Beschreibung** (optional) des Business Value, den dieser Use Case bietet.

☑ **Business Rules** (optional) alle Constraints oder nicht-funktionalen Anforderungen, die für diesen Use Case gelten.

☑ Ein **Trigger**, der bewirkt, dass der Use Case aktiv wird.

☑ Eine Liste der **Akteure** (Personen oder andere Anwendungen), die an dem Use Case beteiligt sind.

☑ **Vorbedingung(en) oder Pre-Condition(s)**, d.h. Bedingungen, die erfüllt sein müssen, bevor der Use Case getriggert wird.

☑ Ein **Normalablauf oder Standardfall**, der die Abfolge von Ereignissen zeigt, die unter den meisten Umständen eintreten.

☑ **Alternative Abläufe** (optional) verwenden andere Schritte als der Standardablauf, um zum gleichen Outcome zu gelangen. Ein alternativer Ablauf erzeugt immer die gleiche Nachbedingung wie der Standardablauf.

☑ **Fehlerfälle oder Ausnahmeabläufe** (optional) führen zu einer anderen Nachbedingung als Standard- und Alternativabläufe. Der Zweck von Fehlerfällen in einem Use Case besteht darin, mit Fehlern und erfolglosen Outcomes umzugehen.

☑ **Nachbedingung(en) oder Post-Conditions** sind die gewünschten Outcomes des Use Case.

Es gibt noch ein paar weitere Items, aber sie sind für die Erstellung von Szenarien basierend auf Use Cases irrelevant. Nur zur Vorsicht: Use Cases können auch sogenannte „Szenarien" enthalten, und es ist leicht, die Definitionen von Testszenarien und Use Case-Szenarien zu verwechseln. Ein Use Case-Szenario ist ein einzelner Ablauf (eine Instanz) durch einen Use Case und kann leicht in ein GEGEBEN-WENN-DANN-Szenario umgewandelt werden.

Hier ist ein Beispiel für einen Use Case mit einem Samsung-Smartphone:

NAME: Verpasste Anrufe prüfen

TRIGGER: Benutzer schaltet Telefon ein, um verpasste Anrufe zu überprüfen

VORBEDINGUNG: Das Telefon ist ausgeschaltet

STANDARDABLAUF
S05 Benutzer drückt den Power-Knopf
S10 Telefon zeigt das Home-Menü an
S15 Benutzer fordert Anrufhistorie an
S20 Telefon zeigt alle Anrufe an
S25 Benutzer klickt auf letzten verpassten Anruf
S30 Telefon zeigt die Kontaktinformationen des Anrufers an

NACHBEDINGUNG: Der Benutzer kann einen verpassten Anruf zurückrufen, indem er die „Call"-Taste drückt.

ALTERNATIVE ABLÄUFE
A01: @S05, das Telefon lässt sich nicht einschalten
    A01.05 Benutzer findet eine Steckdose
    A01.10 Benutzer steckt das Kabel in die Telefonsteckdose
    A01.15 Das Telefon zeigt das Symbol „Charging" an
    A01.20 **RESUME** @S05

FEHLER- ODER AUSNAHME-FAELLE
E01: @S30, Telefon zeigt „UNBEKANNTER ANRUFER" an.
    NACHBEDINGUNG: Benutzer kann den Anruf nicht beantworten

Von Use Cases zu Szenarien

Wenn Sie einen Use Case für die Entwicklung von Testszenarien analysieren, können Sie für jeden Standard-, Alternativ- und Ausnahmeablauf ein positives Szenario erstellen, um nachzuweisen, dass diese Abläufe funktionieren. Der Zweck eines positiven Szenarios besteht darin zu beweisen, dass der Standard- und der Alternative Ablauf die gleichen Nachbedingungen erfüllen und dass jeder Fehler- oder Ausnahmefall seine Nachbedingungen erfüllt.

Sie können auch negative Szenarien erstellen. Ein negatives Szenario stellt sicher, dass Ihr Feature oder Ihre Anwendung mit falschen Voraussetzungen, ungültigen Dateneingaben oder unerwartetem Benutzerverhalten elegant umgeht. Nutzen Sie Ihre Kreativität, um sich vorzustellen, was ein Endbenutzer falsch machen könnte.

Wenn Sie z.B. die Rechnerfunktion eines Smartphones testen, sollte es nicht möglich sein, alphanumerische Zeichen (z.B. Buchstaben) einzugeben. Der Zweck negativer Szenarien ist es, sicherzustellen, dass die Software über eine ausreichende Fehlerbehandlung verfügt.

Beispielszenario aus einem Use Case

Der Use Case „Kunde kündigt Versicherungsschutz" stammt aus einer Fallstudie, die wir in unseren Schulungen mehrfach verwendet haben. Es handelt sich um einen recht einfachen Use Case (sie können sehr viel komplexer sein!) der zeigt, was passiert, wenn ein Versicherungsnehmer den Versicherungsschutz für sein Auto kündigt.

In einer schlanken und agilen Umgebung haben sich der Zeitpunkt und der Zweck von Use Cases geändert. Wir erstellen nicht länger eine Riesenanzahl von Use Case Diagrammen oder Use Case Narratives, um die Funktionalität des gesamten Produkts oder der Anwendung in ihrer Endform zu demonstrieren.

Wir erstellen nur die Use Cases, die uns bei der Release- und Sprint-Planung helfen, entweder funktionale Spezifikationen oder Szenarien für Abnahmetests zu definieren. Einige Agile Teams verwenden Use Cases, um große Epics während der Pflege des Product Backlogs in den Griff zu bekommen.

Das folgende Use Case-Beispiel stammt aus einer Kfz-Versicherung und zeigt den Arbeitsablauf, wenn ein Versicherungsnehmer den Versicherungsschutz für sein Auto kündigt.

USE CASE NAME: Kunde storniert Versicherungsschutz

VORBEDINGUNG: Kunde hat ein Konto

STANDARDABLAUF:
1. Kunde meldet sich an
2. Das System zeigt das Menü
3. Kunde wählt „Policen anzeigen"
4. System zeigt Policen an
5. Kunde markiert Police und wählt „Stornieren" aus
6. System fordert Bestätigung an
7. Kunde bestätigt
8. System storniert Police und benachrichtigt Underwriting
9. Das System zeigt das Menü
10. Kunde meldet sich ab

NACHBEDINGUNGEN:
1. Die Police hat den Status „Zur Stornierung anstehend"
2. Police wird der Underwritingabteilung zugewiesen

ALTERNATIVE ABLÄUFE:
A01 @4 Kunde hat keine aktiven Policen
    A01.01 System zeigt „Keine aktiven Policen verfügbar"
    A01.10 **Resume @ 2**

Wie Sie sehen, handelt es sich bei diesem Use Case, genau wie in unserem ersten Beispiel, um einen Dialog zwischen einem Akteur, in diesem Fall dem Versicherungsnehmer, und dem System oder der Funktion, die wir testen. Der Use Case hat einen Standard-Ablauf, der für die meisten Kunden gilt, und wir haben einen Alternativen Ablauf hinzugefügt, der stattfindet, wenn der Kunde kein Konto hat.

Dieser einfache Use Case führt uns zu mehreren Szenarien. Ausgehend von positiven Tests erstellen wir mindestens ein Szenario für den Standardablauf und eines für den Alternativen Ablauf.

In unserem Beispiel wären zwei Szenarien wahrscheinlich ausreichend, da es sich nicht um Dateneingabe handelt. Wenn wir es jedoch mit Datenwerten zu tun hätten, die der Benutzer eingeben könnte, könnten wir eine Szenario-Gliederung erstellen und Testdaten-Engineering-Techniken anwenden (siehe das vorhergehende Kapitel), um eine Beispieltabelle zu erstellen, in der verschiedene Eingabedaten getestet werden.

Aber zurück zu den positiven Tests unseres einfachen Use Case. Betrachtet man den Standardablauf, so würde unser Szenario lauten:

Kunde mit aktiver Police
kündigt den Versicherungsschutz

Da wir in diesem Use Case nur einen Alternativen Ablauf und keine Fehlerfälle oder Ausnahmeabläufe haben, würden unsere positiven Tests nur ein weiteres Szenario identifizieren.

Kunde hat keine aktiven Policen
und versucht Versicherungsschutz zu kündigen

In diesem Fall würden wir erwarten, dass der Alternative Ablauf einsetzt und den Benutzer darüber informiert, dass es keine aktiven Policen gibt.

Da wir in diesem Use Case keine Dateneingabe haben, wäre dies das absolute Minimum an Szenarien. Möglicherweise benötigen Sie mehr Szenarien, wenn Sie testen möchten, was passiert, wenn ein Kunde noch Geld schuldet oder wenn ein Kunde mitten im Stornierungsprozess aussteigen möchte usw.

Sie können beispielsweise folgende Szenarien hinzufügen:

1. Kunde hat Police mit überfälligem Betrag
2. Kunde möchte Stornierung abbrechen
3. Kunde bestätigt die Stornierung nicht

In einem voll entwickelten Use Case würden diese Abfolgen in mehr Alternativen Abläufen und Fehlerfällen abgedeckt. In einer schlanken Welt hingegen wären diese Abläufe möglicherweise nicht wichtig genug gewesen, um dokumentiert zu werden. In diesem Fall ist es wahrscheinlich eine gute Idee, neue Szenarien hinzuzufügen, um eine korrekte Testabdeckung zu gewährleisten. Erstellen Sie zusätzliche Abläufe nur dann, wenn sie Teil dieser Iteration/Release sind.

Wenn Sie Szenarien aus Use Cases erstellen, seien Sie immer kreativ und denken Sie darüber nach, was der Benutzer tun könnte oder was bei jedem Schritt in jedem Ablauf schief gehen könnte.

Übung: Szenarien und Use Cases

Hier ist Ihre Gelegenheit, das Gelesene auszuprobieren. Sie erzielen den größten Nutzen aus diesem Buch, wenn Sie die Übung durchführen, bevor Sie unsere Antworten lesen.

Denken Sie daran, dass es keine richtige oder falsche Antwort gibt. Die Übungen erlauben Ihnen lediglich, die vorgestellten Konzepte und Techniken auszuprobieren.

Anleitung:

Bevor Sie mit der Aufgabenstellung beginnen, studieren Sie den folgenden Use Case.

Use Case Name: Geld vom Geldautomaten abheben

Vorbedingung: Geldautomat ist betriebsbereit

Trigger: Karteninhaber führt Bankkarte in den Geldautomaten ein

Standardablauf:

10 Geldautomat zeigt erlaubte Transaktionen an

15 Karteninhaber wählt Geld „abheben"

20 Geldautomat zeigt Abhebungsbeträge und Konto an

25 Karteninhaber selektiert Abhebungsbetrag

30 Geldautomat beantragt Autorisierung der Abhebung bei der Bank des Karteninhabers

35 Die Bank des Karteninhabers autorisiert die Abhebung

40 ATM gibt die Karte des Karteninhabers frei

45 Karteninhaber zieht die Karte raus

47 Geldautomat benachrichtigt die Bank des Karteninhabers über ausgezahlten Betrag.

50 Geldautomat gibt Bargeld aus

55 Karteninhaber entnimmt Bargeld

60 Geldautomat druckt angeforderte Quittung aus

65 Karteninhaber entfernt Quittung

70 Geldautomat kehrt in den Standby-Modus Zustand zurück

Aufgabenstellung 1:

Welche(s) Szenario(s) können Sie für Schritt **47** im Standardablauf identifizieren?

Antwort Aufgabe 1: Welche(s) Szenario(s) können Sie für Schritt 47 im Standardablauf identifizieren?
(47 Geldautomat benachrichtigt die Bank des Karteninhabers über ausgezahlten Betrag)

Ein paar potenzielle Szenarien zur Validierung von Schritt 47:

Szenario 1: Karteninhaber hebt Geld am Geldautomaten der eigenen Bank ab
GEGEBEN Die Bank des Karteninhabers ist Betreiber des Geldautomaten
WENN die Bank des Karteninhabers Guthaben freigibt
DANN zahlt der Geldautomat den Betrag aus

Szenario 2: Karteninhaber hebt Geld am Geldautomaten einer anderen Bank ab
GEGEBEN Die Bank des Karteninhabers ist NICHT der Betreiber des Geldautomaten
WENN die Bank des Karteninhabers Guthaben freigibt
DANN benachrichtigt der Geldautomat die Bank des Karteninhabers über ausgezahlten Betrag.

Von Ist- und Soll-Zustand zu Szenarien

Es ist immer eine vielversprechende Idee, viele verschiedene Techniken für die Erstellung von Szenarien in Ihrem Werkzeugkasten zu haben. In einer akzeptanztestgetriebenen Umgebung (ATDD) wird das zu einem kritischen Erfolgsfaktor.

Die nächste Technik, die es Ihnen ermöglicht, weitere Szenarien zu finden, hat mit der Realität von Change zu tun. (Nebenbei bemerkt, ist dies auch eine großartige Technik, um User Stories und Features zu entdecken.)

Es gibt Capabilities (Fähigkeiten), Funktionen und Daten im aktuellen System, die ein **Benutzer hat (Have)**; es gibt auch Capabilities, Funktionen und Daten, die der **Benutzer im aktuellen System nicht hat (Have Not)**.

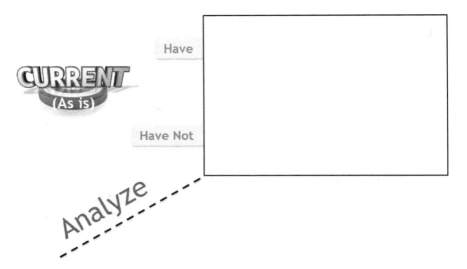

Die Analyse des gegenwärtigen Ist-Zustands besteht darin, sich anzusehen, was man hat und was man nicht hat, was man weiß und was man nicht weiß. Um Klarheit zu erhalten, muss zum einen der Ist-Zustand untersucht werden, der beschreibt, was aktuell vorhanden ist, und der Soll-Zustand, der das zu erreichende Ziel beschreibt.

Um in die Zukunft zu gelangen (um den Soll-Zustand zu erreichen), benötigen Sie User Stories, Features oder andere Anforderungstypen, um zu definieren, wie die Zukunft aussehen wird; was die Business-Community **braucht oder will** (der Unterschied zwischen Bedarf und Wunsch ist nur eine Frage der Priorität) oder **nicht braucht oder will**.

Zusammenfassend lässt sich sagen, dass die Organisation derzeit über Capabilities (Fähigkeiten) verfügt, die vorhanden sind (Have) oder fehlen (Have Not), und über Capabilities, die die Angestellten in Zukunft benötigen (Want/Need) oder nicht benötigen (Don't Want/Don't Need).

Dies gibt uns vier verschiedene Domänen oder Perspektiven, um Szenarien sowie User Stories, Features und andere Anforderungstypen zu entdecken. Die Domänen sind:

⊠ **Akquirieren / Acquire** (nicht haben, aber wollen)
⊠ **Abschaffen / Abolish** (haben, aber nicht mehr wollen)
⊠ **Bestätigen / Affirm** (haben und behalten wollen)
⊠ **Vermeiden / Avoid** (weder haben noch wollen)

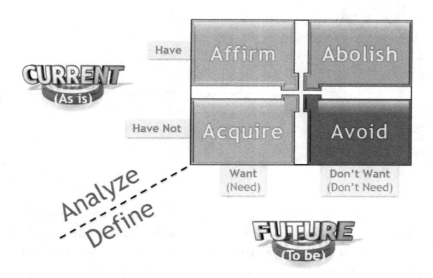

Capabilities akquirieren (Acquire)

Wenn die Domäne „**Akquirieren / Acquire**" als Technik während der Discovery verwendet wird, ermöglicht sie uns die Definition von User Stories, Features und anderen Anforderungen, die das Unternehmen derzeit nicht hat, aber in Zukunft benötigt.

Aus der Perspektive der Szenarien-Findung ist dies Gold wert. Für alles, was Sie sich vorstellen können, was der Kunde „akquirieren" möchte, müssen Sie Szenarien oder Szenario-Gliederungen mit Beispielen (Testdaten) einrichten, um zu beweisen, dass die Anwendung das liefert, was das Unternehmen in Zukunft haben oder wissen möchte. Die meisten Szenarien in dieser Kategorie sollten durch User Stories abgedeckt werden, die Sie bereits während der Discovery identifiziert haben.

Capabilities abschaffen (Abolish)

Bei der Domäne „**Abschaffen / Abolish**" geht es um Funktionalität oder Daten, die das Unternehmen derzeit hat und nicht mehr will. Vielleicht wollen sie es in Zukunft nicht mehr haben, weil es Probleme verursacht, oder das Unternehmen will einfach etwas Geld sparen.

Auch hier gibt es eine großartige Möglichkeit, User Stories oder Szenarien zu entdecken. Definieren Sie, wie die Dinge, die das Unternehmen nicht mehr will, abgeschafft werden können. Müssen Sie das derzeitige „Haben" durch etwas anderes ersetzen? Benötigen Sie Szenarien, die testen, was passiert, wenn die abgeschafften Daten oder Funktionen nicht mehr verfügbar sind?

User Stories und Szenarien aus den beiden Domänen „Akquirieren" und „Abschaffen" sind allgemein üblich, und die meisten Endbenutzer haben kein Problem damit, Ihnen mitzuteilen, was sie wollen und was sie nicht wollen. Die anderen beiden Domänen sind jedoch etwas anspruchsvoller.

Capabilities bestätigen (Affirm)

Zunächst die Domäne „**Bestätigen / Affirm**". Fragen Sie, ob es etwas gibt, das der Kunde gegenwärtig auf bestimmte Weise tut und auch in Zukunft auf dieselbe Weise tun möchte; es könnten auch bestimmte Daten sein, die er gegenwärtig hat und auch in Zukunft benötigt.

Das Risiko besteht darin, dass der Endbenutzer davon ausgeht, dass er diese Funktionalität, dieses Verhalten oder diese Informationen immer haben wird, denn warum in aller Welt würden Sie sie ihm wegnehmen? Wenn kein Szenario, keine User Story oder kein Feature definiert ist, um bestimmte Funktionsanforderungen oder Daten beizubehalten, besteht zumindest das Risiko, dass sie verschwinden.

Auch dies ist eine interessante Perspektive für die Entdeckung von Szenarien. Dies ist ein Bereich, den wir beim Testen oft vernachlässigen, denn warum sollten wir etwas testen wollen, das nicht verändert wurde. In Wirklichkeit geht es bei Regressionstests nur darum, sicherzustellen, dass das, was Sie gegenwärtig haben oder tun, gleichbleibt.

Stellen Sie sicher, dass Ihre Benutzer in Zukunft über diese Fähigkeiten verfügen, und definieren Sie Szenarien, User Stories, Funktionen oder andere Anforderungen, die bestätigen, was die Benutzer behalten wollen.

Capabilities vermeiden (Avoid)

Die vierte Domäne ist „**Vermeiden / Avoid**". Diese Domäne ist etwas heikel, weil sie sich mit Dingen befasst, die das Unternehmen derzeit nicht hat und in Zukunft auch nicht haben will. Warum in aller Welt sollten Sie überhaupt darüber reden, wenn Sie es nicht haben und nicht wollen?

Entwickler und Designer sind höchst kreative Menschen. Bei der Entwicklung und Gestaltung von Software lassen sie sich oft von einer großartigen neuen Idee oder Funktion inspirieren. Manchmal kann die Idee Folgen haben, die Menschen dazu zwingen, Dinge auf unerwünschte Weise zu tun.

Das größte Problem mit dieser Domäne ist, dass sie unendlich ist. Sie könnten stundenlang User Stories und Szenarien über all die Dinge schreiben, die Sie in diesem neuen Produkt nicht wollen. Der springende Punkt ist hier, sich auf Dinge zu konzentrieren, die in der Vergangenheit entweder den Entwicklern oder den Benutzern passiert sind. Hier können Sie Szenarien oder User Stories erstellen, die Verhaltensweisen, Daten, Constraints oder Funktionalitäten ausdrücken, die Sie vermeiden wollen.

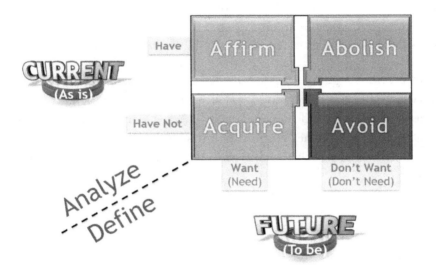

Die vier Domänen „**Akquirieren**", „**Abschaffen**", „**Bestätigen**" und „**Vermeiden**" können eine Flut von Szenarien, User Stories, Features und sogar nicht-funktionalen Anforderungen liefern. Um schlank zu bleiben, verschwenden Sie keine Zeit mit der Entwicklung unnützer Szenarien. Wägen Sie den Aufwand für die Erstellung von Testszenarien gegen das Risiko eines Fehlschlags ab und entscheiden Sie dann, wie viele Szenarien Sie benötigen (und welche wichtig sind).

Von Funktionsanforderungen zu Szenarien

In einem früheren Kapitel haben Sie gelernt, wie man User Stories und Features mit einer Technik namens „Story Decomp / Feature Drill-down" auf eine niedrigere Detailebene herunterbricht. Jetzt werden wir die Ergebnisse dieser Technik verwenden, um Szenarien zu entdecken. Dies ist eine effiziente Methode zum Auffinden von Testszenarien, sobald das Team auf einer niedrigen Detailstufe arbeitet, d.h. kurz vor der Codierung.

Wie wir im Kapitel über Story Decomp / Feature Drill-down erwähnt haben, erstellen viele Entwickler Funktionsanforderungen für User Stories, die sie in der nächsten Iteration codieren werden. Erkundigen Sie sich bei Ihrem technischen Team, ob es funktionale Anforderungsspezifikationen oder Low-Level-Features erstellt hat.

Wenn Sie Ihre eigenen funktionalen Details zur Identifizierung von Szenarien erstellen möchten, vergewissern Sie sich, dass die User Stories den Aufwand rechtfertigen. Die Dekomposition kann zeitaufwendig sein, daher empfehlen wir sie nur zu verwenden, wenn es keine einfachere Technik gibt, um Ihre Szenarien zu identifizieren.

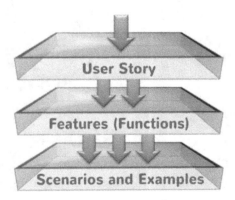

Unsere Diskussion darüber, wie man von einer Liste von Funktionen und Daten zu Szenarien gelangt, basiert auf der folgenden User Story, die mit der Decomp / Drilldown-Technik wie folgt unterteilt wurde:

Beispiel für die Dekomposition von User Stories

User Story: Als Leiter eines Golfturniers kann ich das Netto-Ergebnis eines Spielers aufgrund seines individuellen USGA-Handicaps berechnen, um seine Netto-Platzierung im Turnier zu bestimmen.

Funktionen: Schläge pro Loch erfassen (abgeleitet)

Das Handicap eines Spielers erfassen (abgeleitet)

Netto-Ergebnis pro Loch berechnen (explizit angegeben)

Netto-Ergebnis für Turnier berechnen (abgeleitet)

Platzierung festlegen (explizit angegeben)

Turniergleichstände für den 1. Platz entscheiden (abgeleitet)

...

Daten: Name des Spielers

Schläge pro Loch

Spieler-Handicap

Loch-Handicap

Total Score (Gesamtpunktzahl)

Ranking (Platzierung im Turnier)

...

Hinweis: Sie können Datenelemente verwenden, um Beispieltabellen für Szenario-Gliederungen zu erstellen.

NFR: Das Handicap eines Golfers muss ein offizielles USGA-Handicap sein.

...

Sobald Sie alle von der User Story benötigten Funktionen identifiziert haben, können Sie Szenarien zum Testen jeder Funktion definieren. Aber Achtung! Funktionen werden oft für mehrere User Stories verwendet, daher sollten Sie unnötigen Aufwand vermeiden, indem Sie prüfen, ob bereits Szenarien zum Testen einer Ihrer Funktionen existieren.

Wenn Sie neue Szenarien entwickeln müssen, finden Sie hier einige Beispiele für die oben aufgeführten Funktionen:

Mögliche Szenarien

Funktion: Schläge pro Loch erfassen

⇨ Gültiges Ergebnis pro Loch eingeben
(*Szenario Gliederung mit Beispielen*: numerisch, >0, <=max Schlagzahl erlaubt)

⇨ Ungültiges Ergebnis pro Loch eingeben
(*Szenario Gliederung mit Beispielen*: nicht-numerisch, <1, >max Schlagzahl erlaubt)

⇨ ...

Funktion: Das Handicap eines Spielers erfassen

⇨ Gültiges Handicap / Vorgabe eingeben
(*Szenario-Gliederung mit Beispielen*: numerisch, >=niedrigstes erlaubtes Handicap, <=maximal erlaubtes Handicap)

⇨ Ungültiges Handicap eingeben
(*Szenario-Gliederung mit Beispielen*: nicht-numerisch, <niedrigste erlaubte Vorgabe, >höchste erlaubte Vorgabe)

⇨ ...

Funktion: Netto-Ergebnis pro Loch berechnen

⇨ Nettowertung für Fred berechnen, der 8 Schläge auf Loch mit „Loch-Vorgabe 9" hatte und ein Handicap von „12" hat

⇨ ...

Hinweis: Die Berechnung des Nettoergebnisses in Golf kann sehr kompliziert sein, wenn man sich an die offiziellen USGA Regeln hält. Deshalb ist hier ist eine sehr große Anzahl von Szenarien möglich. Sie müssen Test-Daten-Engineering zusammen mit Szenario-Gliederungen anwenden, um die wenigsten Beispiele zu erhalten.

Funktion: Netto-Ergebnis für Turnier berechnen

⇨ Turnier-Nettoergebnis für Lisa berechnen, die ein Brutto-Ergebnis von 79 hatte und ein Handicap von „11" hat

⇨ ...

Funktion: Platzierung festlegen

⇨ Lisa gewinnt mit einem Nettowert von 68, Paul belegt Platz 2 mit einem Nettowert von 69, Emilie Platz 3 mit einem Nettowert von 72.

⇨ ...

Funktion: Turniergleichstände für den 1. Platz entscheiden

⇨ Angela und Tom stehen unentschieden auf Platz 1 und haben am Handicap-Loch 1 eine unterschiedliche Anzahl von Schlägen

⇨ Emilie und Andrea teilen sich den 1. Platz und haben das gleiche Netto-Ergebnis am Handicap-Loch 1

⇨ ...

Hinweis: Eine der herausforderndsten Funktionen in unserer Liste ist die Funktion „Turniergleichstände für den 1. Platz entscheiden". Ein Playoff wird zwar bevorzugt, ist aber aufgrund von Zeit- und Wetterbeschränkungen nicht immer praktikabel.

Die in den meisten Fällen übliche Alternative besteht darin, den Sieger zu ermitteln, indem man die Scores Loch für Loch vergleicht, beginnend mit dem schwersten Loch (Loch HCP-Vorgabe 1) bis hin zum einfachsten Loch (Loch HCP-Vorgabe 18). Der Teilnehmer mit den niedrigsten Nettoschlägen auf dem schwierigsten Loch, gewinnt.

Wie Sie sehen können, ist diese scheinbar einfache Funktion „Turniergleichstände für den 1. Platz entscheiden" überraschend kompliziert. Diese Funktion benötigt mehr Szenarien als auf den ersten Blick erkennbar sind, um sie verifizieren zu können.

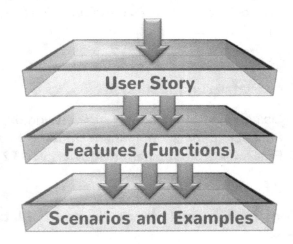

Von nicht-funktionalen Anforderungen zu Szenarien

Das Testen nicht-funktionaler Anforderungen (NFR) kann extrem zeit- und ressourcenintensiv sein. Moderne Unternehmen verfügen über Spezialisten, die primär für Leistungstests (Performance Testing), IT-Security-Tests, Usability-Tests usw. zuständig sind.

Als diejenige, die den Business Analyse-Hut trägt, können Sie an diesem Prozess beteiligt sein oder auch nicht. Wir bieten hier Anleitung für die unglücklichen Seelen, die dafür verantwortlich sind, dass das Produkt alle NFRs erfüllt, bevor es für das Release freigeschaltet werden kann.

Zur Auffrischung drücken die NFRs Bedingungen aus, wie z.B. wie viele, wie oft, wie schnell, wie freundlich usw. Jede der vier allgemein üblichen Arten (Constraints, Leistung/Performanz, User Experience und Volatilität) sollte getestet werden.

Wenn eine der NFRs für den Erfolg des Produkts wichtig ist, müssen Sie Akzeptanzkriterien definieren (z. B. GWT-Szenarien und Beispiele), die darauf vertrauen lassen, dass die nicht-funktionalen Anforderungen erfüllt sind.

Globale NFRs (z.B. „die Antwortzeit sollte unter 2 Sekunden liegen") werden oft schon früh in einer Initiative umgesetzt. Prüfen Sie daher, ob die aus einer User Story extrahierten NFRs nicht durch einen bestehenden Regressionstest abgedeckt sind, bevor Sie Szenarien definieren. Möglicherweise gibt es einen vorhandenen automatischen oder manuellen Akzeptanztest, um diese NFRs zu überprüfen.

Sie können Tests für NFRs in Form von Akzeptanzkriterien, Szenarien oder einfach als Artefakte erstellen. NFRs sollten niemals von einer einzelnen User Story abhängig sein, denn sie müssen oft zu verschiedenen Zeitpunkten während des Produktlebenszyklus getestet werden.

Es gibt auch globale NFRs, die das gesamte Produkt umfassen, wie z.B. die Anforderungen an die Systemarchitektur. Für diese müssen Sie keine Szenarien schreiben. Wenn eine Story jedoch ein bestimmtes NFR benötigt, sollten Sie ein Szenario dafür definieren. Sehen wir uns einige Beispiele an.

Szenarien für NFRs erstellen

Im letzten Abschnitt haben wir am Beispiel der Auswertung eines Golfturniers Szenarien gefunden, die auf den funktionalen Items der User Story basierten. Dieses Mal benötigen wir die nicht-funktionale Komponente. Die User Story war:

Als Leiter eines Golfturniers kann ich das Netto-Ergebnis eines Spielers aufgrund seines individuellen USGA-Handicaps berechnen, um seine Netto-Platzierung im Turnier zu bestimmen.

Die Story Decomp (Kapitel III: Anforderungsspezifikationen) enthüllte folgendes NFR:

Das Handicap eines Golfers muss ein offizielles USGA-Handicap sein

---

Es gibt definitiv zwei Szenarien, die für dieses NFR benötigt werden. Eines, bei dem der Spieler ein offizielles USGA Handicap hat, und ein anderes, bei dem er oder sie kein Handicap hat.

Wenn der Spieler zum Beispiel einen Nachweis für sein USGA-Handicap hat, lautet das Szenario:

Szenario: Fred hat ein offizielles USGA Handicap

GEGEBEN Fred hat sich für das Turnier angemeldet

UND Fred schreibt sich am Tag des Turniers zum Spiel ein

WENN Golf-Pro Nachweis des USGA-Handicaps verlangt

UND Fred einen offiziellen USGA-Handicap-Ausweis vorlegt

DANN   erhält Fred eine Startzeit

Und wenn der Spieler kein offizielles USGA-Handicap hat:

Szenario: Fred hat kein offizielles USGA Handicap

GEGEBEN Fred hat sich für das Turnier angemeldet

UND Fred schreibt sich am Tag des Turniers zum Spiel ein

WENN Golf-Pro Nachweis des USGA-Handicaps verlangt

UND Fred keinen offiziellen USGA-Handicap-Ausweis hat

DANN geht Fred weinend weg, weil er nicht spielen darf

Sie könnten mehr Szenarien haben. Zum Beispiel: Was ist, wenn ein Spieler aus Europa teilnimmt? Die Handicaps in Europa werden durch den R&A (Royal and Ancient Golf Club, mit Sitz in St. Andrews, Schottland) geregelt. Dies könnte ein zusätzliches Szenario erfordern.

Übung: NFRs verifizieren

Hier ist Ihre Gelegenheit, das Gelesene auszuprobieren. Sie profitieren am meisten von diesem Buch, wenn Sie die Übung machen, bevor Sie unsere Antworten lesen.

Denken Sie daran, dass es keine richtige oder falsche Antwort gibt. Die Übungen erlauben Ihnen lediglich, die vorgestellten Konzepte und Techniken auszuprobieren.

Anleitung:

Erstellen Sie GEGEBEN-WENN-DANN-Szenarien für die folgenden NFRs. Schreiben Sie mindestens ein Szenario für jedes vorgelegte NFR im Format GEGEBEN (Vorbedingungen) WENN (Ereignis tritt ein) DANN (Auswertebedingungen)

Frage 1:

Welche Szenarien können Sie für diese NFRs identifizieren?

Nur autorisierte Benutzer können Personalakten ändern.

Frage 2:

Welche Szenarien können Sie für diese NFRs identifizieren?

Erfahrene Underwriter sollten für die Bearbeitung von Internet-Anträgen nicht mehr als ein eintägiges Einführungsseminar benötigen.

Antwort Frage 1: Welche Szenarien können Sie für dieses NFR identifizieren: "Nur autorisierte Benutzer können Personalakten ändern"?

Szenario 1: Autorisierter Benutzer aktualisiert Personalakte

GEGEBEN ein Benutzer ist berechtigt, Personalakten zu ändern

WENN Benutzer die Personalakte aktualisiert

DANN werden die Datensätze aktualisiert

Szenario 2: Unbefugter Benutzer versucht, Datensätze zu aktualisieren

GEGEBEN ein Benutzer ist nicht berechtigt, Personalakten zu ändern

WENN der Benutzer versucht, die Personalakte zu aktualisieren

DANN wird die Personalakte nicht aktualisiert

UND Security wird über den unautorisierten Versuch benachrichtigt

Antwort Frage 2: Welche Szenarien können Sie für dieses NFR identifizieren: "Erfahrene Underwriter sollten für die Bearbeitung von Internet-Anträgen nicht mehr als ein eintägiges Einführungsseminar benötigen"?

Szenario 1: Erfahrener Underwriter mit eintägigem Seminar führt Underwriting einer Police durch

GEGEBEN ein Underwriter mit 3+ Jahren Erfahrung in der Bearbeitung von Versicherungsanträgen

WENN ein Underwriter einen über das Internet eingereichten gültigen Antrag entgegennimmt

UND der Underwriter hatte ein eintägiges Einführungsseminar zur Bearbeitung von Internet-Anträgen

DANN wird die Police vom Underwriter korrekt ausgestellt.

Szenario 2: Erfahrener Underwriter mit eintägigem Seminar lehnt Deckungsschutz ab

GEGEBEN ein Underwriter mit 3+ Jahren Erfahrung in der Bearbeitung von Versicherungsanträgen

WENN ein Underwriter einen über das Internet eingereichten ungültigen Antrag entgegennimmt

UND der Underwriter hatte ein eintägiges Einführungsseminar zur Bearbeitung von Internet-Anträgen

DANN verweigert der Underwriter den Versicherungsschutz

V. UND WIE GEHT ES WEITER?

Sie verfügen jetzt über viele neue Techniken zur Erfassung und Kommunikation von Geschäftsanforderungen innerhalb von Lean- und Agile-Teams. Die Herausforderung für Sie besteht darin, wie Sie anfangen können, diese Ansätze zu nutzen. Wie bereits im Vorwort erwähnt, erwarten wir nicht, dass Sie das Buch von vorne bis hinten lesen und alles, was wir vorschlagen, in die Praxis umsetzen. Wandel vollzieht sich nicht auf diese Weise.

Wir schlagen jedoch vor, dass Sie nach Gelegenheiten suchen, um eine oder zwei der Techniken auszuprobieren. Wenn Sie gerade eine neue Initiative mit einem lean oder agilen Team beginnen, erwägen Sie den Wert eines Question Files das in Kapitel II. „ANFORDERUNGSERHEBUNG UND BACKLOG-ERSTELLUNG" im Abschnitt: „**Verfolgen des Fortschritts mit einem Question File**" beschrieben ist.

Wenn Sie sich fragen, ob Sie alle Stakeholder vollständig ermittelt haben, überlegen Sie, ob Sie nicht einige der Ideen aus dem Abschnitt „**Stakeholder-Identifikation**" verwenden könnten.

Cynefin ist eine vielversprechende und revolutionäre Idee. Wenden Sie das Cynefin Framework an um die Komplexität einer Geschäfts-anforderung, eines Epics, einer schwierigen User Story oder einer komplexen Feature zu analysieren. Sie finden es in Kapitel II im Abschnitt: „**Das Cynefin Framework zum Umgang mit Ungewissheit und Komplexität**".

Eine weitere Technik, von der wir denken, dass Sie sie ausprobieren sollten, ist die Lean Problemanalyse, wie sie in Kapitel II Abschnitt: „**Mit Business-Problemanalyse User Stories erstellen**" beschrieben wird. Wir haben diesen Ansatz in fast jedem Projekt, das wir jemals durchgeführt haben, angewandt und waren immer wieder erstaunt darüber, wie effektiv diese Technik ist, um die Aufmerksamkeit einer Gruppe auf ein bestimmtes Problem zu lenken.

Wir sind von seinem Wert so überzeugt, dass wir ihn sogar regelmäßig in unserem Privatleben anwenden, um alltägliche Probleme zu entdecken und zu verstehen. Lesen Sie unseren Blog-Post: **A Proof of Concept: Business Analysis Techniques Work – Part 1**: https://businessanalysisexperts.com/business-analysis-techniques-work-1/.

Wenn Sie zur Teilnahme an einem 3-Amigos-Meeting eingeladen werden, sollten Sie die Mehrdeutigkeit und Subjektivität Ihrer User Stories vor dem Meeting analysieren. Je mehr Sie tun können, um die Klarheit Ihrer User Stories, Features, Szenarien und Beispiele zu verbessern, desto effizienter und zeitsparender werden Ihre Story-Gespräche für das gesamte Team sein. Das ist Lean! Mehr dazu im Kapitel III im Abschnitt **"Reduzierung von Ambiguität zur Beschleunigung der Release-Planung"**.

Eine weitere Technik, die viele unserer KursteilnehmerInnen übernommen haben, ist die **„Anforderungsspezifikationen: Die Business-Perspektive"** Technik (Kapitel III). Diese einfache Technik trägt mehr zur Aufdeckung potenzieller Missverständnisse bei als jede andere Technik, die wir ausprobiert haben. Möglicherweise müssen Sie jedoch Ihre Meinung ändern, wer was bei IT-Initiativen tun soll.

Die meisten Organisationen, mit denen wir zusammenarbeiten, verwenden bereits Gherkins GEGEBEN-WENN-DANN Ansatz für das Testen. Tatsächlich sind alle größeren Organisationen, die wir in unserem Kundenstamm haben, bereits zu automatisierten Tests übergegangen. Eine Voraussetzung dafür ist eine gewisse Standardisierung der Testszenarien. Es zeichnet sich ab, dass Gherkin den Kampf um die beste Lösung gewinnen wird. Mehr zu diesem Thema im Abschnitt **„Akzeptanzkriterien in Form von GEGEBEN-WENN-DANN-Szenarien"** in Kapitel IV.

Unabhängig davon, ob Sie für Unit-Tests oder Endbenutzer-Akzeptanztests verantwortlich sind, werden Sie von den in **„Agilen Testdaten-Engineering"** (Kapitel IV) beschriebenen Techniken profitieren. Dieser Ansatz zur Auswahl der Testdaten kann die Anzahl der Szenarien, die zur Verifizierung der digitalen Lösung erforderlich sind, erheblich reduzieren.

Zu guter Letzt, wenn Sie die Aufgabe haben, Szenarien zu finden, checken Sie Ihre Quellen und wählen Sie dann den entsprechenden Abschnitt aus Kapitel IV „**Szenarios identifizieren**". Von User Stories bis hin zu Use Cases und nicht-funktionalen Anforderungen sollten Sie einige Denkanstöße finden, wie Szenarien und Szenario-Gliederungen erstellt werden können, die beweisen, ob die Lösung die erforderliche Qualität aufweist. Vergessen Sie nicht, dass es bei Lean nicht nur um die Reduzierung von Verschwendung geht, sondern auch darum, dass Sie die Qualität von Anfang an einbauen.

Abschließend hoffen wir, dass es Ihnen auf Ihrer Reise durch Lean and Agile gefallen wird.

ÜBER DIE AUTOREN

Angela und Tom Hathaway sind Autoren und Leiter von zahlreichen Präsenzschulungen, Videokursen, Büchern und anderen Publikationen für Business Analysten auf der ganzen Welt. Sie haben Hunderte von Workshops zur Ermittlung von Anforderungen für Informationstechnologieprojekte unter verschiedenen Akronymen (JAD, Story Workshop, Requirements Discovery usw.) moderiert.

Wie alle guten IT-Stories begann auch ihre vor vielen (vielen) Jahren mit einem Projekt. Tom war der Supertechniker, Angela der Super-Fachexperte. Sie kämpften sich durch die dreijährige Entwicklung eines neuen Underwriting- und Schadensystems für eine prominente deutsche Versicherungsgesellschaft.

Sie waren sich in vielen Aspekten vehement uneinig, entdeckten dabei aber eine grundlegende Wahrheit über IT-Projekte. Die Business-Community (Angela) sollte über die geschäftlichen Bedürfnisse entscheiden, während die Aufgabe des technischen Teams (Tom) darin bestand, dafür zu sorgen, dass die Technologie das liefert, was das Unternehmen benötigt. Eine revolutionäre Idee! Alles, was blieb, war zu lernen, wie man ohne Blutvergießen miteinander kommunizieren konnte, um das Projekt zu einem durchschlagenden Erfolg zu machen. Mission erfüllt.

Sie beschlossen, dass diese Epiphanie so wichtig sei, dass die Welt davon erfahren müsse. Infolgedessen machten sie es sich zur Aufgabe (und zu ihrer Leidenschaft), dieses bahnbrechende Konzept mit dem Rest der Welt zu teilen.

Um dieses hochgesteckte Ziel zu erreichen, heirateten sie und begannen mit der Mission, die noch heute ihr Leben bestimmt. Nachdem sie über 30 Jahre lang Tag und Nacht zusammengelebt und gearbeitet haben, sind sie immer noch voller Enthusiasmus dabei, den „Opfern der Technologie" (auch Anwender genannt) zu helfen, die IT-Lösungen zu fordern und zu erhalten, die sie brauchen, um ihre Arbeit besser zu erledigen. Noch wichtiger ist, dass sie sich mit mehr Enthusiasmus als je zuvor ineinander verliebt haben!

Tom und Angela lieben es, ihre Erfahrung, ihr Wissen und ihre Expertise mit der Welt zu teilen. Sie haben Tausende von Studenten in Präsenzschulungen unterrichtet, 7 How-to-Bücher über Business-Analyse veröffentlicht, 9 Kurse auf Udemy.com verfasst (mit fast 30.000 Studenten) und die globale Gemeinschaft mit 1,5 Millionen Views auf ihrem YouTube-Kanal bereichert.

Ihr Ziel ist es, jedem, der den Business Analyse-Hut hat™ trägt bzw. jedem, der Anforderungen von der Geschäftsperspektive erstellen muss, qualitativ hochwertiges, kostengünstiges Schulungsmaterial und Business Coaching zur Umsetzung des Gelernten zur Verfügung zu stellen. Wenn Sie mehr wissen möchten, kontaktieren Sie uns:

⇨ Telefon: (USA) 1-702-625-0146
⇨ E-Mail: Tom.Hathaway@ba-experts.com
⇨ Web: businessanalysisexperts.com/business-analysis-training-store/

Thomas and Angela Hathaway